TAX LAW AND
税法解释与判例评注
CASE REVIEW

第十六卷

熊伟/主编
叶金育/副主编

法律出版社
LAW PRESS·CHINA
北京

图书在版编目（CIP）数据

税法解释与判例评注. 第十六卷 / 熊伟主编.
北京：法律出版社, 2024. -- ISBN 978-7-5197-9831-4

Ⅰ. D922.220.5

中国国家版本馆 CIP 数据核字第 2024J34P60 号

税法解释与判例评注(第十六卷)
SHUIFA JIESHI YU PANLI PINGZHU (DI-SHILIU JUAN)

熊 伟 主编

策划编辑 沈小英
责任编辑 毛镜澄
装帧设计 李 瞻

出版发行 法律出版社
编辑统筹 法治与经济出版分社
责任校对 王 丰 郭艳萍
责任印制 吕亚莉
经 销 新华书店

开本 710 毫米×1000 毫米 1/16
印张 17.75 **字数** 310 千
版本 2024 年 11 月第 1 版
印次 2024 年 11 月第 1 次印刷
印刷 北京虎彩文化传播有限公司

地址：北京市丰台区莲花池西里 7 号(100073)
网址：www.lawpress.com.cn
投稿邮箱：info@lawpress.com.cn
举报盗版邮箱：jbwq@lawpress.com.cn

销售电话：010-83938349
客服电话：010-83938350
咨询电话：010-63939796

书号：ISBN 978-7-5197-9831-4 **定价**：110.00 元

凡购买本社图书，如有印装错误，我社负责退换。电话：010-83938349

《税法解释与判例评注》
合作单位

中汇(武汉)税务师事务所有限公司

中汇
ZHONGHUI

北京市金杜律师事务所上海分所

KING&WOOD
MALLESONS
金杜律师事务所

编 委 会

卷首语

“涓滴汇流，以税推舟。”2023年，《税法解释与判例评注》也走过了十三载，迎来了第16卷的顺利出版。13年来，伴随税制改革的持续深化，中国的税收法治环境也日新月异。国家始终坚持税收立法与税制改革的协同推进，在全国人大常委会和国务院相继发布的2023年度立法工作计划中，增值税、消费税、关税等重要税种的立法加快推进，构建现代财税体制和落实税收法定原则又迈出重要步伐。我们始终关心设税、征税、治税对广大纳税人利益的影响，支持乡村振兴、共享发展、协调发展等税费优惠政策指引的发布，为各类纳税人轻装上阵、助力高质量发展持续助力。历经时代淬炼，《税法解释与判例评注》不变初心，追随税收法治实践的前沿理论和热点问题，竭力为税务领域法律实务问题提供讨论空间，为税法理论界和实务界提供沟通桥梁，为税法学科建设与共同体成长提供良好环境的研究平台。

本卷在保持税法“解释”与判例“评注”过往定位的基础上，继续在稿源内容、作者结构、组稿模式等方面寻求创新。本卷重点策划了增值税立法热点问题，向在增值税法领域有资深造诣和丰富积累的杨小强教授、翁武耀教授，以及长期工作在税收实务一线的王一骁律师进行了约稿，本卷的“热点聚焦”正是几位专家学者深耕细作、对增值税法问题深入思考的思想结晶。同时，增值税立法的提速也引发了李磊、朱张润子等对相关增值税立法问题的思考，本卷“热点聚焦”中同时收录了他们对增值税留抵退税、暂不办理出口退税等问题的分析。此外，本卷还针对税法的溯及力、破产新生税款清偿、契税计税价格等理论与实务问题进行了专题研究。

本卷一共收录了12篇文章，延续第15卷的板块设置，共设置5个板块，其中5篇为热点聚焦、2篇为税法专论、3篇为实务评注，此外还包括1篇国际税法专题文章和1篇优秀硕士学位论文。

在“热点聚焦”中，翁武耀以增值税应税交易的构成要件为出发点，将应税交易划分为普通应税交易和视同应税交易两种类型进行抽丝剥茧的分析，提出现行有关应税交易的构成要件规则尚存在界定不明确、不周延、不科学等问题，进而通过厘清应税交易的构成要件，对现有增值税立法的体系化完善提出颇具价值的对策建议。杨小强和王森观察到，作为一种新型的金融业务，众筹的增值税课税较特殊，但由于我国“法律”对众筹的法律性质界定不够清晰，增值税法中对参与者的增值税义务也不够清晰，带来了课税难题。为此，应当基于类型化的思路对非财务回报类众筹的增值税适用问题和财务回报类众筹的增值税适用问题进行分析，并对作为连接投资者和融资者中介的众筹平台增值税问题进行重点分析，从构建不同众筹形式的分类处理规则、打通众筹的增值税抵扣链条、在未来的增值税法中明确互联网金融业务性质等方面为将众筹纳入增值税立法提供路径参考。王一骁则结合“营业目的”作为进项税额抵扣条件的“困与惑”，指出我国现有《增值税法(草案)》(二次审议稿)无论从法条文本的逻辑周延还是体系自洽角度都有待完善，未来在制定增值税法时，有必要引入对“营业目的”条件的概括性表达，借鉴“为从事应税交易之目的”的表达方式，结合比例原则、兼顾征纳效率进行调整。李磊提出，中国增值税历经30年的试点与改革，仍然存在抵扣链条不畅和税负转嫁困难的问题，税收中性优势也尚未完全显现，应当以《增值税法(草案)》(二次审议稿)第20条为规范基础，确立纳税人的结转抵扣权、退还请求权和利息请求权，构建完善的进项税额多维权利体系。朱张润子分析了我国增值税出口退税制度中的暂不办理出口退税这一新型行政行为对纳税人权利产生的重要影响，从法律性质、构成要件和规范路径的三重视角对暂不办理出口退税的行政行为提出了系统的法律规制路径。

在“税法专论”中，贺燕针对税法适用中的溯及力规则进行了专题研究，提出在新旧税法交替之际，如何处理新法的溯及力在立法层面尚缺乏充分的规则供给，应当推定新法不溯及既往，准确适用行为时法进行认定。对“行为时”的认定，应以要件事实成就时为主要标准、以个别要件事实成就时为补充标准，聚焦纳税义务的实体规范和程序规范二分法进行区分认定。邹新凯另辟蹊径，基于领域法的视角，以《基本医疗卫生与健康促进法》中的税收规范为研究对象，发现基本医疗卫生法中的税收规范存在税收规范进入目的考虑不周、税制工具使用不足、税收规范条款实施估量不足、税制立场探求较少的问题，需要借助赫茨伯格的“保障—激励”双因素理论对领域法中的税法规范功能予以分析，并借助比例原则的思维模型在基本医疗卫生法中合理引入税收规范。

在“实务评注”中，蒋敏娟和施力瑜以52份认可分配方案民事裁定书为考察样本，审视了破产新生税款清偿顺位认定存在的破产新生税款性质界定不一、债权人的自治权缺少程序保障、普通债权平均清偿率低的现实样态，分析了破产新生税款清偿顺位认定乱象存在制度供给不足、规则理念不兼容、实质审查程序缺失等原因，最后从整体思路和具体路径两个层面就如何进行破产新生税款清偿顺位认定提出建议。黄振鹏和史正保发现，现有商品房“买卖+委托装修”双合同模式下的契税计税依据确定存在问题，将双合同模式下委托装修合同中的“装修款”纳入房屋买卖合同总价征收契税虽具有正当性，但不加区分的实践应用带来了违背税收基本法理、重复征税、不利于纳税人遵从和不利于绿色环保精装房推广等问题，需要在坚持税收法定原则，平衡好实质课税和税收公平原则的基础上，参考个人所得税的税收优惠制度对双合同交易模式给予一定契税优惠，发挥契税推动房地产市场高质量发展的作用。苏怡雯则以一起武汉新润百汇公司地下人防工程商铺经营使用权转让案为例，讨论了经营使用权转让的税法属性及适用问题，指出经营使用权转让应作为独立的转让无形资产行为，以企业取得财产转让收入缴纳企业所得税，并按照"销售无形资产"的税目征收增值税。针对现行税收政策的模糊以及相关课税标准的分歧带来的税法适用障碍，应当参照会计准则规定进一步明确我国税法中无形资产的概念内涵和外延，将经营使用权这类交易客体纳入无形资产的税法适用范畴。

在"国际税法"中，本卷收录了与应对数字经济税收挑战相关的法解释文章。陈浩达、陈镜先特别关注到，面对数字经济带来的税收挑战，许多国家通过修改税收协定和国内税法以及参与"双支柱"等国际税改的方式进行了应对，还有一些国家在司法实践中通过条约解释的方式作出了回应，这种动态解释的方法将国际税收规则的最新标准纳入司法审判，为反避税提供协定依据，但其对于应对数字经济税收挑战的正当性与合理性也备受质疑。为此，在数字经济背景下，我国应当明确经济合作与发展组织发布的《对所得和财产避免双重征税的协定范本的注释》的法律地位，有限度地采用动态解释方法应对数字经济发展带来的新问题，我国"走出去"数字企业也应当采取有效措施防范和化解东道国法院采用动态解释所引发的税务风险。

为继续鼓励财税法学的后备力量参与学术研究，推荐优秀的财税法硕博士学位论文，本卷延续了"学位论文"，推出厦门大学2018级硕士研究生黄子威的优秀硕士学位论文。黄子威以"税务规范性文件的司法审查标准研究——基于司法实务的观察"为题，观察我国税法领域大量的规范性文件存在缺乏授权依据、违背上位法规定、超越上位法等问题，对纳税人的合法权利造成了损害。《行政诉讼法》虽引入了"附带审查制度"，但对于是否启动审查、如何进行形式合法性审查以及如何进行实质合法性审查均缺乏明确标准。为此，作者在对可审查标准、形式合法性标准和实质合法性标准等关键问题进行针对性回应的基础上，尝试构建一套完整的税务规范性文件司法审查标准及适用体系。

本卷执行主编由西南政法大学经济法学院王婷婷副教授担任，国家税务总局税务干部学院(长沙)胡邵峰副研究员在此过程中给予了极大支持。书稿的顺利出版，得益于王婷婷老师的辛苦付出和其他编辑的精诚奉献，得益于编辑部全体成员的协力合作，得益于中汇(武汉)税务师事务所有限公司、金杜律师事务所上海分所税务团队的资助。期待更多热心公益的有识之士加入丛书的出版资助团队。对法律出版社毛镜澄编辑一如既往的辛苦付出,西南政法大学硕士研究生雷文俊、刘祯、吴婷、李璐璐对书稿规范化所承担的技术工作,以及武汉大学法学院硕士研究生李慧、陈小三在财务手续方面的协助,深圳大学法学院专职副研究员毛彦在审稿方面的协助,在此一并致谢。

熊　伟

2023 年 10 月 30 日

目 录

Contents

热点聚焦

税法专论

实务评注

国际税法

学位论文

热点聚焦

论增值税应税交易的构成要件与立法完善*

翁武耀**

摘　要：应税交易是增值税应税行为客体要件的必要内容，可以分为普通应税交易和视同应税交易，分别代指销售商品、服务和视同销售商品、服务。现行有关应税交易构成要件的规则还存在一定的界定不明确、不周延、不科学等问题，未来的增值税法可以从以下方面进行完善：首先，在确立商品、服务二分基本税目下，将销售商品宽泛地界定为有偿转让商品的所有权或者处分权，强调其流通性特征，再对商品的外延进行列举；其次，将销售服务的内涵界定为履行一项作为、不作为或许可义务，并突出其兜底性，再对服务的外延进行列举；再次，对有偿的界定应突出其经济利益的取得与转让商品、提供服务相关的直接关联性；最后，对视同应税交易的构成进行限制，多角度限缩视同应税交易的范围，对货物用于集体福利或个人消费、无偿转让商品等视同销售行为，增加进项税抵扣要件。

关键词：增值税立法；商品转让；服务提供；有偿性；视同应税交易

从经济的角度，增值税是对消费的课税，且是对消费的一般化课税，即对所有商品或服务的消费普遍征收的税，属于广义的消费税范畴。据此，增值税区别于狭义的消费税，是对特定的商品或服务的消费（额外）课税。除对任何人实施的进口货物征收增值税外，从法律的角度讲，增值税是对交易的课税，通常表现为对销售商品或服务的课税，纳税人为销售方，销售所产生的税额（销项税额）是销售取得的对价乘以比例税率所得到的积。其中，法律的视角，是指立法上对课征对象的规定。我国《增值税暂行条例》第 1 条就规定为"销售货物或者加工、修理修配劳务（以下简称劳务），销售服务、无形资产、不动产以及进口货物"。但是，纳税人向税务机关缴纳税款并不意味着实际承担税负，这是因为纳

---

* 国家社会科学基金项目"我国增值税构成要件的体系化构建与立法完善研究"（项目编号：20BFX157）的阶段性研究成果。

** 中国政法大学民商经济法学院教授，法学博士。

税人缴纳的税款包含在从购买方取得的款项之中,即税负通过转嫁由购买方承担。转嫁是一种经济现象,这也是为什么强调增值税从经济的角度是对消费课税的原因。

在确定增值税是对交易的课税之后,不难发现,关于增值税应税行为的构成(决定纳税义务的产生或产生基础),中心内容在于客体要件。对此,延续《增值税暂行条例》第1条的规定,2023年9月公布的《增值税法(草案)》(二次审议稿)第1条第1款规定:"在中华人民共和国境内(以下简称境内)销售货物、服务、无形资产、不动产(以下称应税交易),以及进口货物的单位和个人,为增值税的纳税人,应当依照本法规定缴纳增值税。"除进口货物外,这一关于增值税应税行为的基本规则规定了应税行为的3项基本要件,包括主体(纳税人)、客体(应税交易)和空间(在境内销售)要件,客体要件内容明显处于中心地位。应税行为的第四项基本要件即时间要件(应税交易的发生)则规定在有关纳税义务发生时间的具体规则中。事实上,关于增值税应税行为的客体要件,也就是《增值税法(草案)》(二次审议稿)所说的应税交易,我国现行相关立法虽然已较完善,但还存在进一步优化的空间。具体而言,不管是普通的应税交易(正常的销售商品或服务),还是视同的应税交易(视同销售商品或服务),有关构成要件的规则还存在一定的界定不明确、不周延、不科学等问题。为此,本文将分别对普通应税交易和视同应税交易的构成要件进行阐释,并提出立法的完善建议和条款设计。

一、普通应税交易的构成要件

普通应税交易的基本内容为销售商品或服务。除非法律有特别规定,满足这一要件内容的基本要求是经营者在经营活动中实施的取得他人对价给付的转让商品或提供服务。由于"经营者在经营活动中实施的"内容属于增值税应税行为的主体要件,本文不再另行阐释。[1] 值得注意的是,销售商品或服务,除构成经营活动本身的销售典型商品或服务外,如电脑企业生产、销售电脑,还包括销售在经营活动中被使用的财产或利用从事经营活动的结构的销售商品或服

---

〔1〕 关于增值税应税行为的主体要件,参见翁武耀:《论增值税纳税人的构成要件与立法完善——基于"经营活动"核心概念的分析》,载《税务研究》2023年第5期。

务,如转让为经营而被使用的固定资产、利用企业结构或形式而销售商品或服务。[1] 根据这一基本要求,以下分别就销售商品和销售服务的构成要件作进一步详细分解。其中,有偿性(取得他人对价给付)这一两者的共同构成要件,将单独阐释。

(一)销售商品

关于销售商品的构成,除了有偿性外,需要从以下三个方面进行阐释,分别是商品的特征、外延以及商品转让的含义。总体而言,基于征税的需要,对其中相关概念的理解比民商法上的理解要宽。

1. 商品的特征

商品的基本含义是为交换而生产出的物品。这样,商品就对应着一个交易市场,并且在该市场中具有流通性,即快速买卖这种物品不会导致价格大幅波动。换言之,这个物品在市场中的供给量和需求量通常都较大。正因为商品具有这样的特征,有关商品的生产、销售活动才能构成经营活动;实施主体正是通过利用国家创造、维护的相关市场从事生产、销售活动,具备了负税能力。正因为如此,仅仅强调相关财产能够转让,即所有人可以转让该财产的所有权或处分权(为此不能归入为提供服务),也不一定能够构成商品。例如,有限责任公司的股权、普通的债权、企业或企业部门等,虽然都可以转让,但是缺乏足够的供给量和需求量,就很难具备市场流通性,通常也无法被经常性地交易,相关交易也就无法在税法上认定为经营活动。当然,如果股权、债权以股票、债券的形式存在,由于股票、债券具有市场流通性,因而可以成为商品。此外,如果相关财产本身就被禁止买卖,且不存在交易市场,自然不能成为商品,例如,在我国作为现行货币的人民币。[2]

2. 商品的外延

基于增值税是对一般化的消费课税,商品和服务的外延应当是非常宽泛的,只要能够用来从事经营活动,都应当纳入进来。例如,意大利《增值税法》(1972

---

[1] Cfr. Silvia Mencarelli, Rosa Rita Scalesse, Giuseppe Tinelli, *Introduzione allo studio giuridico dell'imposta sul valore aggiunto*, G. Giappichelli Editore, 2018, p. 32.

[2] 参见《人民币管理条例》(2018 年修订)第 25 条。

年《增值税共和国总统令》[1])第1条对应税交易就规定为商品转让和服务提供,商品的外延应当尽可能宽泛。事实上,在商品与服务二分法下,意大利《增值税法》上的“商品”一词原文为“beni”,直译为“财产”,而根据意大利《民法典》第810条对财产的界定(“可以构成权利客体的物”),财产当然也包括无形财产。[2] 换言之,商品不限于形式,即不管是有形的还是无形的财产,如果具有流通性、有交易市场存在,就都应当作为商品来征税。这样,除常见的有形动产(货物)和不动产外,各类无形财产也应当作为商品。例如,电力、燃气、热力、股票、债券以及比特币、网络游戏中的武器装备等虚拟财产。但是,我国《增值税暂行条例》未采取商品与服务二分法,其第1条规定的销售对象,除服务以外,没有规定商品,而是规定了货物、无形资产和不动产。显然,货物主要是作为构成经营活动本身的典型商品销售的对象,但包括为经营而被使用的财产,如作为固定资产的机器设备。而无形资产、不动产主要是作为为经营而被使用的财产,但可以构成上述典型商品销售的对象,如房地产企业销售的不动产。但是,如果仅规定货物、无形资产和不动产3个税目,商品的外延并不完整。例如,外汇、股票、债券等金融商品就无法被上述任何一项税目涵盖。金融商品是作为构成经营活动本身的典型商品销售的对象,而金融商品本质是无形的,股票、债券等有价证券代表的也是一种权益,可又不适合归属于无形资产。这也是为何我国《营业税改征增值税试点实施办法》将其归入金融服务的原因,但这又造成了归属不准确的问题。虚拟财产也面临同样的问题,尤其是我国《民法典》已经将虚拟财产作为民事权利的客体。此外,对于电力、燃气、热力,我国《增值税暂行条例实施细则》第2条只能以视同的方式将其拟制为有形动产,从而适用针对货物的空间要件等规则。最后,需要强调的是,商品不限于体现为所有权的财产,也包括体现为用益物权的财产。例如,对于土地使用权以及其他自然资源使用权等,只要权利所有人能够处分,也被视为商品。我国增值税法目前将这些财产划归为无形资产,而欧盟2006年《增值税指令》第15条则允许成员国将建立在不

---

[1] Cfr. Decreto del Presidente della Repubblica del 26/10/1972 n. 633 – Istituzione e disciplina dell'imposta sul valore aggiunto.

[2] Cfr. Giuseppe Melis, *Economia digitale e imposizione indiretta*, in Innovazione e Diritto, n. 1, 2015, p. 109.

动产上的用益物权视为有形财产。[1] 意大利《增值税法》第 2 条第 1 款规定的商品转让就包括转移用益物权的行为。当然，基于商品的特征，并不是所有的用益物权都要纳入征税的范围。同时，鉴于用益物权与不动产相关，有必要将用益物权从无形资产（或财产）中单列出来，方便将用益物权与不动产归为一类，从而规定同样的征税规则，例如，关于空间要件的规则，即都以不动产、自然资源的所在地来确定相关交易是否在境内实施。

3. 商品转让的界定

对商品转让进行界定，主要是为了区分销售商品和销售服务。例如，我国《增值税暂行条例实施细则》第 3 条规定，销售货物是指有偿转让货物的所有权，这样，销售货物的使用权就属于销售租赁服务。考虑到商品的外延不仅包括货物，还包括不动产以及无形财产，同时，不仅涉及所有权，还涉及用益物权，因此，关于商品转让的统一界定需要综合考虑不同商品的属性。对此，意大利《增值税法》第 2 条第 1 款规定，商品转让是指有偿移转所有权或者用益物权的行为。第 2 条第 2 款紧接着规定，商品转让还包括保留所有权的销售、具有对双方当事人都有约束力的所有权移转条款的租赁等。法国《增值税法》（1950 年《税法典》第 2 编第 1 章，[2] 下文中相关法条序数是指在《税法典》中的法条序数）第 256 条第 2 款第 1 项直接规定商品转让是指商品所有人对处分权的转移，第 256 条第 3 款第 3 项也规定了意大利《增值税法》第 2 条第 2 款规定的两类商品转让情形。

据此，不难得出两国增值税法总体上对商品转让的界定较宽、并不严格局限于民商法下的所有权转移的结论。换言之，如果法律上的所有权没有转移，但是商品核心的物理和经济价值转移或商品处分权转移，也可以构成商品转让。增值税法如此规定，有诸多考虑。首先，可以避免因民商法上交易的复杂性导致征税的复杂性，从而影响征税效率。[3] 例如，所有权保留的销售，就属于商品处分权的转移，构成商品转让。再如，销售不动产，购买方已收房后，但是尚未登记所有权转移，这是因为买卖合同中约定购买方要将不动产再销售给第三方（由购

---

〔1〕 See Directive 2006/112/EC.

〔2〕 Voir Code général des impôts（CGI 2023）.

〔3〕 See Victor Thuronyi (ed.), *Tax Law Design and Drafting* (*Volume* 1), International Monetary Fund, 1996, "Chapter 6, Value-Added Tax", p. 22.

买方来确定),才完成登记,此时购买方取得的仅是经济上的"所有权",还未在法律上取得所有权,也属于不动产处分权的转移,也构成商品转让。这也是欧洲法院的观点。[1] 如此,增值税法上商品转让的构成在欧盟层面就能够得到统一,有助于避免征税的复杂性,毕竟各成员国民商法上关于商品所有权转移条件的规定差异是较大的。[2] 其次,以处分权转移界定商品转让,不仅可以适用于体现为所有权的商品,也可以适用于体现为用益物权等权利的商品,从而无须像意大利《增值税法》第2条第1款那样对不同类型商品分别界定转让。再次,商品转让的构成要求处分权转移即可,有助于对商品用于个人消费和职工福利作视同销售处理。这是因为商品用于个人消费和职工福利,至少部分是属于处分权转移而所有权不转移的情形,这样就有了视同销售商品的基础,即视同处理是建立在商品转让的基础上,只不过因为缺乏有偿性而视同销售。最后,根据商品转让的界定,商品转让不仅发生于私法交易之中,即源于销售方处分的意愿,也存在于产生处分权转移效果的公法行为之中,例如,强制执行下的商品转让,行政机关征用下的商品转让等。此时通常也具有有偿性。[3]

(二)销售服务

关于销售服务的构成,除有偿性以外,也需要从以下三个方面进行阐释,分别是服务的特征、外延以及服务提供的含义。总体而言,基于征税的需要,对其中相关概念的理解也比民商法上的理解要宽。在商品、服务二分法下,因为两者适用的相关应税行为空间、时间要件甚至税率等规则存在差异,区分商品转让和服务提供有着重要意义。

1. 服务的特征和外延

如果说,商品是经营者基于履行给予(所有权或处分权)义务的销售对象,那么服务就是经营者基于履行作为、不作为或许可义务的销售对象。换言之,在服务提供的过程中,尽管也会利用经营者的财产,但不会发生财产所有权或处分权的转移,或者转移不是主要方面。具体而言,服务往往基于交易双方的意思自治所确定,表现为以下能带来利益(满足特定需求)的活动:销售方向购买方实

---

[1] See ECJ' Judgment of 8 february 1990 in Case C – 320/88.

[2] Cfr. Cristina Trenta, Barbara Pizzoni, *La cessione di beni*, in AA. VV., Lo stato della fiscalità dell'Unione europea, a cura di Adriano Di Pietro, Roma, 2003, I, p. 134.

[3] Cfr. Gaspare Falsitta, *Manuale di diritto tributario-parte speciale*, CEDAM, 2008, p. 681.

施一项行为或不实施一项行为，或允许购买方实施一项行为。因此，服务的基本特征是无形的，无法进行仓储，且不伴随所有权或处分权的转移，或者转移是次要的。例如，餐饮服务，伴随食品、饮料等商品转让（供应），但是次要的，不再单独征税。除餐饮外，典型的服务包括通信、运输、装修、修理、娱乐、中介、贷款等，这些服务都是经营者履行的作为义务。此外，典型的服务还包括租赁，即转移商品的使用权，这类服务就是经营者履行的许可义务。但是，经营活动中还存在一些非典型的服务是以不作为的方式提供。考虑交易自治，交易双方可以约定履行的义务五花八门，包括不作为义务。例如，学校和工程企业约定，后者的大型工程车不走学校门口的道路（为避免产生影响学校教学工作的巨大噪声），但学校需要给后者支付对价，金额也超过工程车因绕道而产生成本。显然，至少从理论上，这些不作为义务也可以构成经营活动的内容，例如，存在交换，且有偿。但是，根据欧洲法院的判决，〔1〕农业经营者降低牛奶产量，即放弃生产、销售一部分牛奶，从而取得来自地方政府的补偿，并不构成履行不作为义务的服务提供。理由是，除了不符合有偿性以外，这个放弃并不伴随消费，即地方政府没有消费，也没有交换。〔2〕 事实上，在二分法下，相比商品，服务的外延应当更加宽泛，并需要发挥兜底的功能，确保应税行为范围的周延，以应对经营活动的多样性、复杂性以及不断变化、创新的特征。对此，除上述例子外，在线期刊、电子书籍、在线电影和音乐等数字化产品，也应纳入服务的范畴（如命名为电子化服务）。此外，我国增值税法目前将金融商品归入服务的范畴，也反映了服务在外延上的兜底功能。

2. 服务提供的界定

为避免将特定的经营活动排除在增值税应税行为之外，除对服务要宽泛界定外，对提供宜不再进行限定。〔3〕 经营者基于对价履行了相关义务，服务就提供了。所以，对提供本身并不需要单独界定。事实上，基于上述对服务特征和外延的阐述，服务提供需要界定的内容就已经完成了。这样，服务提供的界定也体

---

〔1〕 See ECJ' Judgment of 20 february 1990 in Case C – 215/94.

〔2〕 Cfr. Francesca Stradini, *Le prestazioni di servizii*, in AA. VV. , Lo stato della fiscalità dell'Unione europea, a cura di Adriano Di Pietro, Roma, 2003, I, p. 153.

〔3〕 See Victor Thuronyi (ed.), *Tax Law Design and Drafting* (*Volume* 1), International Monetary Fund, 1996, "Chapter 6, Value-Added Tax", p. 25.

现出宽泛性的特点。甚至,在需要对服务提供的界定与商品转让的界定进行协调时,立法上往往明确,一部分无形财产(商品)的转让可以归入服务提供的范畴,以适用关于服务提供的应税行为空间和时间要件等规则。例如,法国《增值税法》第256条第4款第1项规定:"服务提供是指第2款界定的交易以外的交易,特别包括无形财产的转让或许可、不作为或容忍一项行为或情势的事实、独立劳务、房地产工作和受托人履行职责。"第2项又补充规定有价证券交易也是服务提供。意大利《增值税法》第3条第1款规定:"服务提供是指为取得报酬而履行工程、承包、运输、委托、邮寄、代理、中介、存储合同,以及一般而言,为取得报酬而履行作为、不作为和允许义务,不管义务的来源是什么。"第2款又补充规定一些特殊交易也纳入服务提供的范围,包括财产租赁,著作权(关于发明、模型、图纸、过程、公式以及品牌和标志)以及类似的权利或财产的转让、许可,货币或证券出借,食品和饮料供应,以及合同转让。显然,不同于我国增值税法仅仅是列举服务的外延,上述两国增值税法都对服务提供的内涵进行了界定,并体现出兜底性,同时进行列举。其中,法国《增值税法》采取直接+消极性的兜底界定,即商品转让以外的交易都是服务提供,列举的则是特殊或非典型的服务提供。意大利《增值税法》则采取对服务提供积极的"一般+抽象"界定,间接地也体现兜底性,并列举典型和非典型(特殊)的服务提供。其中,列举的一些特殊服务提供,尽管伴随有形、无形财产或权益的转移,但不归属于商品转让,也体现了兜底性。对此,不难发现,在法国、意大利,一些无形财产所有权或处分权的转让也被归入服务提供的范畴,与统一适用同样的空间要件等规则有关。但是,我国的做法不尽一致,采取的是单列销售无形资产并规定适用与销售服务一样的规则,似乎更可取。当然,销售无形财产,其中一部分销售的是无形财产的使用权,例如,专利、商标许可,应归入服务提供。最后,还需要指出的是,基于界定的宽泛性,正如意大利《增值税法》明确规定"不管义务的来源是什么",服务提供也存在于公法行为之中,即相关履行义务的来源不一定是合同,还可以是一项行政或司法行为。[1]

(三)有偿性

销售商品或服务除发生商品转让或服务提供外,还体现有偿性的特征。学界对此并无争议。但是,对于何为有偿性以及与商品转让或服务提供需要存在

---

〔1〕 Cfr. Gaspare Falsitta, *Manuale di diritto tributario-parte speciale*, CEDAM, 2008, p. 686.

什么关联，仍需进一步明确。

1. 有偿性的构成

转让商品或提供服务的主体能够取得一项与商品转让、服务提供相对应的经济利益或经济上可评估的给付，这是有偿性的基本内容。那么，何为经济利益或给付由什么构成？对此，我国《增值税暂行条例实施细则》第 3 条和《营业税改征增值税试点实施办法》第 11 条都规定表现为货币、货物或者其他经济利益。显然，给付不限于货币，货物和其他商品以及服务等都可以构成给付，而其他经济利益的规定更是具有兜底性。理论上，只要经济上可估值，给付可以表现为任何形式，包括股权、债务豁免等。此外，需要特别注意的是，对于有偿性的构成，给付的名义也并不限于对价，也可以包括以补偿名义支付的金额，或者以保证金名义支付的金额。例如，一项商品转让，所有权的转移在购买方对商品使用完全满意前是中止的，此时，购买方向销售方支付的金额是保证金，还不具有对价的性质，但是已经构成有偿性。[1]

2. 商品转让或服务提供与取得给付之间的关联

对于有偿性的构成，要求商品转让者或服务提供者取得给付，这个给付的取得与商品转让或服务提供之间还需要存在直接的关联，如果缺乏直接的关联，有偿性也不构成。[2] 在通常情况下，在一项交易中，直接关联性体现为交易双方之间因为存在一项法律关系，需要相互给付，其中购买方支付的给付构成了销售方给付（商品或服务）的有效对应值。[3] 但是，基于上述关于有偿性理解的宽泛性，存在直接关联，也并不意味着给付必须是购买方支付的。即使是来自公共机构或第三方给付，也能满足直接关联性。如此说来，对有偿的界定，《营业税改征增值税试点实施办法》第 11 条没有像《增值税暂行条例实施细则》第 3 条那样要求“从购买方”取得，而只是规定为“取得货币、货物或者其他经济利益”，是合理的。例如，国家对企业生产、销售某种特殊商品或服务的财政补贴，如果补贴金额是与销售收入或数量挂钩，就可以构成取得的给付的一部分。国家税务

[1] Cfr. Silvia Mencarelli, Rosa Rita Scalesse, Giuseppe Tinelli, *Introduzione allo studio giuridico dell'imposta sul valore aggiunto*, G. Giappichelli Editore, 2018, p. 24.

[2] Cfr. Cristina Trenta, Barbara Pizzoni, *La cessione di beni*, in AA. VV., Lo stato della fiscalità dell'Unione europea, a cura di Adriano Di Pietro, Roma, 2003, I, p. 146.

[3] Cfr. Gaspare Falsitta, *Manuale di diritto tributario-parte speciale*, CEDAM, 2008, p. 687.

总局《关于取消增值税扣税凭证认证确认期限等增值税征管问题的公告》(国家税务总局公告2019年第45号)就规定,纳税人取得的财政补贴收入,与其销售货物等商品或服务的收入或者数量直接挂钩的,应按规定计算缴纳增值税,否则不属于增值税应税收入。又如,B企业向C销售商品或服务,但对B的给付,是由A企业支付的,此时,关于商品或服务是销售给谁(A企业或C企业)可能存在争议,但是A支付的给付构成增值税法上的对价(满足直接关联性)并没有问题,即使A企业和B企业之间没有合同。[1] 再如,街边艺人实施唱歌、弹奏等纯表演,因为不具有有偿性,不构成销售服务,即使路人偶然会给予钱财。事实上,钱财的给予并不是购买表演服务的给付,这是因为路人是否给予以及给予多少与服务接受与否以及表演水平高低并不存在直接关联。

二、视同应税交易的构成要件

(一)视同应税交易的基本特征

经营者在从事经营活动的过程中,如果将相关商品(包括经营者的资本性资产)或服务并不用于销售,而是直接被经营者个人或其家庭使用(消费)或用于职工福利,或被无偿赠送或提供给他人,增值税法应当如何处理？由于都不属于销售,如果根据普通应税交易的构成要件,上述行为应都不构成应税交易,同时,相关商品或服务上的进项增值税如果已经抵扣,就应当转出。澳大利亚《商品与服务税法》(1999年《商品与服务税法案》[2])就采取这种处理。[3] 但是,采取这种做法的国家还是少数,大部分国家的增值税法采取的是视同的处理,即将商品或服务用于非经营活动的行为在增值税法上拟制为销售商品或服务,产生增值税的纳税义务,同时,允许抵扣相关商品或服务上的进项增值税。例如,欧盟2006年《增值税指令》、[4]加拿大《商品与服务税法》(1985年《消费税法

---

[1] See Victor Thuronyi (ed.), *Tax Law Design and Drafting* (*Volume* 1), International Monetary Fund, 1996, "Chapter 6, Value-Added Tax", p. 36.

[2] See A New Tax System (Goods and Services Tax) Act 1999 of Australia.

[3] 参见翁武耀、苏小雅:《域外商品与服务税视同应税交易规则解析与中国借鉴》,载《税务与经济》2022年第1期。

[4] See the art. 16 (para. 1) and the art. 26 (para. 1) of Council Directive 2006/112/EC.

案》第九部分[1])以及新加坡《商品与服务税法》(1993年《商品与服务税法案》[2])都对上述行为作了视同处理,同时特别规定视同以相关商品或服务上的进项增值税抵扣为条件。[3]

意大利《增值税法》第2条(关于商品转让)第2款规定:"构成商品(有偿)转让的还包括……(d)商品的无偿转让,但以下商品的无偿转让除外,该商品的生产或流通不属于企业自身的经营活动,如果单位成本(单价)不超过50欧元,或者就该商品,在购买或进口之时没有根据第19条实施税的抵扣;(e)商品被用于企业主或实施艺术或自由职业主体的个人或其家庭消费,或被用于企业经营或艺术或自由职业经营以外目的,即使是经营活动终止所导致的,但在购买之时没有根据第19条实施税的抵扣的商品除外……"第3条(关于服务提供)第3款规定:"第1款和第2款规定的服务,对于其中每一项价值超过50欧元的业务,且与在实施过程中购买商品和服务相关的税是可以抵扣的,即使是为企业主个人或其家庭使用而实施的,或者是为企业经营以外目的无偿实施的,也构成服务提供。不过,以下服务除外:为员工提供的企业食堂餐饮服务、运输、培训、教育、娱乐服务和帮扶、健康服务,为非商业机构的组织活动进行的广告、宣传业务,以及国家或公共机构要求或支持的基于公共利益进行的信息、表演、图像或通信传播业务。"法国《增值税法》第257条第2款第1项规定:"下列应视为有偿实施的商品转让:纳税人为其私人使用或为其工作人员的私人使用而收领其企业的商品,或纳税人无偿转让商品,或更一般地说,为与其企业经营无关的目的而使用商品,当该商品或其组成部分已经产生抵扣全部或部分增值税的权利。但是,为商业目的,提供低价值的礼物和样品不包括在内。"第2项规定:"下列应视为有偿实施的服务提供:为纳税人或其工作人员的私人需要,或更一般地说,为与其企业经营无关的目的,使用分配给企业使用的商品,当该商品已经产生抵扣全部或部分增值税的权利;纳税人为其私人使用或其工作人员的私人使用,或更一般地说,为与其企业经营无关的目的,无偿提供服务。"

---

[1] See Excise Tax Act (R. S. C., 1985, c. E – 15) of Canada.

[2] See Goods and Services Tax Act (26th November 1993) of Singapore.

[3] 参见翁武耀、芮雪:《欧盟增值税视同应税交易规则解析与中国镜鉴》,载《国际税收》2021年第3期;翁武耀、苏小雅:《域外商品与服务税视同应税交易规则解析与中国借鉴》,载《税务与经济》2022年第1期。

不难发现,增值税法之所以将相关商品或服务用于非经营活动或无偿赠送、提供行为视同销售商品或服务,主要原因在于纠正税的偏差(salti di imposta),即避免在进项税抵扣的情况下没有销项税产生。[1] 但是,这一缘由还不够充分。事实上,如果相关商品或服务被私人需要使用,就相当于这些商品或服务基于最终消费目的被使用了,不再进入流通链条之中。此时,如果按照进项税转出处理,也是可行的,如澳大利亚的做法。当经营者将外购的商品用于非经营活动,因为按照市场价值来确定销售额,与外购商品的价格通常是一样的,不产生增值,国家也不会取得税收收入。因此,对这种情况不按照视同销售处理,更是可行。例如,我国《增值税暂行条例实施细则》第4条第5项规定的视同销售货物(用于集体福利或者个人消费),仅包括企业自产、委托加工的货物,不包括外购的货物。可以看出,视同销售处理还与国家取得税收收入有关,否则将抵扣的进项税转出即可。此外,如果相关商品被无偿赠送其他企业,后者可能会基于经营目的使用这些商品,即商品还在经济链条之中流通。这样,视同销售处理可以确保抵扣链的完整,即其他企业可以凭借视同销售而取得的发票主张进项税抵扣。例如,我国《增值税暂行条例实施细则》第4条第8项规定的视同销售货物(无偿赠送其他单位或者个人),不仅包括企业自产、委托加工的货物,还包括外购的货物。

(二)视同应税交易的限制

视同销售商品或服务应税行为属于增值税应税行为的扩张,但这一扩张无疑也需要限制,毕竟是将原本不属于销售商品或服务的行为视为销售行为征税,破坏了增值税应税行为的纯粹性。至于如何限制,主要有以下五个方面:

第一,增加抵扣要件。即要求相关商品或服务的进项增值税可以抵扣,因为这是视同销售处理的基础缘由,否则将产生重复课税,背离增值税的中性。这一点,意大利、法国增值税法也作了不同方式的规定。

第二,明确视同销售商品与销售商品的相同点。相比于普通应税交易,视同销售商品或服务的差异主要体现在销售与非销售行为的差异。但是,这种差异也是有限的,即视同销售的非销售行为与销售行为存在特定的相同点,这一点对商品视同销售尤为重要。对于商品来说,视同销售应当限于商品所有权或实际处分权发生转移的情形,从经营者(企业)被有意转移到(企业)控制人个人或其

---

[1] Cfr. Gaspare Falsitta, *Manuale di diritto tributario-parte speciale*, CEDAM, 2008, p. 687-688.

家庭、员工以及其他主体。如果未发生这样的转移,则可能构成视同销售服务,如经营者将厂房用于员工住宿。对于用于集体福利或者个人消费这类视同销售商品,我国增值税法规定仅适用于货物具有合理性。事实上,法国《增值税法》第257条第2款第1项(视同销售商品)和第2项(视同销售服务)作了分别规定,即前者规定为收领(含转移之意)企业的商品,后者规定为使用(不含转移之意)分配给企业使用的商品。

第三,正确理解有偿性。鉴于销售与非销售行为的差异体现在是否具有有偿性上,基于对有偿性(对价性)这一销售本质特征的理解,将一部分具有有偿性特征的非销售行为纳入普通应税交易之中。根据我国《营业税改征增值税试点实施办法》第10条和第11条的规定,销售是指有偿转让或提供,而有偿是指取得货币、货物或者其他经济利益。显然,其他经济利益的外延,可以宽泛地进行理解,一部分发生上述转移效果的非销售行为可以根据取得其他经济利益而纳入销售行为之中。例如,基于分配股息的需要,经营者将商品分配给股东,与经营者先将商品销售给股东,股东产生支付价款的债务,与经营者对其支付(现金)股息的义务抵销,经济效果是一样的。换言之,将商品分配给股东,经营者也取得了某种形式的经济利益。再如,经营者将商品用于投资(出资),换取被投资企业的股份或经营份额,也取得了某种形式的经济利益。对此,意大利《增值税法》第2条第2款规定企业或其他组织对股东或成员实施的商品分配行为,不管是以何种名义,均构成商品的有偿转让。同时,在意大利,商品用于投资(出资)行为也属于《增值税法》第2条第1款规定的有偿移转所有权或者用益物权的行为,即根据普通应税交易征收增值税。[1] 上述两类非销售行为,涉及货物的,在我国《增值税暂行条例实施细则》第4条第6项和第7项中依然是作为视同销售货物行为。据此,我国增值税法对货物销售采取了形式上的意义,而非本质上的意义,这并非不可以接受。与此不同的是,将不动产和无形资产分配给股东和用于投资,《营业税改征增值税试点实施办法》第14条并没有规定为视同销售不动产、无形资产行为,但这并不意味着不征收增值税。例如,在实践中,以不动产、无形资产投资就是按照有偿转让不动产、无形资产征

〔1〕 Cfr. Gaetano Petrelli, *Regime fiscale dei conferimenti in società ed enti*, in Rivista Studi e Materiali CNN, n. 2, 2003, p. 603.

收增值税。[1] 事实上,考虑将商品分配给股东和用于投资(出资)也属于有偿转让商品,符合普通应税交易的构成要件,纳入普通应税交易之中更可取。

第四,考虑视同销售的例外情形。例如,意大利和法国在增值税法上都规定的小金额商品的无偿赠与,以及意大利增值税法上规定的对企业员工提供的福利性服务或一些公益服务。事实上,关于后者,我国《营业税改征增值税试点实施办法》第 14 条在规定无偿提供服务、无形资产或者不动产的视同销售行为时,也规定了用于公益事业或者以社会公众为对象的除外。当然,从简化角度,上述两类视同例外的情形不规定亦可。

第五,正视实践中的可行性。即如果征管成本较高,就不视同销售进行征税。例如,服务用于个人(包括家庭成员)使用或职工福利可以不视同销售处理,这是因为服务的无形性,同时消耗的额外进项成本也很有限。

(三)两类特别的视同应税交易

除商品或服务用于个人使用、职工福利或无偿赠送、提供给他人外,还有两类视同销售商品或服务需要特别说明。首先,是我国《增值税暂行条例实施细则》第 4 条第 1 项和第 2 项规定的将货物交付其他单位或者个人代销和销售代销货物。对此,意大利《增值税法》第 2 条第 2 款也作了规定:“在执行委托合同中,销售或购买的财产从委托方移转到受托方或从受托方移转到委托方。”显然,这种视同销售存在于一类特殊的委托关系之中,即受托人以自己名义、但为了委托人的利益销售商品。这在我国被理解为间接代理下的受托人销售,在意大利则被称为无代表权销售。如果受托人以委托人名义销售,当然在委托人和受托人之间就不存在视同销售,就是委托人向第三方销售商品,受托人向委托人提供代理服务。而在无代表权销售下,增值税法假定存在两个买卖商品交易:一个是委托人和受托人之间,另一个是受托人与第三方之间。但是,商品所有权在委托人和受托人之间并不发生转移,只有在受托人向第三方实施完成商品的转让时,才发生从委托方到第三方的转移。因此,在委托人和受托人之间,增值税

[1] 参见《以不动产、无形资产投资取得股权,是否需要缴纳增值税?》,载国家税务总局宁波市税务局官网,http://ningbo.chinatax.gov.cn/art/2021/6/30/art_23_185285.html。

法才视同处理,构成一项真正的法律拟制。[1] 而在受托人与第三方之间,受托人是名义的销售方,可直接根据销售商品征税,无须再规定为视同销售商品。当然,对无代表权销售视同销售商品之后,根据意大利《增值税法》第3条第4款的规定,受托人提供的代理服务就被排除,不再构成服务提供。至于视同处理的缘由,则是为避免征管上将受托人与第三方之间的交易归属到委托人这一难题;同时,视同销售后,委托人、受托人和第三方之间的增值税抵扣、转嫁也可正常、方便地开展。[2] 总之,无代表权销售,体现的是形式课税、便利征管。不过,需要注意的是,不同于我国增值税法,意大利《增值税法》规定的无代表权销售中的视同销售,不仅包括代销,还包括代购下的反向视同销售。这样,受托人从第三方购买,再转移至委托人,也是构成视同销售,无疑这更完整。当然,对代销不作视同销售处理亦可。此时,在确定间接代理关系后,就根据实质课税直接按照委托人向第三方销售征税。

另外,我国《增值税暂行条例实施细则》第 4 条第 3 项还规定了一类视同销售商品,即纳税人将货物从统一核算下的一个机构移送至其他地区的受货机构用于销售。与无代表权销售中的视同销售类似,也存在处分权的转移,但所有权不转移。这是因为虽然两个机构同属一个企业,但从增值税法的角度,两个机构之间也可以相互独立。具体而言,分支机构可以成为增值税纳税人,同时根据关于上述第 4 条第 3 项规定的用于销售的解释,受货机构需要以自己名义开具发票和/或收取货款,[3]并在当地登记注册。因此,考虑两个机构之间转移是无偿的,此类视同销售也就如同经营者无偿赠送商品给其他纳税人。此种视同销售处理也有助于地区间税源的平衡分配,特别是生产地与销售地之间的分配。具体而言,由于我国目前增值税的征收实行属地管理,如果不对移出机构移送货物的行为视同销售,仅在受货机构最终销售时才征税,就会使货物移出地政府无法取得增值税收入,而货物移入销售地政府会多得增值税收入。

---

[1] Cfr. Najdat Al Najjari, *Le operazioni tra committente e commissionario*, il 5 novembre 2014, disponibile nel seguente sito, http://www.anasped.it/le-operazioni-tra-committente-e-commissionario.

[2] Cfr. Raffaele Perrone Capano, *L'imposta sul valore aggiunto*, Jovene, 1977, p. 308.

[3] 参见国家税务总局《关于企业所属机构间移送货物征收增值税问题的通知》(国税发〔1998〕137 号)、上海市国家税务局《关于转发国家税务总局〈关于企业所属机构间转送货物征收增值税问题的通知〉的通知》(沪国税流〔1998〕198 号)。

三、增值税应税交易条款的立法完善

基于前文阐释,无论是立法形式还是内容,或者从提高增值税法抽象性、明确性和科学性的角度,我国现行立法中有关增值税应税交易构成要件的规定还是有诸多需要完善的地方。当前正在进行的增值税立法为此提供了非常好的机会,我国《增值税法(草案)》(二次审议稿)的公布也使相关立法建议更具有针对性。

关于增值税应税交易,《增值税法(草案)》(二次审议稿)第1条和第4条分别规定了普通应税交易和视同应税交易。第1条第1款规定的是应税行为的基本规则,引入了应税交易概念,而对应税交易(也就是普通应税交易)的界定则规定在第1条第2款中,内容为:"销售货物、服务、无形资产、不动产,是指有偿转让货物、不动产的所有权,有偿提供服务,有偿转让无形资产的所有权或者使用权。"第4条关于视同应税交易的规定内容为:"(一)单位和个体工商户将自产或者委托加工的货物用于集体福利或者个人消费;(二)单位和个体工商户无偿转让货物;(三)单位和个人无偿转让无形资产、不动产或者金融商品;(四)国务院规定的其他情形。"

相比于现行立法,《增值税法(草案)》(二次审议稿)关于应税交易的规定虽然有所变化,但是集中于立法形式方面。一方面,提高了法的明确性,例如,将《增值税暂行条例实施细则》中从解释的角度界定的内容(应税交易的界定)直接规定到了法律中,另一方面,增加了统一性,例如,将《增值税暂行条例实施细则》和《营业税改征增值税试点实施办法》分别规定的相关视同销售商品、服务情形合并规定。而在立法内容上基本延续了现行规定,没有实质性的修改。考虑到增值税应税交易构成要件的立法完善主要体现在内容本身,《增值税法(草案)》(二次审议稿)相关条款需要进行进一步的完善。

(一)普通应税交易条款的完善

不同于《增值税法(草案)》(二次审议稿)将普通应税交易的界定并入应税行为的基本规则(条款)之中,考虑到需要规定的内容较多,建议将有关普通应税交易单独制定一条,并分为3款。前两款分别界定销售商品和销售服务,其中,销售商品条款和销售服务条款需要分别重点界定商品转让(包括商品的内涵和外延)和服务提供,同时在第3款界定有偿性。

首先,关于第1款销售商品的界定,有以下四个方面需要完善:(1)实行基本税目的二分法,即在服务之外,引入“商品”概念。《增值税法(草案)》(二次审议稿)还是仅规定货物、无形资产和不动产3个税目,缺乏一个共属的抽象概念,引入商品概念在增加法律规则抽象性的同时,能更好地确保征税对象的完整性。(2)在引入“商品”概念之后,需要界定商品的核心特征,即市场流通性,为判断一项交易的客体是否属于商品以及该交易是否需要征收增值税提供标准,从而提高法律适用的确定性。(3)需要列举商品的外延,这也有助于提高法律适用的确定性。对此,需要根据基本的差异来区分不同的商品并进行列举,同时还是要保持相关概念的抽象性,不能列举太细。其中,除继续列举货物和不动产这两项典型的有形财产外,增加用益物权和金融商品两项特殊的无形财产。用益物权与土地等紧密相关,也可以视为有形财产,在一些增值税处理上(如交易发生地的判断)与不动产相同。而金融商品是从目前规定的金融服务中分离出来的,特殊性也显著。在此基础上,剩下的无形资产就取消,改为其他无形财产,其中,这里的“资产改为财产”是为了从形式上更好地确保外延的完整性。(4)商品转让的界定关键在于明确商品的什么权利(属性)发生了转让就表明商品发生了转让。对此,《增值税法(草案)》(二次审议稿)区分货物、不动产和无形资产,前两者涉及所有权,无形资产涉及所有权或使用权。但是,引入“商品”这一共属的抽象概念后,由于直接界定商品转让,权利(属性)的明确就应当体现宽泛性。这样,除所有权外,还应当包括处分权(毕竟用益物权不涉及所有权),如此,也能更好地确保征税是基于实质的经济效果。当然,使用权不应再保留,毕竟商品使用权的转让应当归属于服务提供。

其次,关于第2款销售服务的界定,《增值税法(草案)》(二次审议稿)仅仅界定为“有偿提供服务”,对于何为服务或服务提供,立法上需要补充,以提高法律适用的确定性。对此,界定服务提供即可,具体从以下三个方面作进一步界定:(1)在商品、服务二分法下,为确保增值税应税行为范围的周延,服务提供的界定应当发挥对普通应税交易界定兜底的功能,要体现宽泛性的特征。为此,在能够构成经营活动的前提下,服务提供是除商品转让以外的所有交易,即不归属商品转让的交易就按照服务提供来征税。其中,关于经营活动的要求,在应税行为主体要件的条款中进行规定。(2)如果仅仅以上述排除法的方式来界定服务提供,还是不够明确的,为此仍需要从正面来界定服务提供的内涵。当然,这一内涵的界定也应当是宽泛性的,能够包含商品转让内涵以外的所有行为。因此,除规定表现为履行一项作为、不作为或许可义务外,还应当强调不管何种义务来源。(3)服务的外延还是有必要列举,这也有助于提高法律适用的确定性。对此,应采取不完全列举的方式规定主要的典型服务,同时,为覆盖更多类型的服务,列举的服务以大类的服务类型为宜,尤其是相关大类的服务类型在税率等增值税有关规则上存在区别对待。例如,《增值税法(草案)》(二次审议稿)第 9 条特别就加工修理修配服务、租赁服务、交通运输服务、邮政服务、基础电信服务、建筑服务规定了区别于其他相关服务的税率。

最后,《增值税法(草案)》(二次审议稿)没有对有偿性进行界定,考虑有偿性是普通应税交易必要的构成要件,应当在第 3 款进行补充。值得注意的是,《增值税法(草案)》(二次审议稿)第 16 条对销售额进行了界定,即"是指纳税人发生应税交易取得的与之相关的价款,包括货币和非货币形式的经济利益对应的价款"。相比有偿性的界定,两者在内容上已经有很大趋同性,对此应当肯定。事实上,有偿性的界定决定了销售额的界定或销售额的构成,两者是质和量的关系。有偿性的界定包括两个方面:(1)明确经济利益(或给付)的形式包括货币和非货币经济利益,从而使得各种类型的经济利益都能被包括,确保宽范围的普通应税交易和宽税基。(2)强调经济利益的取得与转让商品、提供服务有关,否则即使销售主体取得经济利益,转让商品和提供服务也不构成销售商品、服务,这一点至关重要。

综上,应税交易条款可作如下规定:

> 销售商品是指有偿转让商品的所有权或者处分权。其中,商品是指在市场中具有流通性的财产,包括货物、不动产、用益物权、金融商品以及其他无形财产。
>
> 销售服务是指有偿提供服务。其中,提供服务是指除第 1 款规定的转让商品以外的交易,表现为履行一项作为、不作为或许可义务,不管何种义务来源,包括提供加工修理修配服务、交通运输服务、邮政服务、电信服务、建筑服务、金融服务、租赁及其他现代服务、教育医疗及其他生活服务等。
>
> 有偿是指取得与转让商品、提供服务相关的货币或非货币形式的经济利益。

(二)视同应税交易条款的完善

相比现行立法,《增值税法(草案)》(二次审议稿)第4条限缩了视同应税交易的类型,仅仅保留了货物用于集体福利或个人消费和货物、无形资产、不动产或者金融商品无偿转让两大类(以下分别简称用于福利、消费和无偿转让)。像货物用于投资、货物分配给股东或者投资者、无偿提供服务等诸多现行视同应税交易的类型没有出现在第4条中。对此,应当肯定。正如前文阐释的,视同销售商品或服务应税行为应当限制。不仅我国的增值税法,许多国家的增值法都规定了用于福利、消费和无偿转让是视同应税交易中最典型的两类行为。但是,需要强调的是,将用于福利、消费和无偿转让规定为视同应税交易,主要的立法目的在于纠正税的偏差,避免进项税被抵扣的情况下没有产生销售税,否则将违背进项税应当在商品被基于经营目的使用方可获得抵扣的中性原则。反之,如果不作视同应税交易处理,进项税就得转出。为此,澳大利亚完全不作视同应税交易处理,我国将外购货物用于福利、消费也未作视同应税交易,都按照进项税转出处理,这与视同处理的出发点是一致的。不可否认,用于福利、消费和无偿转让作视同应税交易处理,能够发挥反逃避的功能,但它不是主要的立法目的,尤其是在税收征管不断现代化、反避税立法不断完善的情况下,其反逃避的功能会进一步降低。如果视同应税交易仅仅限于上述两类,那么就可以基于非经营目的或无偿性以及上述主要的立法目的,对视同应税交易进行一般的界定,从而限制视同应税交易。但这种做法,目前并不可行。正如前文所述,除用于福利、消费和无偿转让,我国的增值税法上还存在其他基于不同行为和不同立法目的的视同应税交易,如间接代理中的代销、同一企业不同机构之间的商品转移等。当然,这两类视同应税交易与反逃避税功能基本无关。

关于视同应税交易条款,《增值税法(草案)》(二次审议稿)第4条还需要在以下方面进行修改:(1)从限制的角度,还要增加进项税可以抵扣作为视同应税交易的条件。(2)删除关于"单位和个体工商户"或"单位和个人"实施主体的规定,一方面,因为视同应税交易是客体要件,实施主体应按照纳税人条款确定;另一方面,则因为根据纳税人条款,纳税人的外延也不再规定为单位和个人。(3)《增值税法(草案)》(二次审议稿)规定的无偿转让货物和无偿转让无形资产、不动产或者金融商品可以合并为一项,简化为无偿转让商品。(4)《增值税法(草案)》(二次审议稿)第4条第4项规定的兜底条款("国务院规定的其他情形")可以保留,但应当用于规定新的视同应税交易,以应对未来新情况、填补未来税法漏洞。因此,需要避免通过兜底条款在未来增值税法实施条例或税收规范行为文件中恢复《增值税法(草案)》(二次审议稿)中未保留的现行诸多视同应税交易类型,如果要规定,应当在未来的增值税法中规定,例如,在间接代理中委托方将商品转移给受托方以及反向移送。

综上,视同应税交易条款可作如下规定:

纳税人的下列情形为视同应税交易:

(一)将自产或者委托加工的货物用于集体福利或者个人消费,当货物或其组成部分上的增值税可以抵扣;

(二)无偿转让商品,当商品或其组成部分上的增值税可以抵扣;

(三)国务院规定的其他情形。

四、结　语

目前,为增值税法的良法善治计,我国对增值税基本法律制度的研究还有待进一步加强。增值税应税行为构成要件决定增值税纳税义务存在与否及产生基础,属于增值税基本法律制度。其中,又以应税交易这一客体要件最为基础,并处于中心地位。为此,当前的增值税立法需要重视应税交易条款的制定,从法律的抽象性、明确性和科学性的角度,对现行立法进行全面检视,厘清应税交易的构成要件,进而体系化地完善相关立法。首先,应当将应税交易分为普通应税交易和视同应税交易两大类,立法只有在对前者构成要件界定清楚的基础上才可以界定后者。其次,普通应税交易再具体分为销售商品和销售服务,前者重点界定商品及其转让,后者重点界定服务提供,而对有偿性这一二者之共同要件应统一界定。同样,立法只有在对销售商品构成要件界定清楚的基础上才可以界定销售服务,尤其是后者界定采取兜底的方式。最后,视同应税交易应具体分为用于集体福利和个人消费、无偿转让和其他行为等几类,重点是界定前面两类,并突出与抵扣制度的关联。毫无疑问,体系化完善应税交易构成要件立法,是我国增值税良法制定的重要一环。

(责任编辑:欧阳天健　张成松)

众筹的增值税课税问题研究

杨小强* 王 森**

摘 要:众筹作为一种新型的金融业务,成为互联网背景下增长最快的融资方式之一。但众筹在为中小企业融资带来便利的同时,也因行业监管的落后引发一系列问题,需要从法律层面予以规范管理。本文首先梳理了非财务回报类众筹和财务回报类众筹的增值税适用问题,比如,捐赠众筹无偿性的界定、回报众筹可税性的界分,尤其聚焦股权众筹的税法定性及尚待完善的细节。通过对国际上已有的众筹增值税处理规则进行研究,对我国未来增值税立法完善提出建议,以进一步打通抵扣链条,发挥税收处理指南诠释法律、指导实践的作用,以期发挥众筹行业的普惠性、共享性优势,促进资源在金融领域的正常流动与配置。

关键词:捐赠众筹;股权众筹;债权众筹;融资;增值税

一、导 论

众筹最初起源于众包,依托区块链以及分布式个人网络等技术。[1] 当前我国学术研究中对众筹的定义多基于国际证监会组织之规定,是一个总括性术语,是指通过互联网平台,从大量个人或组织处获得少量资金,以满足项目、商业或个人贷款以及其他资金需求的活动。[2] 2022年,原国务院促进中小企业发展工作领导小组办公室及各相关部门出台了40多份文件,从融资、财税、创新等方面

---

* 中山大学法学院税法教授、博士生导师,中山大学法律经济学研究中心主任。

** 中山大学法学院经济法博士研究生。

〔1〕 Gerber, Elizabeth, Julie Hui and Pei-Yi Kuo, *Crowdfunding: Why People are Motivated to Post and Fund Projects on Crowdfunding Platforms*, Conference: Computer Supported Cooperative Work 2012.

〔2〕 Eleanor Kirby & Shane Worner, *Crowd-funding: An Infant Industry Growing Fast*, Staff Working Paper of the IOSCO Research Department:[SWP3/2014].

支持中小企业发展。[1] 其中,提高中小企业的融资可得性是其重要目标。具体来说,要求综合运用货币、财政等政策工具以及差异化监管措施,引导金融机构加大对小微企业信贷支持力度。在实践中,众筹由于其门槛低、灵活度高、社会公众参与量大等特征,成为互联网背景下增长最快的融资方式之一。

然而,众筹在为中小企业融资带来便利的同时,也因行业监管的落后引发一系列风险,需要从法律层面予以规范管理。就税法而言,目前我国众筹的法律性质模糊,参与者的增值税义务尚不清晰。虽然学界对众筹业务的税收制度已有零星研究,但缺少从税法原理以及金融工具特殊性角度对众筹税收制度的深入分析。按照支持者获得回报的形式,众筹可以分为非财务回报类众筹(non-financial return models)与财务回报类众筹(financial return models)两大类。非财务回报模式可以是捐赠型的,也可以是回报型的。通常情况下,此类项目通过互联网上的众筹平台进行,支持者可以通过该平台确定项目的状态。与非财务回报模式相比,基于财务回报模式的众筹构成了与传统融资类似的交易,区别在于与投资者合作的方式并不相同。此外,投资者只能根据众筹平台上提供的有限信息来决定是否投资。本文在此分类的基础上,逐一对相应众筹类型的增值税问题进行梳理,通过研究域外已有的增值税处理实践,提出完善我国众筹业务增值税处理规则的建议。

二、非财务回报类众筹的增值税问题

非财务回报类众筹可以分为捐赠型众筹与回报型众筹两种模式。捐赠型众筹的项目投资者通常不期望因投资而获得回报。有学者指出,捐赠型众筹的投资者具有纯粹的目的,其满足感来自所投资项目的实现。[2] 事实上,许多捐赠型众筹都以社会项目为目标,以实现利他主义行为,而对接受捐赠的人来说,其没有任何义务。另一个是回报型众筹。回报型众筹融资者在募集资金时向投资者承诺,在募集成功后,以实物、服务或者权利的方式给予投资者相应的回报。

---

〔1〕《为中小企业发展营造更优环境》,载中国政府网,http://www.gov.cn/xinwen/2023-03/15/content_5746727.htm。

〔2〕De Buysere, K., Gajda, O., Kleverlaan, R., Marom, D. (2012). *A Framework for European Crowdfunding*, 1st ed., Oliver Gajda(Aug. 1,2013), http://www.crowdfundingframework.eu.

因此,回报型众筹为项目投资者的支持提供了货币或非货币性对价。这种对价可以是对产品投资的激励,如产品开发完成后,优先获得产品或其他商品。

(一)捐赠型众筹的增值税定性

在增值税义务归属规则方面,课税要件一般包括:(1)有给付;(2)有对价;(3)给付与对价之间有直接性联结;(4)由登记的人实施;(5)在营业中;(6)与一定的管辖权相联结。[1] 捐赠型众筹一般属于公益目的的无偿捐赠行为。基于此,捐赠型众筹中项目投资者提供的资金通常不构成众筹融资者提供的任何给付的对价。根据《营业税改征增值税试点实施办法》第14条的规定,单位或者个体工商户向其他单位或者个人无偿提供服务属于视同销售,但用于公益事业或者以社会公众为对象的除外。因此,捐赠型众筹一般不会产生增值税纳税义务。然而,在实践中,常有融资者在自身官方网站公开承认收到投资者捐赠的款项。比如,"丽江市红十字会新冠疫情防治关爱行动"众筹微信捐款平台向社会公开捐款记录,并向捐款者发放捐款证书。[2] 融资者的公开承认是否属于对投资者的正面宣传?投资者支付的款项是否构成融资者宣传服务的对价?我国现有的增值税规则尚无对该问题的准确回答。

对此,欧盟也没有进行专门阐述,而是倾向以"给付对价"作为判断标准。欧洲法院关于"给付对价"的解释是,服务提供者和接受者之间存在法律关系,据此存在对等的履行,服务提供者收到的报酬构成作为向接受者提供服务而收到的回报的价值。[3] 因此,欧盟一般认为,在捐赠型众筹中,若投资者和融资者之间没有对等履行的法律关系,则不存在建立应税交易的基础。对此,澳大利亚税务机关认为,如果融资者只是承认了投资者的捐款(如通过在网站上的记录),那么投资者的捐款并不是融资者所做的任何给付的对价,无论是融资者向投资者或第三人所作的任何给付。相应的,投资者无权获得进项税额抵免。[4] 南非在该方面进行了更细致的区分。原则上,捐赠并不符合应税给付的标准。

---

〔1〕 杨小强:《论民法典与税法的关系及协调》,载《政法论丛》2020年第4期。

〔2〕 《累计接收捐赠款物折合人民币400余万元!丽江红十字会疫情防治关爱行动募捐款物公示》,载网易号2020年3月10日,https://m.163.com/dy/article/F7CB0DJE0517B52D.html。

〔3〕 Case C-16/93, Tolsma, Accessed Oct. 1, 2023, https://eur-lex.europa.eu/legal-content/EN/TXT/?uri=CELEX%3A61993CJ0016.

〔4〕 Robert F. van Brederode & Richard Krever, *VAT and Financial Services*, Springer Singapore, 2017. p. 244.

捐赠只有在收到具有经济价值的商品或服务作为捐赠的回报时,才会被视为应税给付。因此,完全无偿的捐赠不属于增值税的范围。捐赠者自愿向非营利性协会提供的捐赠,不是为了非营利机构向捐赠者提供以货物或服务的形式产生可识别的直接有价值的利益,因此被明确排除在给付的"对价"定义之外。[1]

(二)回报型众筹的增值税适用

在回报型众筹模式下,众筹融资者提供商品、服务或权利以换取投资者的付款。这符合《增值税暂行条例》第 1 条规定的销售情形。如果向投资者提供了应税给付,众筹融资者将承担增值税课税义务。然而,回报型众筹下,回报的实际价值和支付的投资额可能不一致,即给付和对价之间可能存在价值不匹配的情形,该种情形下是否依然产生增值税纳税义务?税基应当以何为标准?纳税义务发生时间为何?这些增值税适用问题都有待进一步回答解释。

1. 纳税义务

(1)视为捐赠

若给付和对价的不匹配在合理范围之内,欧盟一般认为不影响应税给付的成立。但若给付的客观价值和投资者给予的对价非常不匹配,以至于投资者获得的利益可以忽略不计,或者与投资的数额完全无关,欧盟一般认为该种给付不存在对价。由于缺乏对价,投资者对众筹项目的支持将被视为捐赠。同样,众筹融资者给予的奖励将构成商品(或服务)的自我给付,这些商品(或服务)构成融资者业务的一部分,作为免费处置的资产或用于业务以外的目的。[2] 众筹融资者将按照视同销售规则进行增值税处理。同样,加拿大也认为,如果投资者收到名义价值的商品或服务给付,则此时不存在应税给付。相反,这种交易将属于一项捐赠。[3] 因此,在回报型众筹活动中,如果给付纯粹是一种奖励,与支持者给予的实际对价没有任何联系,那么就增值税而言,就不会有应税给付。

(2)应税给付

与欧盟不同的是,南非对给付和对价之间不匹配的交易同样课以增值税义务。但是,这一规则的例外情况是关联方之间的给付。如果给付是向与给付者

---

〔1〕 M. Botes, *South Africa-Value Added Tax*, Country Tax Guides IBFD, https://research-ibfd-org-s. libproxy. xmu. edu. cn/#/doc? url =/document/evat_za_chaphead.

〔2〕 欧盟 2006 年《增值税指令》第 16 条。

〔3〕 Robert F. van Brederode & Richard Krever, *VAT and Financial Services*, Springer Singapore, 2017.

有关的关联人提供的，而该关联人无权要求扣除全部进项税额，则给付的价值应当是其公开市场价值。相反，如果给付是在一般的增值税纳税人之间进行的，并且给付的接受者在任何情况下都有权要求扣除全部的增值税进项税额，则应按为给付所支付的实际对价缴纳增值税。[1]

2. 税基计算

对于给付和对价之间价值不匹配的情形，欧盟、新西兰等国家和地区通常都是以与给付相关的对价总额（不含增值税）作为税基。[2] 欧洲法院认为，给付和对价之间在合理范围内的价值不匹配不影响税基计算，构成应纳税额的对价是一个主观价值。因此，对价不需要反映给付的客观价值，应纳税额为实际收到的对价而不是根据客观标准估计的价值。[3] 即以众筹投资者支付的金额作为税基，而非以回报的产品或服务的市场价值。值得注意的是，在将对价和税基明确为主观价值的一般规则中，欧盟设置了例外情况。欧盟2006年《增值税指令》(2006/112/EC)（以下简称《增值税指令》）中允许成员国选择引入一项规则，将增值税的税基设定为公开市场价值。[4] 然而，适用公开市场价值的可能性受到某些限制，特别是交易双方之间需要具备某种关系，如家庭关系、亲密个人关系、财务关系或法律关系。此外，还必须满足以下3种情况之一：(1)对价低于公开市场价值，而给付的接受者（众筹投资者）无权享有全额抵扣权；(2)对价低于公开市场价值，给付方（众筹融资者）无权享有全额抵扣权；(3)对价高于公开市场价值，给付方（众筹融资者）无权享有全额抵扣权。在这些情况下，如果同时存在上述私人关系，使用较高或较低的对价价值可能导致不可抵扣的进项税额最小化或可抵扣的进项税额最大化。但在众筹情境下，公开市场价值适用的上述限制将难以适用，因为众筹通常迎合了更多的实体或个人，以便将资金分散给许多人。对此，加拿大对关联方交易的重新估价要求更加具有可操作性。根据加拿大的规定，在关联方之间存在交易的情况下，税基也可能被改变。然而，重新估价要符合以下要求：(1)合同双方的交易并非公平；(2)给付的接受者并非出

---

[1] Botes & Marlene, *South Africa-Value Added Tax*, IBFD Online (Mar. 1,2015).

[2] Olding & Graeme, *New Zealand-Goods and Sales Tax*, IBFD Online (Mar. 30,2015).

[3] Case C－310/11, Grattan(Dec. 19,2012), Accessed Sept. 10, 2023, https://curia. europa. eu/juris/document/document. jsf? text = &docid = 131969&pageIndex = 0&doclang = en&mode = lst&dir = &occ = first&part = 1&cid = 2039079。

[4] 欧盟2006年《增值税指令》第80条。

于将给付用于应税交易的目的而购置给付;(3)对价的价值低于所给付的财产或服务的公开市场价值。此外,给付接受者并非只进行应税交易,并享有进项税额扣除的全部权利。如果满足了上述要求,对价就被认为是按照给付的公开市场价值支付的。[1]

3. 课税时间点

在许多情况下,投资者会在实际提供回报之前给予资金。因此,众筹融资者在实际给付回报之前就已经收取了对价。那么增值税应当在收到资金时即予以缴纳还是在投资者获得产品或服务给付时?这本质上属于预付款何时产生课税义务的问题。对于该问题,欧盟、南非等国家和地区采取了不同的处理措施。

(1)预付款征税

《增值税指令》第65条规定,如果在提供货物或服务之前收到预付款,则应在收到该笔付款时缴纳增值税。增值税是一种消费税,给付发生才能够提供可消费利益,因此,在给付已经进行,即在货物交付或服务提供时才产生增值税课税义务。显然,预付款项的征税偏离了这一一般规则。为了避免预付款的征收背离增值税的征税原理,欧洲法院在判例法中也阐释到,在对预付款征税时,所有关于应税事项的相关信息必须已经明确。换言之,在支付对价时,货物或服务的给付信息必须已经明确。否则,预付款将会因为不确定性而被排除在增值税范围之外。[2] 同样对预付款征税的还有新西兰、加拿大等国家。[3] 值得注意的是,预付款有时是为了保证未来义务的履行或合同的完成而支付的定金。在这种情况下,定金不被视为给付的对价,除非供应商将定金作为给付的对价。

(2)给付征税

南非的增值税体系对预付款的征税方式与欧盟不同。其增值税按给付的总价值缴纳,而不仅是在收到预付款之日或发票开具之时对预付款进行征税。同时,只要持有给付商品或服务的发票,且商品或服务是为提供应税给付而获得的,就可以在同一纳税期内申请相同金额的进项税额抵扣。在满足要求的情况

---

〔1〕 Barnett & Terry, *Canada-Goods and Services Tax, and Harmonized Sales Tax*, IBFD Online (Mar. 1, 2015).

〔2〕 Case C-419/02, BUPA Hospitals Ltd, Accessed Sept. 10, 2023, https://eur-lex.europa.eu/legal-content/EN/TXT/? uri=CELEX:62002CJ0419.

〔3〕 Robert F. van Brederode & Richard Krever, *VAT and Financial Services*, Springer Singapore, 2017.

下,对预付款全额征税的例外是对于给付的分期付款或定期付款。在这种情况下,增值税应在每笔分期付款到期、收到或开出该笔分期付款的发票时支付,以其中较早者为准,进项税额也可以在同样的基础上申请抵扣。[1]

三、财务回报类众筹的增值税问题

与非财务回报类众筹相比,基于财务回报模式的众筹构成了类似传统融资的交易。然而,财务回报类众筹的法律关系却完全不同。投资者将主要根据众筹平台上呈现的有限信息来决定是否投资于某项活动。[2] 财务回报模式的众筹拥有诸多优势,融资者能够快速灵活地获得资金,风险也可以通过小额资金分散到更多的不同项目中。[3] 财务回报模式在我国以股权型众筹和债权型众筹最普遍,就两种类型的众筹模式而言,增值税的适用问题主要存在于是否征税以及如何征税两方面。

(一)股权众筹的增值税问题

1. 股权众筹的定性

对于股权众筹是否属于证券,目前尚存争议。在《证券法》修订期间,立法者曾在2015年《证券法(修订草案)》(以下简称《证券法(修订草案)》)第3条中,对证券进行了概念性的界定,即"证券是指代表特定的财产权益,可均分且可转让或者交易的凭证或者投资性合同"。[4] 虽然股权众筹融资者未向投资者发行股票,但双方通过签订投资合同形成了实际上的股权投资关系,投资者主观上具有获得收益的目的,客观上通过出资获得融资者的股权,符合《证券法(修订草案)》列举的投资性合同的构成要件。可以说,股权众筹在法律属性上属于证券。然而,《证券法》经修订公布后,法律将证券限定为股票、公司债券、存托

---

〔1〕 Botes & Marlene, *South Africa-Value Added Tax*, IBFD Online (Mar. 1,2015).

〔2〕 Ahlers, Gerrit K. C. , Cumming, Douglas, Günther, Christina and Schweizer, Denis, *Signaling in Equity Crowdfunding*, Entrepreneurship Theory and Practice, Vol. 39, No. 4, p. 955 (2015).

〔3〕 Moritz, Alexandra and Block, Jörn, Crowdfunding and Crowdinvesting: State-of-the-Art der wirtschaftswissenschaftlichen Literatur (2013), Zeitschrift für KMU und Entrepreneurship: ZfKE. – Berlin: Duncker & Humblot, ISSN 1860 – 4633, ZDB – ID 2166541 – 2. – Vol. 62, 2014, 1, S. 57 ff.

〔4〕 《证券法(修订草案)》(2015年)第3条。

凭证和国务院依法认定的其他证券。[1] 这一规定,使得股权众筹这类新型金融工具难以被纳入证券范围。

依据财政部、国家税务总局《关于全面推开营业税改征增值税试点的通知》(财税〔2016〕36 号,以下简称财税〔2016〕36 号文),转让外汇、有价证券、非货物期货和其他金融商品所有权的业务属于增值税的征税范围。其他金融商品转让包括基金、信托、理财产品等各类资产管理产品和各种金融衍生品的转让。从形式上看,股权众筹并不直接属于上述 4 项税目。那么,股权众筹是否属于我国增值税法中的有价证券?该问题的答案将对股权众筹的增值税处理具有决定性的影响。有价证券的判断主要通过考察一项金融工具的证券属性以及是否公开发行来进行。然而,实践中股权众筹多涉及非上市公司的股权。在这种情形下,股权众筹并不属于有价证券。在股权众筹的本质属性以及发行类型不明确的情况下,股权众筹参与者的增值税义务具有不确定性。

2. 基于股票或债券的股权众筹

我国当前股权众筹主要集中于股权交易。国外股权众筹模式较多样,融资者可以向投资者发行股票、债券或提供知识产权,以换取资金支持。因此,具体的增值税处理规则也因股权众筹的不同类型而有所区别。就以股票或债券为基础的股权众筹而言,当前国际上主要有两种增值税处理方式:一种以欧盟为代表,通过判例法明确股票或债券的股权众筹业务不属于增值税征税范围;另一种以南非等国家为代表,明确股票或债券的股权众筹业务免征增值税。

(1)不属于增值税征税范围

欧盟并没有在《增值税指令》中明确排除股权众筹参与者的增值税责任,而是通过具体分析融资者和投资者是否从事经营活动进行论证。《增值税指令》第 9 条明确将独立开展经营活动作为满足增值税纳税义务规则的要件之一。因此,如果众筹活动的参与者没有开展经营活动,则不属于增值税的征税范围。就融资者而言,欧洲法院在对奥地利一家股份公司的裁决中表明,众筹活动融资者发行股票或债券的目的是筹集资金,而不是提供服务。因此,以发行股票或债券为基础的众筹不属于经济活动。[2] 然而,如果融资者使用众筹资金进行项目开

---

〔1〕《证券法》第 2 条。

〔2〕 Case C – 465/03, Kretztechnik AG, Accessed Sept. 10, 2023, https://eur-lex.europa.eu/legal-content/en/TXT/? uri = CELEX:62003CJ0465.

发的准备工作，则有可能属于增值税的征税范围。欧洲法院认为，就投资者而言，在以股权、债券为基础的股权众筹中，投资者得到的回报是股份、债券。然而，获得、持有股票和债券并不满足构成经营活动的一般条件。[1] 例外情况是，如果投资者进行商业性的股票交易活动，或者持有股票和债券与投资人开展的经营活动具有直接关联，则持有股票和债券的行为将属于开展经营活动，从而归于增值税的征税范围。[2]

(2)免税

与欧盟不同，新西兰、加拿大以及南非等国均将股权众筹视为金融服务的给付行为，并适用免税的增值税处理规则。因此，与股权众筹有关的进项税成本通常无法抵免。然而，新西兰规定当投资者与融资者均为企业时，双方可以选择适用零税率规则，从而可以扣除与股权众筹相关的进项税成本。[3] 加拿大则对股权众筹设置了一项特殊的减免规则，即如果股权众筹与商业活动有关，则允许参与者扣除进项税成本。[4] 南非允许向非居民发行的股票适用零税率，从而可以申请抵扣与发行股票有关的进项税成本。南非开普敦税务法院的一项裁决显示，实践中免税或零税率规则的适用需要一定的前提条件：只有在企业经营过程中出售给非居民的股票才可以免税或适用零税率。即只有当发行股票与企业的应税给付有充分关联时，才属于增值税的应税行为。就股权众筹而言，企业为项目融资发行股票通常与企业的经营活动有充分联系，因此属于增值税的征税范围。[5]

---

〔1〕 Case C－60/90, Polysar Investments Netherlands v Inspecteur der Invoerrechten en Accijnzen, Accessed Sept. 10, 2023, https://curia.europa.eu/juris/showPdf.jsf?text=&docid=97091&pageIndex=0&doclang=en&mode=lst&dir=&occ=first&part=1&cid=2057344.

〔2〕 Case C－306/94, Régie dauphinoise, Accessed Sept. 10, 2023, https://curia.europa.eu/juris/showPdf.jsf?text=&docid=100101&pageIndex=0&doclang=en&mode=lst&dir=&occ=first&part=1&cid=2058366.

〔3〕 Robert F. van Brederode and Richard Krever, *VAT and Financial Services*, Springer Singapore, 2017.

〔4〕 Robert F. van Brederode and Richard Krever, *VAT and Financial Services*, Springer Singapore, 2017.

〔5〕 Case No. VAT 382, XYZ Co, Accessed Aug. 10, 2023, https://www.sars.gov.za/wp-content/uploads/Legal/Judgments/TC/LAPD-DRJ-TC-2011-03-TCVAT382-13-June-2011.pdf.

3. 基于知识产权的股权众筹

对于以知识产权为基础的股权众筹,各国通常以投资者是否享有利用知识产权的权利来确定是否属于增值税的征税范围。《增值税指令》第9(1)条明确表示,以持续获得收入为目的利用无形资产的行为属于经营活动。因此,如果投资者可以充分利用融资者给付的知识产权,并在一段时期内持续获得收入,则符合增值税应税交易的要求。同样,加拿大将以知识产权为基础的众筹视为资产(property)的给付,属于增值税征税范围。然而,如果投资者缺乏使用知识产权的权利,仅可以在未来获得金钱利益,则属于"债务证券"(debt security)模式,应当免税。[1] 南非进一步细化了知识产权众筹的增值税处理规则。就税基而言,融资者通过给付知识产权而收到的所有对价均应缴纳增值税。就跨境交易而言,如果融资者将知识产权给付于南非境外的投资者使用,在符合条件的情况下,可以适用零税率。如果融资者位于南非境外,则不需要在南非进行增值税登记。如果投资者将知识产权用于应税给付以外的目的,则与给付相关的对价会受到反向征收机制的影响。[2]

(二)债权众筹

债权众筹,是指投资者以固定利率向融资者提供小额贷款的一种信用活动,P2P平台即是债权众筹的典型代表。债权众筹的投资者和融资者之间本质上属于借贷合同关系。由于融资者既可能为企业,也可能为消费者,对于债权众筹式借贷服务的增值税处理,目前不无争议。

1. 欧盟:以主体形式为考量

欧洲法院通常将信贷阐释为了获得对价而利用资本。[3] 如果提供信贷是应税给付,那么根据《增值税指令》第135(1)(b)条的规定,从中获得的利息可以免税。从众筹角度来看,欧盟主要通过确定债权人事实上是否具备纳税人资

---

[1] Robert F. van Brederode and Richard Krever, *VAT and Financial Services*, Springer Singapore, 2017.

[2] Robert F. van Brederode and Richard Krever, *VAT and Financial Services*, Springer Singapore, 2017. 在南非,只有当服务的接受者打算将服务用于非应税给付时,才适用反向征收机制。此时,服务接收方而非供应商有义务申报缴纳增值税。

[3] Henkow & Oskar, *Financial Activities in European VAT: A Theoretical Treatment and Legal Research of the European VAT System and the Actual and Preferred Treatment of Financial Activities*, Kluwer Law International, Alphen aan den Rijn, 2008.

格以判断是否构成应税给付。如果债权人以持续性获得收入为目的参与众筹活动,那么在提供信贷时债权人就进行了一项经营活动。虽然收入的产生不是确定增值税法意义上经济活动的唯一标准,但欧洲法院已经明确表示,确定经营活动的主要焦点在于产生收入的概念。[1] 在一般情况下,即使债权人本身不是从事经营活动的纳税人,其也可能因为参与经营活动而实质上成为纳税人。然而,在众筹的情况下,考虑每个债权人提供的信贷的绝对金额相对较小,个人通过单一的众筹方案提供信贷,几乎不会达到纳税人的身份门槛。

根据税收中立原则,是否免税应当与债权人的主体形式无关,即免税并不限于银行或其他金融机构。欧洲法院的判例法已经确定,免税构成了对商品和服务给付征税的原则规则的减损,必须对免税进行狭义的解释。[2] 从增值税的角度来看,类似交易被区别对待,将会违反中立原则。[3] 正如欧洲法院所认为,"如果两种服务具有类似的特征,并且从消费者的角度来看满足了相同的需求,那么它们就是相似的,检验标准是它们的使用是否具有可比性,以及它们之间的差异对普通消费者决定使用一种或另一种服务是否具有重大影响"。[4] 但欧洲法院在 2014 年的一个联合案例中,却认为财政中立原则并不排除基于税收目的对交易进行不同的处理。[5] 欧洲法院的这项判决可以被解释为,在众筹的背景下,由于传统金融机构和众筹之间存在不同的法定要求,可能会有不同的增值税处理。因此,即使有强有力的证据表明,给付是否免税不应取决于信贷提供者的法律形式和国内法的法定要求,但根据欧洲法院的判例法,可能会因众筹主体形

---

〔1〕 Case C－520/14,Gemeente Borsele v. Staatssecretaris van Financiën, Accessed Aug. 10, 2023, https://curia. europa. eu/juris/document/document. jsf? text = &docid = 178162&pageIndex = 0&doclang = en&mode = lst&dir = &occ = first&part = 1&cid = 2022103.

〔2〕 Case C－584/13, Mapfre asistencia und Mapfre warranty, Accessed Aug. 10, 2023, https://curia. europa. eu/juris/document/document. jsf? text = &docid = 165907&pageIndex = 0&doclang = en&mode = lst&dir = &occ = first&part = 1&cid = 2063418.

〔3〕 Case C－45/01, Christoph Dornier Stiftung, Accessed Aug. 10, 2023, https://curia. europa. eu/juris/document/document. jsf? text = &docid = 48389&pageIndex = 0&doclang = en&mode = lst&dir = &occ = first&part = 1&cid = 2064082.

〔4〕 Joined Cases C－259/10 and C－260/10, The Rank Group, Accessed Aug. 10, 2023, https://eur-lex. europa. eu/legal-content/EN/TXT/? uri = CELEX%3A62010CJ0259.

〔5〕 Joined Cases C－454/12 and C－455/12, Pro Med Logistik and Pongratz, Accessed Aug. 10, 2023, https://eur-lex. europa. eu/legal-content/EN/TXT/? uri = CELEX:62012CJ0454.

式的差异而适用不同的增值税处理规则。在债权众筹模式下,信贷也可能是无息提供的,而增值税对提供信贷的适用是基于利息作为提供资本的对价这一事实,因此无偿提供资本将不构成《增值税指令》范围内的经营活动。

2. 南非:不限于主体形式

由于信贷项目具有差异化特征,难以存贷款的利差作为增值额并作为计税依据,故南非对于有息的信贷交易免征增值税。[1] 基于此,债权人不能进行进项税额抵扣。免征增值税适用于任何形式的主体提供的信贷,不限于银行部门。任何与提供信贷有关的明确费用(如文件费、初始费、服务费、佣金等)都要缴纳增值税。如果信贷是提供给南非境外的非居民,则提供信贷将符合零税率的条件,可以申请进项税额抵扣。如果贷款被用于提供应税给付,则借款人可以对与信贷费用相关的增值税申请退税。

3. 新西兰:原则免税,例外零税率

在新西兰,提供信贷属于金融服务,原则上免税。然而,在企业间的金融服务机制中,可以发现存在免税的例外规定。在以下情况中,金融服务的给付可以适用零税率:(1)该金融服务是由商品和服务税登记企业提供的;(2)服务接受者也为商品和服务税登记企业,且在特定的12个月内的应税给付相当于或超过其总给付价值的75%(或接受金融服务的成员的应税给付水平超过所在集团在特定12个月内总给付的75%)。这意味着,一般而言,提供给消费者的金融服务是免税的,而出口服务和企业间的金融服务是零税率。[2]

四、众筹平台的增值税问题

众筹平台在性质上属于连接投资者和融资者的中介。一方面,平台可以提供众筹宣传服务,提供技术背景来促进众筹活动的开展;另一方面,平台也向投资者提供有关实际项目的信息,以促进融资者和投资者达成众筹交易。在大多数情况下,平台在双方建立众筹合同方面没有特殊利益,只是将收取一定数额的

---

〔1〕 Botes & Marlene, *South Africa-Value Added Tax*, IBFD Online (Mar. 1,2015).

〔2〕 White, David and Trombitas, Eugen, in Lang, Michael and Lejeune, Ine eds., *Improving VAT/GST: Designing a Simple and Fraud-Proof Tax System*, IBFD Publications, Amsterdam, 2014, p. 255.

资金作为报酬，由此，关于众筹平台的增值税纳税义务主要基于平台提供的中介服务进行考量。

（一）平台中介服务的课税规则

1. 欧盟：取决于众筹活动本身

为了确定中介服务的增值税处理，首先需要确定给付的方向，即众筹平台属于向众筹融资者抑或向投资者进行给付。传统的众筹平台一般会向众筹融资者提供中介服务。在给予众筹融资者的货币支持中，平台将抽取一部分作为该中介服务的对价。在大多数情况下，众筹平台的业务属于《增值税指令》规定范围的经营活动。在捐赠型众筹活动中可能会出现例外情况，它可能会免费提供服务。然而，如果这种平台使用在线广告为其业务提供资金，则可能属于经营活动。

欧盟众筹平台所提供服务的增值税处理，在一定程度上取决于众筹活动实际对象的增值税处理方式。就回报式众筹而言，中介服务将不属于免税范围。然而，某些与免税交易相关的中介服务也属于免税范围。其中，根据《增值税指令》第135(1)(b)条的规定，信贷服务是免税的。因此，如果一个众筹活动构成了信贷的授予，众筹平台的中介服务也将被免税。一般而言，只要众筹活动被定性为金融服务，众筹平台的中介服务也将被免税。这可能会导致一个平台同时进行征税和免税的中介服务的情况。因此，该平台将只能部分抵扣进项税额，并且必须按比例分摊其可抵扣的进项税额。

2. 澳大利亚：一律征税

根据澳大利亚税务局公布的指南，众筹平台作为众筹融资者和投资者之间的中介机构，对中介服务的商品与服务税处理并不取决于基础给付。[1] 因此，无论实际众筹活动的增值税处理如何，中介服务都将被征税。换言之，无论是非财务回报类众筹还是财务回报类众筹，众筹平台的中介服务都具有应税性。

（二）给付地的确立

如果认为众筹平台的中介服务属于有对价的服务给付，那么就会出现给付地的确定问题。以股权众筹为例，一般采取线上发起，线下签约的模式，其给付

---

〔1〕 Millar, Rebecca and Moon, Lorenna, in Lang, Michael and Lejeune, Ine eds., *Improving VAT/GST: Designing a Simple and Fraud-Proof Tax System*, IBFD Publications, Amsterdam, 2014, p. 23.

地的确立将是无法回避的问题。给付地是交易被视为发生的地点,也是平台需要缴纳增值税的地点。就众筹平台的给付地而言,其确立受中介服务的接受者影响。中介服务主要向众筹融资者提供。如果众筹融资者为纳税人,中介服务将遵循《增值税指令》第 44 条规定的一般给付地规则。因此,给付地将位于目的地。然而,如果众筹平台向非纳税人,即消费者给付,则中介服务的给付地将位于营业地所在地。在回报型众筹活动中,如果回报产品是电子服务,对于众筹融资者和客户之间的给付,给付地将位于目的地,无论客户是个人消费者还是纳税人。在企业间交易(business to business)情况下,给付地将遵循一般规则,即属于目的地。在企业与消费者间交易(business to customer)情况下,给付地属于消费者成立、拥有永久地址或通常居住的地方。[1]

然而,在众筹平台作为众筹融资者和消费者之间中介的情况下,可以适用不同的规定:为适用《增值税指令》第 28 条,如果通过电子方式提供的服务是通过电信网络、界面或门户网站(如应用市场)提供的,则参与该给付的纳税人应被推定为以自己的名义但代表这些服务的提供者行事,除非该纳税人明确表示该提供者是供应商,并反映在双方的合同安排中。[2] 在这种情况下,人们会认为,不是众筹融资者,而是众筹平台向消费者提供了电子服务。然而,上述规定也有例外条件,即参与提供电子服务的纳税人所开具或提供的发票必须指明服务和其供应商,以及提供给客户的账单或收据必须指明电子提供的服务及其供应商。当上述条件得到满足时,众筹融资者将成为电子服务的提供者,而不是众筹平台。

五、众筹纳入增值税立法的思考

(一)增值税的征税原理

“消费”的概念是所有消费税(包括增值税)的构成要素。“消费”概念的界定将影响金融产品的增值税处理规则。增值税属于一般消费税,旨在对最终消费征税。但增值税并不直接对消费征税,而是对消费支出间接征税。支出是实际消费的代表。也就是说,商品是否被实际消费对增值税而言并不重要,只要发

[1] 欧盟 2006 年《增值税指令》第 58 条。

[2] Council Implementing Regulation (EU) No. 1042/2013 of 7 October 2013.

生付款,增值税就假设存在消费行为。

在20世纪上半叶,费舍尔(Fisher)以及卡尔多(Kaldor)曾以支出税的名义对消费概念进行过界定,即每个税收期的总收入减去为获得更多收入而支出的金额和投资于储蓄的金额。[1] 所有未用于这两个目的之一的收入都被推定为用于消费。增值税的征税目标是个人在供应链最后阶段的消费性支出,而不是业务或出于非个人目的的消费。因此,为了业务推进所作的支出不应被征税,因为从逻辑上讲,为促进业务发展而使用的商品和服务并不构成私人或最终消费。但对于最终消费的真正含义,目前并没有统一的观点。有学者认为,最终消费是指消费者获得个人消费的利益或消费者对收入或资产的支用。[2] 一般而言,这种区分不是必须的,因为消费和利用收入是同时发生的。然而,当消费和利用收入不在同一时间发生时,这种区分便十分重要。比如,在回报型众筹中,投资者先向融资者投资,并在项目成功后获得产品、服务或权利等回报,获得的回报实际上是一种消费活动。因此,在回报和投资额价值匹配的情况下,按照消费方法,获得回报时应缴纳增值税,而基于使用收入的方法则在进行投资时即应产生增值税课税义务。但是,税收领域的效率体现在两个方面:一方面是经济效率,即税收不应过多干扰经济,以保障经济体制有效运行;另一方面是行政效率,即税收成本最低,包括税务部门征税费用以及纳税人纳税成本的最优。出于稽征经济考量,以收到预付款时先进行增值税缴纳计算是适当的,后续回报的监管和计算都不利于稽征便利。

增值税的税基是广泛的,增值税的征税范围基本上包括了所有有对价的交易活动。尽管如此,增值税的设计原理要求增值税只对引起消费的给付征收。因此,消费的概念不可避免地将某些给付排除在增值税的征收范围之外。有学者认为,消费的关键特征是必须有一个产生直接效用的给付。这意味着,仅仅产生间接效用的交易不属于增值税的征收范围。直接效用和间接效用之间的区别主要取决于提供的活动和随后的消费之间的自然联系程度。对是否存在自然或偶然联系的评估不受时间相关方面的影响,如消费是立即发生还是在一段时间

---

〔1〕 Kaldor, Nicholas, *An Expenditure Tax*, George Allen and Unwin, London, 1956.

〔2〕 Pfeiffer, S., *VAT on "Free" Electronic Services?*, International VAT Monitor, Vol. 27, No. 3, p. 158 – 164 (2016).

内发生。当一项给付给消费者带来直接利益时,就符合了直接效用。[1]

欧洲法院总法务长雅各布斯(Jacobs)在Mohr(摩尔)案中的推理,可以为直接效用和间接效用的区分提供指导。[2] 在该案中,停止生产牛奶的补贴看似构成了服务的对价。然而,停止生产牛奶的行为并非使支付补贴的机构受益,而是整个牛奶行业,因为停产导致了牛奶市场的供需平衡。[3] 因此,补贴构成了一种为了普遍利益而进行的干预。因为补贴不是为了鼓励停产,也不是为了支付机构或特定的最终消费者或纳税人的利益,而是为了维持健康的牛奶行业这一更高的目的。[4] 因此,停产产生的效用只是直接针对牛奶业,而不是针对任何能够具有消费利益的主体。相反,继续生产牛奶的主体是具有消费利益的人,但这些生产主体从停产中获得的效用在本质上不是直接的,而是间接的。鉴于此,可以得出结论,当一项给付直接向具有消费利益的人提供可消费的货物或服务时,就产生了直接效用。

综上所述,当一项交易活动包含:(1)给付;(2)给付能产生效用;(3)以可消费的货物或服务的形式;(4)直接提供给可识别的人;(5)具有可消费的利益时,该活动有资格成为增值税意义上的真正给付。从欧洲法院的判例法来看,促进普遍利益的活动也不应缴纳增值税。这意味着利益的接受者必须是"可识别的",否则,有争议的活动将超出增值税的征收范围。[5]

(二)我国众筹增值税处理存在的问题

任何有效的税收规则都是建立在统一而规范的基础之上的。由此,纳税人可以对纳税义务有明确的经济预期和心理预期。然而,我国当前金融业的增值

---

[1] Henkow, *Financial Activities in European VAT – A Theoretical and Legal Research of the European VAT System and the Actual and Preferred Treatment of Financial Activities*, Department of Business Law, Lund University, 2007, p. 75.

[2] 总法务长在欧洲法院的基本职能是向法院提交其对案件的意见,以协助法官工作。欧洲法院的判决在很大程度上会受总法务长意见的影响。

[3] C-215/94, Mohr, Accessed Nov. 1, 2023, https://curia.europa.eu/juris/showPdf.jsf?text=&docid=99882&pageIndex=0&doclang=en&mode=lst&dir=&occ=first&part=1&cid=2075978.

[4] C-215/94, Mohr, Accessed Nov. 6, 2023, https://curia.europa.eu/juris/showPdf.jsf?text=&docid=99932&pageIndex=0&doclang=en&mode=lst&dir=&occ=first&part=1&cid=2075978.

[5] Heber, *Issue of Shares and Partnership Interests, and the Look-through Approach Within the Scope of VAT and GST*, World Journal of VAT/GST Law, Vol. 2, p. 1 (2013).

税处理规则尚存在标准不清、规定过于原则等制度性缺陷。众筹作为一种新型金融工具,在我国税法中并无专门的处理规则,增值税处理较模糊和笼统。

以增值税法中对金融业的征税范围为例,财税〔2016〕36 号文对金融业的征税范围具体细分为"贷款服务""直接收费金融服务""保险服务""金融商品转让"4 个子目,然而,税法没有明确判断特定的金融业务属于金融商品或金融服务的一般性标准。对于众筹这类新型金融工具,是否可以归入金融商品或金融服务的特定类型,进而适用增值税处理规则尚无清晰的法律规定。这不仅使众筹活动参与者对融资活动是否征收增值税存有疑惑,也容易在税收实践中引起争议,影响税法的确定性。此外,我国众筹业务未经立法程序的系统梳理,与之相关的规范立法位阶过低,有的规范甚至存在彼此冲突之处。与众筹行业直接相关的重要文件为 2015 年国务院相关部门发布的两份规范性文件。[1] 其相关内容因缺乏统一立法的梳理和明确授权,并不严谨。这些文件的同时存在,不利于众筹参与者正确理解各自的增值税义务,也会对众筹业务的进项税抵扣造成障碍。

(三)完善我国众筹增值税制度

1. 构建不同众筹形式的分类处理规则

依据增值税对消费课税的原理,虽然捐赠型众筹背景下,捐赠者向受赠者提供了可消费的货物或服务,但捐赠一般出于无偿,亦不存在给付的对价,因此不会引发增值税课税义务,不需要缴纳增值税。相反,回报型众筹一般以投资作为回报产品或服务的对价,而回报的产品或服务是向特定的投资者给付的可消费利益,因此可能会引起增值税课税义务。在此,需要考察给付和对价之间的关联性。如果给付和对价之间存在严重的不匹配甚至给付与投资之间没有关系,即该交易中不存在对价,那么此回报型众筹实际上属于捐赠型众筹。但如果给付和对价之间的不匹配在预期范围之内,在符合其他课税要件的情形下,该给付也是应税的。一般税基的计算应当以实际收到的价款和其他非货币性利益作为计算基础,但如果存在关联交易的情形也需要具体判断,此时需以公开市场价值为估价标准。

---

〔1〕 参见 2015 年 7 月 14 日中国人民银行等十部委发布的《关于促进互联网金融健康发展的指导意见》(银发〔2015〕221 号);2015 年 9 月 23 日国务院发布的《关于加快构建大众创业万众创新支撑平台的指导意见》(国发〔2015〕53 号)。

就股权众筹的定性而言,实质课税原则作为"税收法定原则"的补充,要求对于税收实践中的某类经济行为,如果依据税收法定原则无法评价,则可以运用实质优于形式理论,根据该行为的经济实质判断是否满足课税要件。公募股权众筹的实质是证券交易,增值税法意义上的有价证券转让实质也是证券交易,两者在性质界定上没有本质区别,将公募股权众筹纳入增值税的征税范围符合实质课税原则。股权众筹是一种以互联网渠道为基础,公开向社会进行融资的新型金融工具。融资公司向普通投资者出让一定比例的股份,投资者出资入股公司并获得未来收益。可以说,公募股权众筹在本质上与证券发行是一致的,都是以股权回报的形式筹集资金,不同的是,股权众筹融资的过程是通过互联网上的股权众筹平台完成,而一般的证券发行则借助证券交易机构予以完成。域外也有通过立法明确将股权众筹纳入证券范围的先例。比如,美国在 JOBS 法案中确立了 Howey 检验标准,即如果股权众筹投资合同满足如下 4 个方面,则可以将其归类为证券发行:(1)投资者主观上具有获得利益的动机;(2)投资者客观上投入资金或财物;(3)融资者的融资项目有众多投资者参与;(4)融资者客观上利用融资所得资金开展经营业务。[1] 从课税要素来看,欧盟、澳大利亚、南非等国家和地区并没有直接对股权众筹的可税性进行规定,而是基于股权众筹的不同类型,依据股权众筹活动与众筹参与者商业活动的关联程度,规定不同的增值税纳税义务。这实际上也是出于增值税的消费税属性,即股权众筹是否属于增值税供应链进行判断。我国最初将股权众筹业务限于私募股权,由于私募股权不具有公开性特征,对价要素难以确定,因此学界普遍认为不属于增值税的征收范围。[2] 然而,随着互联网金融法律制度的完善,通过立法将股权众筹纳入规范化治理轨道是大势所趋。股权众筹业务将进一步走向多元化,如开展以债券或知识产权为基础的股权众筹。同时,借助互联网平台的股权众筹,实质上属于通过互联网宣传,符合"公开性"特征。因此,对于股权众筹的可税性,应当以其是否具有公开性以及是否与经营活动直接相关作为判断依据。就公募股权众筹而言,因其具有公开进行证券交易的特征,在其行为与经营活动直接相关的情

---

〔1〕 Nathan Reiff, *Howey Test Definition: What It Means and Implications for Cryptocurrency*, Investopedia, Accessed Nov. 1, 2023, https://www.investopedia.com/terms/h/howey-test.asp.

〔2〕 寇韵楪:《股权众筹增值税制度的国际经验及本土化思考》,载《海南金融》2019 年第 11 期。

形下,应当纳入增值税的征税范围。就私募股权众筹而言,当互联网宣传使其实质上具有“公开性”特征时,也应当适当确定其增值税纳税义务,而不能简单依照形式上的私募性将其排除在增值税范围之外。

与债务有关的众筹活动一般被定性为提供贷款。支持者将向众筹融资者提供贷款,作为对价,众筹融资者将支付利息。提供贷款是否为应税给付,取决于债权人是否为纳税人。一般而言,域外税收管辖区都对金融服务适用免税,即使服务本身不是由金融机构进行的。各国在扣除与免税金融产品有关的进项税额方面存在差异。有部分国家对金融服务的增值税免税适用选择权,纳税人可以自由选择是否免税。我国在早期也给予金融业免税待遇,但在推进“营改增”过程中转而对金融业采取一般征税模式。其中就包括贷款服务。目前,我国对直接收费的金融服务有较成熟的课征规则,将贷款服务纳入增值税征税范围,较域外对金融服务的免税更加具有先导意义。

2. 打通众筹的增值税抵扣链条

税收公平要求国家在进行征税时,需要考虑不同纳税人承担税负的能力,确保税收负担和纳税人的税负承受能力相适应,实现税负水平相对平衡。[1] 我国所实行的普遍课税制度,以及基于税负能力实施区别对待、合理负担的税收处理原则,都体现了税收公平原则的精神。由于增值税的征收不能体现税负能力的差别,导致增值税被认为是一种具有累退性(regressive)的税种。为了实现实质公平,各国增值税立法往往通过税收优惠来减轻增值税的累退性。[2] 以股权众筹为例,从欧盟的角度来看,单纯的股票发行不在增值税的征收范围之内,因此不存在应税给付。然而,与众筹融资者的这一给付有关的进项税额还是可以扣除的。其他司法管辖区将股票的发行归类为应税给付,并予以免税。在这种情况下,进项税额不能被扣除,但与潜在股东的居住地有关的例外。一般而言,通过参与知识产权而出售未来利润的权利被视为应税给付。

就股权众筹而言,虽然股权众筹属于增值税征收范围,但基于金融工具的特殊性,以及股权众筹单笔交易金额小、交易量大等特征,其增值额较难以被准确计算。因此,虽然依据我国增值税法,融资者需按照金融商品转让的税率计征增值税,但从稽征经济角度考量,对股权众筹实施免征较合适。同时,考虑股权众

[1] 杨小强、冼启旭:《我国增值税法上的免税问题》,载《法治论坛》2008 年第 4 期。

[2] 杨小强:《法律正义下的增值税制》,载《中国法律评论》2018 年第 6 期。

筹进项税抵扣的问题,为了维护税收效率,打通增值税抵扣链条,可以对股权众筹适用零税率的税收优惠政策。虽然南非、加拿大等国家将股权众筹纳入增值税征收范围,但基本对股权众筹业务实施免征制度,而且在进项税与企业的商业活动直接关联时,赋予融资者抵扣进项税的权利。同样,欧盟将与股权众筹有关的进项税额视为企业的管理费用。因此,即便欧盟认为股权众筹不具有增值税上的应税性,也允许融资者抵扣已经支付的进项税成本。这实质上是对抵扣链条断裂的一种补偿,有助于降低增值税对经济的扭曲,并提高效率。总体来说,我国在明确股权众筹属于增值税征收范围后,可以进一步对股权众筹的适用税率规定为零税率,允许抵扣进项税,同时进一步明确进项税的扣除标准。

3. 在增值税法中明确互联网金融业务的性质

税收法定原则划定了国家税权和人民财产权的边界。[1] 其基本内涵包括税种要素的法定、税制要素的明确以及课征程序的合法等。[2] 受法律工具主义思想的影响,财税立法低位阶、不系统的现象并不少见。但是在规范发展互联网金融的当下,税收法律的工具属性应当被弱化,税收法定原则所体现的治理价值应该被强调。有效的税收规则都是建立在统一而规范的基础之上。由此,纳税人可以对纳税义务有明确的经济预期和心理预期。众筹行业税收义务不明确的主要原因,是其缺乏具有指导性的专门税收处理规则。我国 2023 年 9 月公布的《增值税法(草案)》(二次审议稿)第 3 条第 3 款将金融商品从增值税征税范围中单列,凸显我国从税收法定原则角度,明确金融商品增值税课税义务的态度。互联网金融作为一种新业态,随着信息技术的进步,必然会向更广、更深的方向发展。当前,我国《增值税法(草案)》(二次审议稿)对金融商品的原则性规定难以适应互联网市场需求。因此,可以在增值税法中设立一章明确互联网金融业务的性质,通过法定和授权相结合的方式,对实践中较为多见的互联网金融工具的增值税课税规则予以明确,或者通过制定专门的"互联网金融税法"的模式,促进互联网金融税收法律体系的建立。

具体而言,由于众筹融资主体具有分散、隐蔽的特征,故在纳税主体设计层面需要进一步明确众筹行业的纳税人识别规则,加强对纳税人的实名认证,通过

---

[1] 杨小强:《中国税法原理、实务与整体化》,山东人民出版社 2008 年版,第 25 页。

[2] 《立法法》第 11 条第 6 项规定,"税种的设立、税率的确定和税收征收管理等税收基本制度"只能制定法律。

与其他行业的监管认证相衔接,以加强税收管理。众筹涉及融资者、投资者以及平台三方参与人,三者的计税依据并不相同。因此,应当在增值税立法层面,对众筹收入的类型进行区分,以便实践中税务部门可以准确依据税法规定进行税收的征管。此外,鉴于众筹平台的信息中介定位已经明确,可以尽快出台众筹融资者与投资者的税收义务指南。对于实质上属于经营活动的众筹行为,仍应明确按照其经济实质缴纳增值税,并细化股权众筹平台的配合义务。

六、结　语

随着互联网金融的创新发展,众筹作为新的融资工具为中小企业打破了融资难的困境。与众筹的迅速发展相比,税收领域立法仍有很多要填补的空白。针对众筹这种新型金融义务面临的增值税课税难题,应当根据税收法定、实质课税以及比例原则的要求,在我国增值税法中明确其增值税的处理规则。当前正值增值税立法之际,可以在增值税法中设立一章明确互联网金融业务的性质,通过法定和授权相结合的方式,对实践中较多见的互联网金融工具的增值税课税规则予以明确,或者通过制定专门的“互联网金融税法”的模式,促进互联网金融税收法律体系的建立,推动税收治理实现法治化和现代化。

(责任编辑:叶金育　顾德瑞)

“营业目的”作为进项税额抵扣条件的立法表达
——以《增值税法(草案)》(二次审议稿)为探讨对象

王一骁*

摘　要:“营业目的”作为进项税额的抵扣条件,意在将转化为投入下一流通环节商品的成本及其负担的进项税额予以彻底的抵扣,以实现增值税不重复征税的目的。从法条文本的逻辑周延和体系自洽角度看,2022 年 12 月 30 日发布的《增值税法(草案)》(二次审议稿)第 11 条将“营业目的”条件表述为“与应税交易相关”且作为进项税额的定义,有失妥当,应予调整。从法条适用的角度看,《增值税法(草案)》(二次审议稿)第 17 条对非专用于集体福利、个人消费的进项和购进的餐饮等服务负担的进项税额一律不予抵扣,易引发征纳争议,是对抵扣权的过度限制,应基于比例原则并兼顾征纳效率进行调整,可考虑引入必要的拟制、推定和比例限制等规则,同时均衡分配征纳双方的举证责任。

关键词:增值税立法;进项税额抵扣;营业目的

作为增值税进项税额抵扣条件之一的“营业目的”,是指只有当购入方纳税人出于经营应税业务之目的而购入商品或服务时,其支付或负担的进项税额才得用于抵扣。第十四届全国人大常委会于 2023 年 9 月发布的《增值税法(草案)》(二次审议稿)第 15 条第 2 款规定:“进项税额,是指纳税人购进与应税交易相关的货物、服务、无形资产、不动产支付或者负担的增值税税额。”这一“与应税交易相关”的类似表述最早出现于财政部于 2019 年向社会公开征求意见的《增值税法(征求意见稿)》中,是我国增值税立法首次尝试对以“营业目的”作为抵扣条件进行概括性表述。它在本次增值税立法多次征求意见的过程中,始终受到高度关注,成为讨论的焦点条款之一。各方关切的相关问题包括:这一条款会否导致实践中为进项税额抵扣设置不当的条件或审查标准,如何在立法上将

* 北京市金杜律师事务所上海分所税务合规资深律师,硕士研究生。金杜律师事务所合伙人叶永青律师对本文写作在研究条件上给予了大力支持,特此鸣谢。

这一进项税额抵扣的条件明确化,以及税收征管中如何适用等。笔者认为,从立法角度,应在厘清该条款关于进项税额抵扣条件内涵的前提下,以法条内在逻辑周延和体系自洽为目标,对法律适用过程中可能面临的主要实践问题进行预判,从而形成更加科学、严谨、明确的立法表达。

一、"营业目的"作为进项税额抵扣条件的理论基础

(一)"营业目的"与增值税税种性质的自洽

关于"抵扣权构成要件"、"进项税额抵扣要件"或"抵扣权行使要件"的概念界定和具体内容,学界仍然存在不同见解。有的学者认为,"营业目的"应单独作为抵扣权或抵扣权行使的一项要件;有的学者认为,其只属于某一构成要件的一个要素。虽然如此,但在"营业目的"应当作为增值税进项税额抵扣的一个必要不充分条件这点上,并无本质分歧。可以认为,"营业目的"应作为进项税额抵扣的一项条件,在税法理论研究上已经达成了一定程度的共识。[1] 从增值税的国际立法实践角度看,将"营业目的"明确规定为进项税额抵扣的一项条件,也属常见的立法例。它在欧盟《增值税指令》[2]、新加坡《货劳税法》[3]中均有相应表述。本文无意复述已有研究对"营业目的"应当作为进项税额抵扣条件

〔1〕 例如,艾伦·申克等认为,"一般而言,增值税注册纳税人可抵扣用于提供应税给付的商品和服务采购(进口和国内采购)中所含的进项税",参见[美]艾伦·申克、维克多·瑟仁伊、崔威:《增值税比较研究》,熊伟、任宛立译,商务印书馆 2018 年版,第 173 页。陈清秀认为,"进项抵扣的要件当中包括货物或劳务之买受,必须是为买受人之营业目的而实施"。参见陈清秀:《税法各论》,法律出版社 2016 年版,第 481 页。黄源浩认为,"仅限应用于应税营业部分之进项税额,方得主张扣抵"。参见黄源浩:《论进项税额扣抵权之成立及行使》,载《月旦法学杂志》2005 年第 3 期。褚睿刚认为,抵扣权构成要件中包含了"被给付人营业"要素,"要求被给付人(购买人)仅以营业为目的进行采购所支付的进项税额才能进行抵扣,而不是为了私人消费目的"。参见褚睿刚:《抵扣权构成要件的学说检讨与体系构建》,载漆多俊主编:《经济法论丛》2022 年第 1 卷,法律出版社 2022 年版。任宛立认为,"进项符合经营目的"是抵扣权行使的"实质要件"。参见任宛立:《增值税纳税人抵扣权之保障》,载《暨南学报(哲学社会科学版)》2019 年第 5 期。

〔2〕 本文援用的欧盟《增值税指令》,是指欧盟委员会颁布的第六号增值税指令[Council Directive 2006/112/EC of 28 November 2006 on the common system of value added tax (OJ L347, 11.12.2006), p.1]。

〔3〕 本文援用的新加坡《货劳税法》[Goods and Services Tax Act 1993 (2020 revised edition)]。

的论证过程,采用“条件”这一表述,关注的是对增值税作为一项交易税、消费税的税种性质与“营业目的”作为进项税额抵扣条件的决定性关系这一研究对象。

在采用税额相减法的增值税制度下,进项税额抵扣的条件与增值税应纳税额计算的基本规则是不可分割的整体。从《增值税法(草案)》(二次审议稿)的结构体系来看,第15条其实是对第13条第1款中概念的明确。[1] 同样的,在欧盟《增值税指令》中,第168条有关商品或服务被用于应税交易之目的时纳税人才获得抵扣相应进项税额的规定,其实也是对《增值税指令》第1条第2款第2段的执行与落实措施。该段规定:“就每一笔交易,按商品或服务的价格及适用税率计算出的增值税额抵扣各项成本要素直接负担的增值税额后,为应征收的税额。”也即,对构成了纳税人提供的商品或服务(为简化表述,下文除特有所指或引用外,所称“商品”均包含服务)的成本要素的进项税额,在计征增值税时才应予以彻底抵扣。

应当认识到,欧盟《增值税指令》第1条的上述规定中“抵扣各项成本要素直接负担的增值税额”(deduction of the amount of VAT borne directly by the various cost components)的表述,是有政治经济学上的依据的:社会生产总值等于成本、劳动力剩余价值和资本剩余价值之和,在一道流通环节上的商品价值也等于本环节成本与本环节创造的剩余价值之和,通过抵扣机制剔除了成本要素影响后,剩下的就是本环节创造的总剩余价值,即本环节的增值额,才宜作为消费型增值税的税基[2]。

增值税相较其诞生前被普遍课征于商品的传统流转税,最大优势即在于,其能够在对商品流转的道道环节普遍征税的同时,避免发生经济性重复征税,实现仅对每一道环节的增值部分征税。作为一项流转税,增值税仍然将其课税正当性建立在对消费征税的基础上,即商品流转产生的税负最终由终端消费者承担,至于流转链条上的其他环节,只不过是为征管便利之目的,而在商品流转过程中为最终消费者垫付税款,并通过交易价格将税款转嫁给下一道流转环节。一旦

---

[1] 《增值税法(草案)》第13条第1款规定:“按照一般计税方法计算缴纳增值税的,应纳税额为当期销项税额抵扣当期进项税额后的余额。”第15条进一步规定了何为销项税额、进项税额:“销项税额,是指纳税人发生应税交易,按照销售额乘以本法规定的税率计算的增值税税额。进项税额,是指纳税人购进与应税交易相关的货物、服务、无形资产、不动产支付或者负担的增值税税额。”

[2] 参见陈少英:《税收债法制度专题研究》,北京大学出版社2013年版,第47页。

购入的商品直接被给付或耗用于给付的商品上重新进入市场流通，给付方也就可以收回其在上一道环节被转嫁的那部分税款。

增值税法必须维护增值税的上述运作机制，因为这是增值税剔除重复征税和保持中性的关键。我国通过多个轮次的“营改增”实现增值税对营业税的替代，其税制改革的目的即在于此。为此，需要确保任何被用于应税交易目的的购进商品上负担的增值税被尽可能彻底地抵扣。另外，增值税法也必须维护增值税对消费征税的职能，以避免税基的侵蚀，实现开征增值税的财政收入目的，对于进入最终消费环节、不会再投入市场流通的商品，就不能再允许抵扣购入时负担的税额。实际上，“营业目的”条件中的“营业”，与应当具备对价有偿性的“应税交易”是同一概念，是站在购入方纳税人的角度而言的。如果购入方纳税人购进商品的目的是从事他所经营的流转环节的应税交易，即属于营业目的而购进商品。

(二)“营业目的”作为抵扣条件的内涵

1.“营业目的”并不要求单笔购进与应税交易之间具有关联性

“营业目的”将可抵扣的进项税额与购入方纳税人自身所营业务之间建立起一种关联性。这种关联性并不反映一种因果关系，而是一种目的与手段的关系，即购入方纳税人为购进商品并为此负担增值税款之行为，是为经营应税业务之目的而为之。但这一关联性“并不仅限于采购与特定应税交易之间，而是扩大到纳税人的整个或部分应税活动，代表了一种采购与纳税人应税活动之间的整体联系”。[1] 换言之，“营业目的”反映的是一种概括的关联性，而并非一笔采购对应一笔销售的具体对应关系。

从理论角度，“营业目的”之条件是为落实增值税在商品流转链条上各环节间抵扣以剔除重复征税之目的而设置的。为实现该目的，其关注的视角是从结果上购入的商品是否用于或将会用于投入流通的商品，而不会从过程上关注一项购入的商品具体被耗用在哪一笔应税交易对应的商品中。此外，前引欧盟《增值税指令》第 1 条第 2 款第 2 段的规定及其背后的政治经济学原理也表明，“营业目的”条件旨在构建的进项与销项间所谓的概括关联性，本质是一种经济上的联系，即当进项税额对应的购入商品转化为购入方纳税人所营业务的成本时，即当抵扣。至于购入商品是如何被调拨和耗用的，不是这一经济关系关注的

---

〔1〕 任宛立:《欧洲增值税法中抵扣的“经营目的审查”及其借鉴》，载《交大法学》2019 年第 4 期。

维度。

从实践角度,增值税的纳税申报和征管是以月或季度为周期,并以发票为抵扣凭证的。特别是在进项发票认证抵扣期限限制取消后,任何一笔当期已经认证的抵扣凭证上载明的进项税额都可抵扣当期销项税额。可见,税收征管实践本来就是以周期为单位对进、销项税额进行概括、模糊匹配的,征管技术上不可能、也没有必要实施逐笔对应、逐一核实。

2. “营业目的”要求的进销项间的关联性与企业所得税上的相关性不同

我国《企业所得税法》第 8 条规定:“企业实际发生的与取得收入有关的、合理的支出,包括成本、费用、税金、损失和其他支出,准予在计算应纳税所得额时扣除。”《企业所得税法实施条例》第 33 条规定:“企业所得税法第八条所称其他支出,是指除成本、费用、税金、损失外,企业在生产经营活动中发生的与生产经营活动有关的、合理的支出。”业界普遍将上述规定创设的所得税成本费用扣除条件概括为“相关性”和“合理性”。不难发现,企业所得税法上的“相关性”与增值税法上前述“营业目的”要求的关联性有相似之处,即二者都要求相关支出是为获取收入或维持运营而发生的、对纳税人有直接利益的支出。但若仔细探究,二者仍存在实质性差异。

就所得税而言,所得税属直接税、对人税,〔1〕所得税纳税义务考虑的是作为纳税人的企业在一个纳税年度内的利润情况,而利润是收入和成本相减的结果。因此,税法在判断一项支出在所得税上可否列支时,重点考察的是该支出是否影响该企业利润从而应由该企业承担,还是影响其他主体利润从而应由其他主体承担。就增值税而言,增值税属间接税、对物税,它考虑的是流通过程中的商品在本流通环节上的价值,并最终以消费环节的价值确定。税法在判断一项进项税额在增值税上可否抵扣时,重点考察的是该进项是进入了消费环节还是仍在流通链条之上,至于是哪一主体购进的,对增值税税收的影响是中性的。

对于上述区别,试举两例说明:

例一,甲公司购置 1000 平方米厂房,其中 500 平方米自用于生产 A 产品,500 平方米实际由关联方乙公司用于生产乙公司的 B 产品,B 产品的销售收入

---

〔1〕“对人税”“对物税”的区分参考了日本税法学者金子宏有关“人税”“物税”的表述:“人税的着眼点是关于纳税者的人的因素;而物税把人的因素置于考虑之外。”参见[日]金子宏:《日本税法》,战宪斌、郑林根译,法律出版社 2004 年版,第 10 页。

全部归属于乙公司，但在仅考虑变动成本的情况下，B 产品的利润水平远低于 A 产品。从所得税角度，由于该厂房实际只有一半是甲公司赚取收入所需的，另一半对应的成本与甲公司取得收入不存在企业所得税法上要求的相关性，甲公司仅得按合理分摊后的金额为基数计提折旧；如不进行成本分摊特别纳税调整，会出现甲、乙公司整体所得税税负被不合理降低的后果。而从增值税的角度，假设 A、B 产品均为适用一般计税法征税的应税产品，则该厂房全部被投入于应税经营业务当中，即便不在甲、乙之间分摊抵扣，也不会影响增值税税收收入，反而是分摊之后可能导致需要对乙公司退还留抵税额，在资金流层面产生额外的财政支出。这也是为什么在实践中实施成本分摊特别纳税调整后一般不对增值税进行调整处理，以及对增值税发票开具分割单分摊成本进行抵扣的实践操作不普遍的原因之一。

例二，丙公司是零售企业，购入 100 万元食品，其中 50 万元用于销售，50 万元用于年底向员工赠送年礼。从所得税角度，发放职工福利是一种激励、绑定员工的合理措施，无论购入的食品用于销售还是用于职工福利，均是丙公司获取收入、维持运营所必需，两部分食品购入成本可分别计入营业成本和管理费用，只要不超过职工福利的扣除限额，即均可在企业所得税前扣除。但从增值税角度，由于一半的购进食品直接进入了消费环节，虽然是企业运营所必需，但并未转化于企业销售的应税产品的成本中，因而相应进项税额不能抵扣。

(三) 小结

综上所述，将“营业目的”作为进项税额抵扣的一项条件，是为了区分进项是否仍在商品流转链条上，以便对进项税额采取不同的税务处理措施。换言之，“营业目的”条件的设置目的是落实增值税抵扣机制，剔除对流通中商品成本因素的重复征税。因此，对“营业目的”条件的理解应站在商品流转链条的角度上，对仍在链条上流转的商品购入时所负担的税额予以抵扣。在此基础上，笔者认为，增值税法中对“营业目的”条件的表述应做到：(1) 尽量周延地涵盖、同时未来的仅限于涵盖进项脱离了流转链条而不应抵扣的情形；(2) 尽量避免形成“进项与销项之间应具有直接联系”的错误理解，避免过多限制抵扣权；(3) 尽量避免错误引导征纳双方参照企业所得税成本扣除进行进项税额抵扣管理。

二、表述“营业目的”的《增值税法(草案)》(二次审议稿)文本审视

为确保法律起草的科学、严谨,法条的表述应确保概念明晰、逻辑周延,且要与整个法律文本保持协调、自洽。

(一)采用“营业目的”概括性条款的必要性

我国现行增值税法规中没有对“营业目的”条件的概括表达,但并不影响其作为一项进项税额抵扣条件在实践中的应用。

《增值税暂行条例》第10条和《营业税改征增值税试点实施办法》(财税〔2016〕36号,以下简称财税〔2016〕36号文)的第27条都规定了不得抵扣的进项税额,结合后续出台的补充性规则[1],可简单概括为购入以下几类商品或服务负担的税额(为行文方便,下文提及相应情形类别时,将以对应序号称代):(1)用于适用简易计税法项目、免税项目的进项;(2)用于集体福利或个人消费的进项;(3)非正常损失的进项及非正常损失的项目耗用的进项;(4)餐饮服务、居民日常服务和娱乐服务;(5)贷款服务。显然,上述5类不得抵扣的进项税额中,第(2)(4)两类就是根据“营业目的”条件被限制抵扣的;第(3)类非正常损失的进项及耗用于非正常损失的在产品、产成品、不动产、在建工程的进项,自然不会再进入流通环节,因而本质上也是根据“营业目的”条件被限制抵扣的。实际上,除上述3类外,很难再设想出实践中还有哪些不符合“营业目的”条件而应当不予抵扣的情形。

《增值税法(草案)》(二次审议稿)第21条规定的不得抵扣的进项税额,已然概括了上述情形,[2]在此情况下,考虑精准表述“营业目的”条件存在难度、易

---

〔1〕 主要包括《关于深化增值税改革有关政策的公告》(财政部、税务总局、海关总署公告2019年第39号)和《关于国内旅客运输服务进项税抵扣等增值税征管问题的公告》(国家税务总局公告2019年第31号),取消了对以纳税人的员工为运输对象的国内旅客运输服务进项税额抵扣的限制。

〔2〕 《增值税法(草案)》(二次审议稿)第21条规定:“纳税人的下列进项税额不得从其销项税额中抵扣:(一)适用简易计税方法计税项目对应的进项税额;(二)免征增值税项目对应的进项税额;(三)非正常损失项目对应的进项税额;(四)购进并用于集体福利或者个人消费的货物、服务、无形资产、不动产对应的进项税额;(五)购进并直接用于消费的餐饮服务、居民日常服务和娱乐服务对应的进项税额;(六)国务院规定的其他进项税额。”

引起争议,《增值税法(草案)》(二次审议稿)有无必要再引入一条概括性条款,值得探讨。笔者认为仍有必要,具体理由至少包括以下三个方面。

第一,《增值税法(草案)》(二次审议稿)第21条过于概括,如果没有原则性规定予以统摄,容易扩大对抵扣权的限制范围。例如,第21条中多用某类项目"对应的进项税额"的表述,而"对应"的含义不够清晰明了,难以将"支付或负担"确定为"对应"的唯一正确解释。同时,对于非正常损失项目,其实包含了购进的货物本身非正常损失和耗用了购进货物的在产品、产成品非正常损失两种情况,也难以直接从"对应"中得到解释。又如,第21条省略了财税〔2016〕36号文中关于非专用于集体福利、个人消费的固定资产、无形资产、不动产可全额抵扣进项税额的规定,唯有站在"营业目的"的设置原理的角度进行解读,才能得出相应结论。在《增值税法(草案)》(二次审议稿)中全文恢复财税〔2016〕36号文第27条的表述〔1〕很可能导致第21条的详略程度和篇幅与其他条款显著不对等,而直接将细节规定置于未来的实施条例或其他下位法中,又缺少上位法的依据和支撑。因此,《增值税法(草案)》(二次审议稿)第15条第2款的表述应予保留。

第二,"营业目的"这一条件的价值导向应是确保进项税额"应抵尽抵",而不是限制抵扣权的行使。应当认识到,"营业目的"条件虽然是实现进项税额抵扣的一项必要条件,但它不应被理解为对抵扣权行使的限制。无论"营业目的"属于抵扣权构成要件还是抵扣权行使要件抑或某种要件的要素,法学思维对要件或要素进行抽象概括的目的从来都是明确一项权利或法律关系的成立,从而予以确立和维护。《增值税法(草案)》(二次审议稿)第21条的表述是"纳税人的下列进项税额不得从其销项税额中抵扣",属于权利排除或权利限制规则。虽然《增值税法(草案)》(二次审议稿)第13条可以视为抵扣权赋权条款,但若没有对符合"营业目的"的进项税额均可抵扣的正向确权性规定,仍难以对第21条的限制性规定进行限缩。

第三,可能引发的争议并不能构成删除一项规定的充分理由。法律的很多规定在实践中都会产生争议,这反而说明通过法律予以明确的必要性。诚然,这些规定由于针对的实践场景过于多样、复杂以致立法难以穷尽涵摄,但恰恰是立

---

〔1〕 该条文的表述较翔实,包含"其中涉及的固定资产、无形资产、不动产,仅指专用于上述项目的固定资产、无形资产(不包括其他权益性无形资产)、不动产"等具体内容。

法引入了这些规定才给了征纳双方寻找权利和权力平衡的机会。相对法律有规定而在规定的框架内找寻出路,法律没有规定而直接在下位法中进行扩张,甚至在没有规定的情况下直接由税务机关基于实践需要而采取不利于纳税人的“一刀切”措施,后者更容易动摇税法的权威性和税收法定的精神。真正能够在最大程度上避免争议产生的更合理的方式,是立法表达的严谨化、精细化,以及在法律明确授权的前提下,由下位法结合实践进行补充和更新。

(二)“营业目的”应作为定义进项税额的条件还是进项税额抵扣的条件

《增值税法(草案)》(二次审议稿)第15条第2款与第21条之间目前存在一个明显的问题:第15条第2款采用“进项税额,是指”的表述,是一种下定义的表达方式。按此表述,不符合“营业目的”条件,或套用《增值税法(草案)》(二次审议稿)本身表述即与应税交易无关的税额,就不属于进项税额。而第21条又采用“下列进项税额不得从其销项税额中抵扣”的表述,即承认非正常损失对应的进项税额、用于集体福利或个人消费的进项税额首先属于“进项税额”,只是不得抵扣。

还值得注意的是,《增值税法(草案)》(二次审议稿)第13条采用的表述是“当期销项税额抵扣当期进项税额”,如果按照第15条是对第13条用词的注释的思路来理解,第15条把符合“营业目的”条件的税额定义为进项税额,似乎并无不妥。因此,对于该3个法条的关系,可能存在两种合理的理解:一是将“营业目的”作为进项税额定义中的特征因素,对第21条的表述进行调整,如“以下项目负担的税额不属于进项税额”;二是将“营业目的”作为进项税额可抵扣的条件,对第15条的表述调整为“可依本法第13条规定抵扣的进项税额,是指……”。

笔者认为,因循“营业目的”条件是抵扣权行使之必要条件的逻辑,其更应作为进项税额可抵扣的条件,而不应以“营业目的”定义“进项税额”。换言之,或由于不满足“营业目的”条件的原因,或由于不具真实性或真实性存疑的原因,或由于未取得合法有效凭证的原因,总有可抵扣的“进项税额”和不可抵扣的“进项税额”之分。试想,如果不满足“营业目的”条件的税额不能被称为“进项税额”,又应如何称代之?因此,宜采用上述第二种方案对3个条款进行协调。

(三)“与应税交易相关”与“为应税交易目的”是否表达相同含义

“营业目的”条件内含的进项与销项之间的关联性是目的与手段的关系,而“相关”一词往往可以涵盖更广泛的关联关系,如因果关系、包含与被包含关系、充要逻辑关系等,相对而言不容易直接揭示“营业目的”条件的核心意涵。此外,"相关"一词更容易使人联想到《企业所得税法》第 8 条使用的"有关"一词,进而容易产生可以按照企业所得税法对可扣除成本费用的相关性条件来理解增值税进项税额抵扣条件的误导。

从比较法角度看,公认较完善的增值税立法例多采用"为……之目的"的表达方式。欧盟《增值税指令》规定:"当商品或服务被用于纳税人的应税交易之目的(used for the purpose of the taxed transactions)时,该纳税人应被赋予在其经营应税交易的成员国抵扣以下他应负担的增值税的权利。"[1] 新加坡《货劳税法》规定,进项税额,是指对向纳税人给付的任何商品或服务征收的税款,以及纳税人支付或负担的对进口货物征税的税款,"在上述任何一种情况下,该等商品或服务应被用于或将会被用于该纳税人从事或将会从事的营业之目的(for the purpose of any business carried on or to be carried on by him)"。[2] 国际货币基金组织在 2003 年发布了其基于对当时世界上典型国家或地区增值税法律制度研究而编写的 4 部虚拟国家的增值税法案,包括 Fantasia 法案、Vatopia 法案、New Vatopia 法案和 Republica 法案。[3] 其中,Vatopia 法案第 24 条、New Vatopia 法案第 27 条都有可抵扣的进项税额对应的购进的给付或进口应"用于应税行为"(for use in a taxable activity)或"在应税行为中被使用或再给付"(for use or re-supply in a taxable activity)的表述。

综上,"与应税交易相关"的表达方式并不必然与"为应税交易目的"表达相同的含义,文字逻辑和比较法的研究均更支持选用"为应税交易目的"的表述。

(四)"应税交易"可否替代"营业"

"营业目的"中所称的"营业",与增值税法理上界定一个行为是否是应税行为时所使用的"营业"或"经营活动"标准是一致的,一般而言,应具备对价有偿

---

〔1〕 Council Directive 2006/112/EC of 28 November 2006 on the common system of value added tax (OJ L347, 11.12.2006), art 168.

〔2〕 Goods and Services Tax Act 1993 (2020 revised edition), sec 19(3)(a).

〔3〕 IMF: Value Added Tax Law of Fantasia; Value Added Tax Act of the Commonwealth of Vatopia; Value Added Tax Act of the Commonwealth of New Vatopia; Value Added Tax Act of the Commonwealth of Republica (May 19, 2023), https://www.imf.org/external/np/leg/tlaw/2003/eng/tlvat.htm.

性[1]、持续性、惯常性、以此为业等特征,旨在排除不具经济属性的行为及零星、偶发的交易行为[2]。新西兰《货劳税法》对此的描述最详尽和周延:"应税行为(taxable activity)是指一项持续(continuously)、惯常(regularly)从事的行为,并不必然以金钱利润(pecuniary profit)为目的,作为该等行为的全部或一部分,其包含或旨在包含向他人进行的有偿的商品或服务的给付。"[3]

由此观之,"应税行为"或"应税交易"本身已经蕴含了"营业"的性质。但问题在于,《增值税法(草案)》(二次审议稿)对应税交易必须是一项"营业"的规定显然不如新西兰《货劳税法》那么充分,仅在第1条第2款强调了"有偿"的特征,而对于零星、偶然交易,则是通过起征点制度排除在实际征税范围之外。在"应税交易"和"营业"间的绑定关系并不足够牢固的情况下,用"为应税交易目的"替代"为营业目的"是否妥当,仍值得思考。

从比较法视角看,欧盟《增值税指令》第168条使用的"为应税交易(taxable transactions)目的"的表述,而新加坡《货劳税法》第19条则使用了"为营业(business)目的"的表述,它们都没有对应税交易应当是一项营业或经营行为这一点作出明确的规定,也均采取列举的方式对应税交易的范围进行规定。[4] 但欧盟《增值税指令》强调了作为应税交易的给付应是有偿的(for consideration),同时,在对纳税人的定义中,欧盟《增值税指令》要求纳税人应独立开展"经济活动",而所谓"经济活动",是指以获得持续的收入为目的,对有形或无形财产进行的开发利用的活动。[5] 可见,欧盟《增值税指令》虽然用"为应税交易目的"的表述替代"为营业目的",但在内在体系上对两者的替代关系已经部署了支撑基础。类似的,在国际货币基金组织编写的模拟法案中,Fantasia 法案有规定应

---

[1] "营业人必须取得代价而为给付,亦即在营业人与给付受领人(买受人)间,进行互为给付的交易。"参见陈清秀:《税法各论》,法律出版社2016年版,第427页。

[2] [美]艾伦·申克、维克多·瑟仁伊、崔威:《增值税比较研究》,熊伟、任宛立译,商务印书馆2018年版,第92页。

[3] Goods and Services Tax Act (1985 No 141), reprint as at 1 July 2019, sec 6(1)(a).

[4] See Goods and Services Tax Act 1993 (2020 revised edition), sec 8(1) and the second schedule; Council Directive 2006/112/EC of 28 November 2006 on the common system of value added tax (OJ L347, 11.12.2006), art 2, sec 1.

[5] Council Directive 2006/112/EC of 28 November 2006 on the common system of value added tax (OJ L347, 11.12.2006), art 9.

税交易必须是纳税人在独立的商行为(entrepreneurial activity)过程中经营的,[1] Vatopia 法案、New Vatopia 法案和 Republica 法案亦有基本一致的表述,即应税行为应是持续的、惯常的、对价有偿的(for consideration)。[2]

如果《增值税法(草案)》(二次审议稿)能够借鉴新西兰《货劳税法》对应税交易首先应当是一项营业及“营业”的概念或特征作出清晰的规定,必然会使第15条采取“为应税交易目的”的表达能够更好地在《增值税法(草案)》(二次审议稿)整体体系中实现周延。从目前的立法习惯看,短期内在增值税立法中实现这一做法恐尚存在难度。如果《增值税法(草案)》(二次审议稿)第15条采取“为营业目的”的表述,会出现缺少对新引入的“营业”概念进行定义的问题。同时,也应注意到,“营业”的范畴会大于“应税交易”,因为除非法定的增值税税基无限宽广,否则总会存在不应税的“营业”。例如,股权投资管理是一项“营业”,但并非“应税交易”。笔者认为,“营业目的”条件着眼增值税抵扣链条,对于非应税的“营业”,自无赋予抵扣权的必要。因此,采用“为应税交易目的”的表达虽略有失周延,但比“为营业目的”更加精准,亦不失为一种可被接受的立法表达。

(五)如何处理“营业目的”条件与第(1)类不得抵扣情形的关系

从概念关系上讲,“应税交易”实际上包含了免税交易、适用简易计税法的交易。因此理论上,“为应税交易目的”购进的商品,也会包括“用于增值税免税项目、适用简易计税法项目”的商品,而这部分商品上负担的进项税额按照《增值税法(草案)》(二次审议稿)第21条又是不得抵扣的。由此产生的问题是,第(1)类不得抵扣进项税额的情形,是否需要被《增值税法(草案)》(二次审议稿)第15条涵盖?如果答案是肯定的,则应考虑将第15条的表述进一步调整为“为适用一般计税法征税的应税交易之目的”。

笔者认为,《增值税法(草案)》(二次审议稿)第15条无须涵盖第(1)类不得抵扣情形,因第(1)类情形不得抵扣的原因并非不满足“营业目的”条件。从《增值税法(草案)》(二次审议稿)规定增值税应纳税额计算的相关规则来看,第

---

[1] IMF: Value Added Tax Law of Fantasia, art 7(2).

[2] IMF: Value Added Tax Act of the Commonwealth of Vatopia, art 6(1); Value Added Tax Act of the Commonwealth of New Vatopia, art 5(1); Value Added Tax Act of the Commonwealth of Republica, art 5(1).

15 条的适用需以第 13 条第 1 款为前提,而适用简易计税法的项目在应纳税额的计算上应适用第 13 条第 2 款的规定,免税项目则根本不涉及第 13 条的适用,因而适用简易计税法项目和免税项目对应的进项不涉及抵扣问题。这一点从欧盟《增值税指令》的体例结构中也能得到印证:第 168 条是关于"营业目的"条件的规定,而用于免税交易目的的商品所负担的进项税额不得抵扣的规则是在第 173 条规定[1],二者分属抵扣编(Title X)下的第一章和第二章,后者还专门配套规定了进项兼用于应税和免税交易时如何按比例分摊确定可抵扣的进项税额的规则。

三、"营业目的"条件立法表达的应用审视

立法的目的是服务于实践,税收法律的制定应为征纳双方就如何确定纳税义务提供尽可能明确的规则。不仅要斟酌既往经验和可预见的实践问题,而且应尽量压缩出现争议的可能性,并为可争议的解决提供尽量合理可行的方案。为此,对《增值税法(草案)》(二次审议稿)的修改不应仅局限于条文内部视角,还需引入外部视角,审视法条应用过程中可能出现的类型化争议,并以此完善立法。对于不符合"营业目的"条件而不得抵扣进项税额具体情形,实践中易产生争议的主要是以下 3 种:一是有关第(2)类不得抵扣情形,非专用进项同时为应税交易目的和集体福利、个人消费目的购入的,能否及如何进行拆分;二是同样有关第(2)类不得抵扣情形,可能存在对某一商品购入目的难以进行客观判断的情况,应否允许抵扣;三是有关第(4)类不得抵扣情形,为商务招待目的购入的餐饮服务、居民日常服务、娱乐服务一律不得抵扣进项税额,是否合理。至于第(3)类不得抵扣情形,因法律规定本就明确了仅非正常损失的进项本身或耗用于非正常损失项目的进项不得抵扣,且非正常损失或是否耗用于非正常损失项目的客观事实容易查明,故而出现争议的可能性不大。

---

[1] "In the case of goods or services used by a taxable person both for transactions in respect of which VAT is deductible pursuant to Articles 168, 169 and 170, and for transactions in respect of which VAT is not deductible, only such proportion of the VAT as is attributable to the former transactions shall be deductible." See Council Directive 2006/112/EC of 28 November 2006 on the common system of value added tax (OJ L347, 11.12.2006), art 173, sec 1.

(一)比例原则与征纳效率应平衡兼顾

购入商品一般都不是全部被用于应税交易目的,如果允许按照一般规则抵扣进项税额,有可能造成多抵扣税款和国家税收收入损失的情况。只有构成应税商品成本而仍在链条上流转的购入商品,才要做到"应抵尽抵"。如果对上述非专用于集体福利、个人消费的进项等情况一律拒绝抵扣,也是对"营业目的"条件的违反。对此,应基于行政法上之比例原则进行把握。比例原则要求行政机关应"兼顾行政目标的实现和适当性手段的选择,保障公共利益和行政相对人权益的均衡,如实现行政目标可能对行政相对人权益造成某种不利影响时,应将这种不利影响限制在尽可能小的范围和限度内,保持二者处于适当的比例"。[1]

《增值税法(草案)》(二次审议稿)第21条作为第15条"营业目的"条件的反向列举禁止性规定,直接将"购进并用于集体福利或者个人消费的货物、服务、无形资产、不动产对应的进项税额"和"购进并直接用于消费的餐饮服务、居民日常服务和娱乐服务对应的进项税额"全部排除在抵扣范围之外,显然有违"营业目的"作为进项税额抵扣条件的本意,过度限制了纳税人抵扣权的行使,应当进行符合比例原则的调整。问题在于,针对不同的情况应选择何种方式调整最适当?

从立法与执法的精细化和实质公平正义角度,理论上应允许纳税人根据其个性化的商业场景提出和论证存疑进项税额应予抵扣的合理性,税务机关或法院应当结合个案情况进行逐一权衡判断。如有的学者就提出,可考虑借鉴欧洲国家增值税法上的"经营目的审查"作为工具。[2] 但笔者认为,对个案进行逐一考量有违税收征纳效率,合适的方式应是兼顾比例原则和税收征纳效率,并考虑我国当前税务执法、税务司法和税收遵从的实际情况。

类似"经营目的审查"等精细化的比例原则工具至少在现阶段较难实际运用于我国,这一判断并非出于单方维护"征管效率"的考虑,而是兼顾了"征纳效率"(税务机关和纳税人双方的效率)。实践中因是否符合"营业目的"条件而产生进项税额得否抵扣的争议或许不是海量的,但几乎所有纳税人都会在经营过

---

〔1〕 姜明安:《行政法》,北京大学出版社2017年版,第124页。

〔2〕 参见任宛立:《欧洲增值税法中抵扣的"经营目的审查"及其借鉴》,载《交大法学》2019年第4期。

程中反复遇到前述3类情况,出于自身税务合规的需要,需反复判断能否抵扣进项或应否进项转出,如果就个案逐一开展事前协商或事后审查,将积压大量的未决增值税事项。而我国企业数量众多,相当一部分企业外包财务税务管理工作给第三方专业机构处理,要求第三方机构结合每一委托人的实际情况分析判断存疑进项税额能否抵扣,是不现实的。此外,即便要求税务机关实施类似"经营目的审查"的个案判断,也不免遗留大量争议案件进入司法程序。事实上,欧洲国家的"经营目的审查"也是由司法机关在税务诉讼程序中运用的。

因此,基于比例原则的考量,现阶段对于是否满足"营业目的"条件可能存在的争议,立法上更宜采用拟制、推定、限定比例等较"粗犷"的平衡方式,并均衡分配举证责任。

(二)非专用进项以分摊为原则,以拟制为全部符合条件为例外

纳税人购入非专用于集体福利、个人消费的除固定资产外的有形动产和服务,应要求纳税人自行按照实际耗用于应税交易和集体福利、个人消费的数量或金额,对进项税额进行分摊。对于不能据实分摊的,可参照财税〔2016〕36号文第29条之规定,[1]选取合适的分拆因子按比例拆分。财税〔2016〕36号文给出唯一的拆分因子,即销售额,确可广泛适用于大多数场景,但在个别情况下可能难以适用。例如,甲公司为一批员工安排了为期一周的商务旅行并负担了全部往返机票,其中4天的行程是参加客户会议(作为甲公司向客户履行服务合同的内容),3天的行程是供员工就地观光旅游。就该笔机票对应的进项税额,显然按天数分摊计算可抵扣比例更为合理。考虑《增值税法(草案)》(二次审议稿)作为上位法不宜对技术性的规则着墨过多,可仅规定"纳税人应按合理方式计算分摊比例"。

以上规定的另一层实际意义在于划分征纳双方的举证责任。法律对征纳双方举证责任的分配应实现平衡征纳双方信息优势的价值。[2] 首先,税务机关应举证存在不完全为应税交易目的购入的商品负担的税额被全额抵扣的事实。税

〔1〕 财税〔2016〕36号文第29条第1款规定:"适用一般计税方法的纳税人,兼营简易计税方法计税项目、免征增值税项目而无法划分不得抵扣的进项税额,按照下列公式计算不得抵扣的进项税额:不得抵扣的进项税额=当期无法划分的全部进项税额×(当期简易计税方法计税项目销售额+免征增值税项目销售额)÷当期全部销售额"。

〔2〕 参见陈少英、王一骁:《论附加福利课税的程序法路径——以〈税收征管法修正案〉引入自然人纳税识别号制度为重点》,载《上海财经大学学报》2017年第3期。

务机关通常可以在对纳税人开展全面税务稽查的过程中发现该等事实,也可以基于当前税收征管系统具备的数据分析功能,通过比对同行业进项构成比例、进销项比例等指标发现异常,再通过检查纳税人的抵扣凭证和会计处理等发现该等事实。因此,将第一层举证责任分配给税务机关,是能够与其信息掌握能力和法律赋予的检查权限相匹配的。其次,纳税人应举证证明其采用的分摊计算方法的合理性。分摊计算方法是否合理,与纳税人的业务模式、存疑进项的具体内容等紧密联系。纳税人相对于税务机关对这些因素更为了解和掌握,由其承担无法证明合理性的不利后果和能够证明合理性的税收利益,符合公平正义。最后,如税务机关认为纳税人采用的分摊计算方式不合理,应就其提出的其他计算方式的合理性承担举证责任。

纳税人购入非专用于集体福利、个人消费的固定资产、不动产、无形资产,往往使用周期较长,而在使用周期内,其用途的比例可能频繁发生变化。针对这一问题,现行增值税法规允许对应的进项税额全额抵扣。这实际上是一种税法上的拟制,是现行税法顾及征纳效率的体现,即将兼用于不同目的的固定资产、不动产、无形资产视为专为应税交易目的购入,未来的增值税法可考虑沿用。

(三)购入目的难以客观判断的,应推定为符合条件

在实践中,某一商品购入目的在很多情况下难以进行客观判断,试举两例:

例一,甲公司购入一套价值不菲的翡翠茶具,置于董事长会客的办公室内,取得增值税专用发票并认证抵扣。税务机关认为,甲公司的该等采购实为董事长个人收藏爱好决定的,与生产经营无关,属为个人消费目的购入的商品,不得抵扣进项税额。甲公司辩称,该公司是珠宝玉石设计、加工、零售企业,在董事长会客场所摆放精致的翡翠制品,有利于向客户展示该公司的专业品位和能力,有利于该公司展业,故属为应税交易目的购入的商品,应允许抵扣进项税额。

例二,乙公司向某风水师成立的个人独资企业采购咨询服务,取得增值税专用发票并认证抵扣,服务内容是为乙公司的员工开展风水五行有关知识的培训。税务机关认为,风水知识培训属于个人兴趣学习,乙公司购入咨询服务是为集体福利之目的,不得抵扣进项税额。乙公司辩称,该公司是一家私人财富管理机构,其高净值客户普遍有五行风水方面的信仰,会要求乙公司提供服务时考虑这方面的影响,故乙公司购入服务的目的是为更好满足客户需求,应允许抵扣进项税额。

实际商业生活包罗万象,类似情形虽属小众,却不胜枚举。当法律无法要求

纳税人证明某笔进项与某笔销项之间的具体联系时,宜先推定这些特殊情况的进项税额存在关联并允许抵扣。但“推定”不同于“拟制”,当税务机关有相反证据证明该等购入的商品或服务确实不是为了经营应税交易之目的时,再依法对相关进项税额作转出处理。当然,对于例二,如立法考虑更广泛的社会价值引导,从反对迷信、弘扬科学精神的角度而非税法相关原理本身的角度限制此类场景下的抵扣权,亦未尝不可。

这种推定的实际意义在于:一是明确举证责任,即证明购入商品之目的不是应税交易的责任在税务机关,如例一中,若税务机关经检查发现,甲公司主营业务与翡翠类产品无关,则基本有超过高度盖然性的依据认为相关进项税额不应抵扣;二是明确法律责任,如果纳税人最终应依法补缴税款,则只要纳税人最初有关该笔进项税额抵扣的申报中并无不实或提供虚假凭证,即不应对纳税人施加行政处罚,仅需追缴税款和税款滞纳金即可。

关于推定,无须在《增值税法(草案)》(二次审议稿)中进行规定。因为受限于立法的固有局限性,法律制定时不可能对所有特殊情况加以考虑,只能放诸实践由征纳双方或司法寻求平衡。同时,即便法律没有对此规定专门的实体税务处理规则,按照一般的税收征管程序法律规则及法律责任规则,已能妥善实现较公平合理的结果。

(四)餐饮等服务应推定为不符合条件,特殊情况允许限定比例抵扣

餐饮服务、居民日常服务、娱乐服务天然具有个人消费的属性,故而在“营业目的”条件的审视下倾向被更严格对待。但从理论上,餐饮等服务不是完全没有转化为应税商品成本而仍然留在商品流转链条之上的可能性,例如,纳税人进行商务接待宴请客户而购入的餐饮服务,不能说与纳税人提供的应税交易毫无关系。因此,完全不允许餐饮等服务负担的进项税额抵扣,也有违“应抵尽抵”的原则。

欧盟《增值税指令》对这类购进服务采取十分审慎的态度。类似这类购进服务被称为“非严格意义上的业务支出”(not strictly business expenditure,具体包括奢侈品、娱乐和招待支出),但哪些支出负担的增值税不能抵扣,需由欧盟委员会作出决定。[1] 这意味着,成员国国内法如过度限制相关抵扣权,可能会被

---

〔1〕 Council Directive 2006/112/EC of 28 November 2006 on the common system of value added tax (OJ L347, 11.12.2006), art 176.

认定为无效。我国"营改增"以来相关规则的变化也反映了这种审慎的态度。实际上,除餐饮等服务外,住宿服务、旅客运输服务也同样天然具有个人消费属性,但也是商务活动中不可避免的需求。"营改增"之初,住宿服务、旅客运输服务的进项税额可否抵扣一度也是存在争议的问题,但通过允许住宿服务直接将发票开具给企业,住宿服务进项税额抵扣的问题很快被解决了;旅客运输服务虽面临机票、车票、船票等只能开具给个人,无法向企业开具发票的问题,最终也通过将国内旅客运输客票直接作为抵扣凭证的方式解决了;至于国际旅客运输服务,则因通常可适用零税率或免税,不存在进项税额抵扣问题。

对餐饮等服务的进项税额抵扣限制,也应有适度放宽的空间。但相较旅客运输服务,餐饮服务进项税额抵扣应被更严格地限制,原因在于:第一,饮食都是首先满足个人生存需求的消费,在此基础上可能还可以额外满足商务活动的需求,因而应税交易不可能是购入餐饮服务的唯一目的。第二,为解决员工工作期间饮食需要、为回馈答谢而宴请员工、为年会活动等招待员工而购入餐饮服务,虽与企业的经营管理紧密相关并可能反映在商品价值中,但正如前文所述,企业所得税法上对成本费用扣除的"相关性"要求与增值税法上"营业目的"条件要求的进销项间的关联性是不同的,与支付员工的薪酬不可能在增值税上抵扣一致,这部分商品价值属于劳动力剩余价值部分,而不是按照增值税原理可抵扣的成本部分。第三,餐饮服务属于服务成果难以留存、服务过程难以留痕的服务,如允许抵扣,很可能导致餐饮行业大规模虚开增值税专用发票。第四,餐饮等服务的金额与接受服务的必要性之间的关系很难评价,从树立良好社会价值、反对铺张浪费的角度,也应有所限制。

权衡之下,笔者认为,应将餐饮等服务原则上认定为非为应税交易目的购进的服务,如纳税人主张抵扣,应提供合理的情况说明,证实相关餐饮服务是商务招待,且在能够证实的情况下,也仅允许一定比例的抵扣,而非全部进项税额的抵扣。具体比例的设定宜以购入的餐饮等服务金额本身为基数,如加拿大《货劳税法》规定的抵扣比例为20%,[1]或规定金额不超过纳税人当期可抵扣的其他全部进项税额的一定比例的部分可予以抵扣。值得注意的是,亦不宜将企业所得税成本费用扣除管理的思维适用于增值税进行税额抵扣,不应将可扣除的

---

〔1〕[美]艾伦·申克、维克多·瑟仁伊、崔威:《增值税比较研究》,熊伟、任宛立译,商务印书馆2018年版,第179页。

餐饮等服务的进项税额与纳税人的收入挂钩,因企业所得税限制成本费用扣除的最终目的是确认企业的合理利润,与增值税确认多少进项转化入应税商品的成本应予抵扣以避免重复征税的目标不同。

四、结　　论

增值税立法并非简单地平移现有的增值税法规,而是需要有机地、系统化地归纳整合"营改增"前后的增值税法规,科学表达增值税的基本法律制度。其中,有必要对"营业目的"作为进项税额抵扣条件进行严谨表达,以统摄原有的因实质违反"营业目的"条件而不得抵扣的法定情形,揭示和申明构成进入下一流通环节商品成本的进项税额应抵尽抵,以维护纳税人的抵扣权。综合本文对法条文本概念、逻辑、体系有关问题的讨论和对有关法条适用过程中可能出现的争议的预判和分析,笔者对《增值税法(草案)》(二次审议稿)提出如下修改建议:

一是将第15条第2款修改为:"可依本法第13条规定抵扣的进项税额,是指纳税人为从事应税交易之目的购进货物、服务、无形资产、不动产而支付或负担的增值税税额。"

二是在第21条现有规定之后增加3款,分别为:"第一款第(四)项中涉及的货物(不含固定资产)、服务,同时用于应税交易的,纳税人应当据实分摊用于应税交易的进项税额;无法据实分摊的,纳税人应按合理方法计算分摊比例,分摊的进项税额可从其销项税额中抵扣";"第一款第(四)项中涉及的固定资产、无形资产、不动产,仅指专用于上述项目的固定资产、无形资产、不动产";"纳税人能够证明是为商务招待目的购进第一款第(五)项中规定的服务的,对应的进项税额的20%可从其销项税额中抵扣"。

(责任编辑:王婷婷　张成松)

实体程序二元视角下的结转抵扣权与退还请求权
——兼评《增值税法(草案)》(二次审议稿)第20条

李　磊*

摘　要:中国增值税经历了30年的试点与改革,但仍然存在抵扣链条不畅和税负转嫁困难的问题,税收中性优势也尚未完全显现,导致增值税税制运行中摩擦成本较高,经营者承担了过多的义务和风险等不良后果。以《增值税法(草案)》(二次审议稿)第20条为规范基础,立法层面正试图通过以确立纳税人进项税额结转抵扣权和退还请求权的方式,对前述问题进行根本性解决。其理论基础在于:增值税实体面的间接消费税性质、程序面的税额抵扣特殊征收制度,决定了打通增值税税制运行中的任督二脉——税负转嫁和税额抵扣具有根本性意义。在建设法治化营商环境、促进经济高质量发展的当下,需要以《增值税法(草案)》(二次审议稿)第20条为基础,进一步明确、充实纳税人权利内容,制度化降低企业经营者负担,使增值税立法成为纳税人权利保护的新起点。

关键词:增值税立法;间接税;税额抵扣;税收中性;退还请求权

2023年9月1日,全国人大常委会公布了《增值税法(草案)》(二次审议稿)并向社会征求意见。《增值税法(草案)》(二次审议稿)第20条规定:“当期进项税额大于当期销项税额的部分,纳税人可以选择结转下期继续抵扣或者申请退还。具体办法由国务院规定。”自2019年4月试行增值税留抵退税政策开始,我国留抵退税制度正逐步从政策进入法律。建立全链条的抵扣制度,全面消除重复课税,推动建立全国统一大市场,助力现代化经济体系建设,一直都是增值税试点改革的核心目标。[1] 由于复杂的现实原因,加之理论研究不足,认识存有偏差,增值税抵扣链条不畅、税负转嫁困难的问题长期存在,限制了增值税

---

* 华中科技大学法学院硕士研究生。

〔1〕 参见刘磊教授为《增值税抵扣权要论》一书所作序言。收录于褚睿刚:《增值税抵扣权要论》,中国政法大学出版社2023年版,第5页。

功能的发挥,[1]也迫使经营者承担了较多的义务、风险和负担。增值税被认为是最具有税收中性的税种,但税收中性的实现依赖税负转嫁和税额抵扣征收制度的顺畅运转。毫不夸张地说,税负转嫁、税额抵扣是增值税税制运行的"任督二脉"。以《增值税法(草案)》(二次审议稿)第20条为规范基础,明确赋予纳税人进项税额结转抵扣权与退还请求权,不仅对于巩固增值税试点改革成果、彻底打通增值税税制"任督二脉"有重要意义,其背后体现的立法价值取向,更要求有关部门从税制基本理念出发,维持增值税税收中性,正视并保障经营者正当权利,降低企业的经营负担与风险。

一、增值税之实体债权:间接税与税负转嫁

间接税,一般是指名义纳税人将实际税负转嫁给他人负担的税种,其名义纳税人与实际税负承担人不一致。税负转嫁使经济上税负承担人和法律上缴纳义务人分离,从而提高税收遵从度。[2] 另外,税负转嫁对于我国从生产型增值税到消费型增值税转型目标的实现同样具有基础性意义。从税收债权债务关系理论的角度出发,增值税的间接税属性和税负转嫁机制共同构成了增值税的实体债权基础。

(一)我国增值税的间接税属性

由于增值税是按照各流转阶段增值额来分别缴纳税额,进而借助销项税额与进项税额抵扣进行税负转嫁,故增值税的税额抵扣制度,尤其是抵扣权限的设置最能体现间接税属性。《增值税法(草案)》(二次审议稿)第21条规定,纳税人购进并用于集体福利或者个人消费的货物、服务、无形资产、不动产对应的进项税额以及购进并直接用于消费的餐饮服务、居民日常服务和娱乐服务对应的进项税额不得用于抵扣纳税人的销项税额。由此可见,增值税进项税额的抵扣以非消费用途为前提,是否用于经营目的关系到进项税额最终能否得以抵扣。[3] 对于增值税一般纳税人,只要不是用于经营活动而用于消费领域,其进项税额便不得抵扣,故而有学者主张,应当在增值税立法中直接将营业目的明确

---

[1] 参见王桦宇、刘剑文:《两岸税法比较研究》,北京大学出版社2015年版,第139页。

[2] 参见叶姗:《增值税法的设计:基于税收负担的公平分配》,载《环球法律评论》2017年第5期。

[3] 参见杨小强、王森:《论增值税立法上的经营活动》,载《税收经济研究》2023年第4期。

为进项税额抵扣的条件。经营者通过税额抵扣将已经缴纳的增值税负担转嫁至消费者,而消费者不具有进项税额抵扣的主体资格和权限,实际上以自己的财产承担了应税消费行为产生的增值税税负。从税负的缴纳者与最终承担者不同可以看出,我国增值税制度设计采取了对消费行为课税的做法,最终增值税税负由消费者承担。间接税是增值税税制设计的基石,以此为基础形成的税负转嫁要求,既是采取税额抵扣制度的重要原因,更对增值税实体债权产生了深刻影响。

(二)间接税属性对增值税税收债务成立的影响

现代增值税"以税抵税"的构建思路源自法国,与曾经在世界各地都出现过的包税制有莫大关联。借助民法债权债务关系中的第三人代为清偿制度,可以较好地剖析增值税税收债务以及纳税人的转嫁权利。有学者将增值税税收债务区分为应然的税收债务和实然的税收债务,国家基于实质的消费关系而应该与具体消费者之间产生的税收债务是应然的税收债务,或者是理论的税收债务;相比之下,基于实在的增值税法规范,在销售增值税应税商品或服务时,经营者与国家之间产生的债务是实然的税收债务,抑或是法定的税收债务。这种实然与应然的区分方法,实际上体现着不同主体对增值税的不同认识。例如,我国长期以来将增值税作为一种流转税进行讨论和实施,增值税的政策制定与实践指导业务归口国家税务总局货物与劳务司就是典型表现。[1] 另外,许多主流教科书的税种分类也都将增值税划分为流转税。理论界将增值税作为消费税来研究,还是近20年的事,主要是受到欧洲和日本税法理论的影响。因此,所谓实然的增值税税收债务或者是法定的税收债务,不过是流转税观点的体现;而所谓的应然的或者理论的增值税税收债务,也只是消费税理论的观点体现。法学研究的基本要求是对实定法予以充分尊重,法解释需要基于已经存在的实定法规范开展。如何基于实定法规范,统合实然与应然的税收债务关系?

首先,增值税应税商品和服务的经营者缴纳义务源于法定的第三人代为清偿义务。这种观点与诸多学者关于纳税人代缴角色的判断是一致的,本文试图将这种观点进一步解析论证。在实然与应然观点的基础上,将增值税税收债务分为具体与抽象两个层面。从抽象来看,消费者为增值税税收债务的债务人,国家为债权人。之所以该税收债权债务是一项抽象的债权债务,是因为该债权债

---

〔1〕 参见国家税务总局"货物和劳务税司"的介绍,载国家税务总局官网,https://www.chinatax.gov.cn/chinatax/n810209/n810585/n1045473/index.html,最后访问日期:2023年10月30日。

务的具体金额需要到应税商品和服务最终完成所有的流转环节,即从生产进入消费后,方才能够最终确定。具体来看,增值税法课予流转环节的经营者以代缴纳义务,是第三人代真正增值税债务人清偿的义务,是增值税法规范课予的法定义务,经营者只有履行了该项代缴纳义务,方才获得参与增值税应税商品经营的资格。将抽象债务与具体债务结合起来的桥梁就是具体化的过程,技术上体现为纳税期间,增值税法并不要求经营者无条件、无限度地代替消费者履行该债务,只是要求经营者代为履行在具体纳税期间内,能够实现向后一环节流转的商品或服务所产生的债务,此为抽象增值税债务的具体化。

与之不同的是,意定的第三人代为清偿税款,即民商事交易合同中的包税条款,对于包税条款的效力问题以及救济途径,当下司法实践中比较一致的做法是,一般不以违背法律法规强制性规定而认定条款无效,[1]税收债权债务关系主体也不因此而发生变更,基于合同的相对性,该条款仅在合同当事双方之间具有约束力,与税务机关之间的关系不受影响。[2] 当应该承担该合同义务的一方违背约定不履行时,按照税法规定负有纳税义务的一方需要先予缴纳有关税款,再通过民事程序寻求救济。[3] 民商事交易协议中的包税条款与增值税法中的经营者代履行义务之间,最根本的区别在于,前者是一项民事主体的意定义务,后者是税法规定的法定义务。[4] 民事义务对于税收公权不具约束力,其法律效果仅涉及私法部分。[5] 而法定的代履行义务,是国家立法权强制课予的义务,并赋予国家强制力保障其实现,相关义务人不依法履行直接构成违法乃至犯罪。

其次,增值税应税商品和服务经营者转嫁税负的权利源于代为清偿后的追偿权。税收债权作为特殊的公法债权,除具有私法债权的权利元素外,税收债权

〔1〕 参见最高人民法院民事判决书,(2007)民一终字第62号;最高人民法院民事判决书,(2015)民申字第2282号。

〔2〕 参见李貌:《第三人代为清偿税收债务的成立要件及其法律效果》,载熊伟主编:《税法解释与判例评注》2019年第12卷,法律出版社2019年版,第137~149页。

〔3〕 参见西藏自治区高级人民法院民事判决书,(2014)藏法民一终字第11号;江苏省高级人民法院民事判决书,(2016)苏民终646号。

〔4〕 《增值税法(草案)》(二次审议稿)第1条即是规范基础,规定在中华人民共和国境内销售货物、服务、无形资产、不动产,以及进口货物的单位和个人,为增值税的纳税人,应当依照本法规定缴纳增值税。

〔5〕 参见王霞、杨钺:《"第三人代为清偿规则"在税收关系中的适用——"王某诉律信公司案"析评》,载《中南大学学报(社会科学版)》2021年第6期。

中包含的权力元素赋予了税收债权公法上的确定力、执行力等属性。税收债权中既有体现权力属性的部分,也有体现权利属性的一面。作为私法主体的经营者,在按照增值税法要求作为法定代偿人替代最终消费者缴纳增值税款以后,其依法取得税收债权中权利属性的部分,主要体现为限度内的财产追偿权,即向下一环节经营者收取销项税额,此为税负转嫁的法理根源和正当性基础。税收债权作为一项可分的金钱给付请求权,以该环节所实现的增值额的一定比例作为税款。增值税的税收债权就是在抽象与具体两个部分结合后所形成的,增值税应税商品和服务的经营者,应该就纳税期间内已经实现的具体化应税销售行为,代消费者履行其应该承担的抽象税收债务,并且通过价外税的方式向后续环节营业者或消费者追偿,从而最终转嫁给消费者承担。

再次,增值税进项税额抵扣权是基于重复缴纳后的抵销权。进项税额抵扣的以税抵税模式的目的是减轻或避免重复征税。由于采取税额扣除法,此前已经征收的部分构成重复征税,经营者有权要求抵销,这就是增值税进项税额抵扣权的税收债权债务基础。实际上,进项税额抵扣仅仅是为了程序经济,在循环往复的征税过程中重复征税部分优先用于抵销,然后才予以退还。以销售额乘以税率计算的销项税额实际上就是应纳税额,当然同时还是该项应税商品与服务该流转环节所应承担的应纳税额上限。之所以要从销项税额中扣减进项税额,是因为经营者作为消费者的购买方的代缴义务人,已经接受此前环节缴纳税负的转嫁,实际已经缴纳过部分税负,因此销项税额中对应这部分的税额属于重复缴纳,故有权申请扣除。在这个意义上,增值税法一般也都规定,最终的应纳税额是将进项税额从销项税额中扣除后的余额。从形式上看,进项税额超过销项税额时的退还请求权,基于实在的增值税法律规范,则应属于有法律原因的退税请求权。[1] 但实质上,增值税法的抵扣与退还规范实际上只是税收债务关系理论的当然推论,背后的法理在于该部分税款属于重复缴纳,国家无权保有,缴纳义务人自然有权主张抵销(抵扣)或者返还(退还),认为该退还请求权属于实质的无法律原因的退税请求权也未尝不可。

最后,包税制度和发票制度对增值税税收债权债务关系的形塑。法国增值税的构建历程,遵循了“采用包税制设定税额上限以避免重复征税,采取发票抵扣制度以避免包税制恣意性弊端”的逻辑。一是采用包税制度设定营业税税额

---

〔1〕 参见柯格钟:《公法债务与私法债务》,载《月旦法学杂志》2014 年第 12 期。

上限。包税制度的最大优势是在前现代社会征收效率低下背景下,能够尽可能保证税收征收,实现筹集财政收入的目标,并且也能基本符合成本—效益检验。[1] 包税制度在18世纪晚期被引入累积型营业税,主要目的不是确保税源,而是缓解营业税的累积性重复征税,进而在此基础上演化出抵扣型增值税,此为包税制度在增值税中运用的目的正当性。从包税人角度更能够觉察增值税税收债权的代偿性质。[2] 二是借鉴发票制度制约包税制度的恣意性。包税制度在人类历史上臭名昭著,无论是法国大革命,还是中国明末农民起义大爆发,都是征收税赋过程中扮演包税员角色的底层官僚、士绅借收税之机大肆攫取包税利润,导致税负超过民众承受范围而引起的社会矛盾集中爆发。因而限制包税人的征税权是历史趋势。[3] 现代发票制度正是发挥明确包税限额、确定包税对象、划定监督机关等制约作用。发票制度使作为包税员的经营者在运行过程中上下其手的可能性大大下降,甚至由于包税员受到发票制度的过度拘束,反而使自己陷入包税链条之中而不能向消费者追偿,需要自己承担的地步。现阶段注重增值税征税过程中的利益平衡,已经成为一个重要且迫切的问题。

(三)间接税税负转嫁对实现税际协调之作用

在税法体系化、法典化时代,如何实现各税种间的税际协调,以维持税法秩序的统一,关系整个税法现代化进程。税际协调最基本的要求之一是避免重复课税,至少应该避免法律形式上的重复课税,因为这会给税法形式上的协调性造成冲击。当下虽然税收立法取得了进展,一税一法也正在实现,但各种税法之间、实体法与程序法之间矛盾、冲突和法律漏洞依然广泛存在。[4] 从一般营业税到增值税的纵向改革,增值税与企业所得税的横向区分,间接税与税负转嫁都是其中关键。

一是营业税改增值税——间接税转嫁与避免重复征税。营业税改增值税的最大动因在于,营业税对全部或特定经营环节的营业额课税,经营环节越多税负越重,并且此前环节所征收的营业税额被作为税基再次征税,产生了严重的法律

---

〔1〕 参见贾洁蕊:《中西方包税制演变与当代税收征管改革》,载《太原师范学院学报(社会科学版)》2018年第6期。

〔2〕 参见汗青父:《从增值税到税收法典》,中国税务出版社2009年版,第48~50页。

〔3〕 参见[美]腾尼·弗兰克:《罗马帝国主义》,宫秀华译,上海三联书店2008年版,第312页。

〔4〕 参见刘剑文:《税法典目标下税法总则的功能定位与体系安排》,载《法律科学(西北政法大学学报)》2023年第1期。

上重复征税。[1] 相较之下，增值税之所以在短时间内被广泛采用，最突出的优势就是其中立性和避免重复征税，只对每一个环节的增值额部分课税，此前环节已经缴纳过的税额价外计量并税前扣除，理论上经营环节多寡并不会影响税负水平，不会衍生出经营者纵向一体化的动机或者中间经营者的代理化趋势。增值税以发票为核心，采取税额抵扣的设计，最终将税负直接转嫁至消费者。而营业税税负由经营者直接承担，计入营业成本，通过商品价格间接转嫁至消费者。虽然最终都转嫁至消费者负担，但这直接转嫁与间接转嫁之间显然有本质区别，会对经营活动产生巨大影响。间接税税负只有顺利转嫁，全面"营改增"的改革目标才能实现，才能达到减轻税负、消除重复征税的改革目的，真正发挥增值税促进社会生产专业化、协作化的作用。[2]

二是增值税与企业所得税——从课税客体界分。增值税对一定期间经营的增值额课税，增值乃是指一定销售额扣减其对应成本后的余额。企业所得税对企业一定期间所得额课税，所得一般简化为经营活动取得的归属于本纳税期间的所有收入，再减除为了取得该收入而付出的全部成本费用。两者之间似乎都是一种差额，如何才能将这两种均以企业为对象征收、税收收入都占比较大的税种区分开，避免陷入重复征税的困境，需要借助课税客体来区别。增值税立法定位是间接税，向经营链条上的每一个经营者的增值额课税，由于消费者属于非经营者，不再具有抵扣进项税额的资格，因此最终由消费者承担全部税负。增值税的课税客体是消费行为（稽征上移转至销售行为），没有消费行为则没有承担增值税的义务。从税率设计上也能看出其间接税特点，由于需要最终消费者承担，故采取了更具有税收正义的差别税率，对于与民生或弱势群体直接相关的消费对象，前者如初级农产品、医疗服务，后者如残疾人用品等，安排了免税或低税率。相比之下，对企业所得课税则更注重市场主体的公平竞争环境，世界范围内的企业所得税几乎都采取了单一税率。虽然企业仍可能通过将企业所得税转嫁，但与营业税类似，这种转嫁也只能是一种间接转嫁，且企业所得税不能作为企业经营成本在税前直接扣除，因此被认为是直接税的典型代表。

---

〔1〕 参见翟继光：《税法学原理——理论·实务·案例》，清华大学出版社 2012 年版，第 304～306 页。

〔2〕 参见各国税制比较研究课题组编著：《增值税制国际比较》，中国财政经济出版社 1996 年版，第 19～20 页。

增值税的间接税属性对增值税税收债权债务的成立产生了直接影响,使其成立的时间和条件都表现出相当的特殊性,加之税额抵扣制度的程序性作用,进而产生了超额进项税额的跨期结转抵扣与退还问题。

二、增值税之征收程序:税额抵扣制度的功能及限度

为了维持以发票为核心的税额抵扣制度运转,我国对发票管理采取了几乎是世界上最严格的管理方式,对作为增值税纳税人的经营者课予了较其他税种更重的义务,并且不惜对虚开增值税专用发票行为采取重刑重罚方式予以打击,但依然可能是世界上增值税专用发票犯罪最多的国家,[1]这既反映了我国的经济规模,也反映了增值税抵扣链条不畅的现状。增值税税额抵扣征收程序是为了确保税收征收而设计,但税源的长久维持却依赖税收中性的实现和税制的顺畅运行,故税额抵扣制度优势的发挥有其前提和限度。

(一)税额抵扣制度下纳税人地位及其义务上限

课税构成要件是一般税种的核心概念,决定了税收债务的成立与否、成立时间及其归属。但是在增值税中,这一概念变得模糊而复杂。在欧盟增值税指令和意大利国内增值税法中,使用的是"征税交易"(operazioneimponibile)概念,而不是直接税立法中所使用的"税的前提"(presuppostodiimposta)或"税的事实前提"(presuppostodifattotributo)。这反映了纳税人只是应税交易的实施者,其不是税负承担人,消费者才是。也就是说,对于增值税,税的事实和承担税负主体之间的关联不是直接的而是间接的,而税的事实适用于直接关联的情景。经营者购买商品而支出的进项税额,由于最终需要被扣除,因此往往被视作是债权性质而非是成本性质,是一项相对于国库而言的债权。[2] 也有德国学者主张相似观点,认为广义消费税应税商品或服务的销售者或经营者只是基于稽征经济,"被赋予税捐收集者(Steuereinsammler)角色定位,或者是征税机关课征消费税

---

〔1〕 参见翟继光:《财税法基础理论研究》,中国政法大学出版社 2017 年版,第 269 ~ 271 页。

〔2〕 翁武耀:《欧盟增值税反避税法律问题研究》,中国政法大学出版社 2015 年版,第 57 页。

的助手(Hilfskraft)”。[1] 增值税是“就能从购买人手中收到税款,而代为转付予国家之出卖人,认为其有税捐负担能力,而对其课征营业税”,[2]增值税纳税人的纳税义务类似代征之本质。[3] 无论是进项税额还是销项税额,都尚且只是增值税应纳税额的中间形态,其过渡到最终形态形成确定的税收债务,尚需经过扣抵公式运行过程,即销项税额扣除进项税额之后的余额。经营者只是被赋予法定义务的辅助人,税额抵扣征收制度课予了经营者大量的行为义务,但是这种程序上的行为义务受到间接税税负转嫁的实体限制。增值税税制具有典型的实体程序一体性,实体制度与程序制度只有并行不悖、密切配合增值税的优势才能发挥。不能阻碍实体税负的转嫁是对纳税人设定程序性行为义务的上限,是对税额抵扣制度运行进行干涉的底线。此前的税收实践正是由于对增值税纳税人角色和特殊征收程序的理解偏差,才导致了权利义务各方显著的利益失衡。

(二)税额抵扣制度的核心优势:预提税的保障功能

预提税作为一种征收手段,在各国、各地区税制设计中都有广泛采用,如个人所得税代扣代缴义务。另外,也有观点认为,企业所得税是对个人所得税的预提。消费税真正的税负承担者——消费者数量众多且分散,因此无论是特种消费税或是一般消费税(增值税),都采取预征代征的方式,在最终消费的前置环节(销售环节)进行征收,既能有效控制税源,又能提高征收效率、降低征收成本。消费税(增值税)的预提税特征,在《消费税暂行条例》第4条中就有直接体现,纳税人生产的应税消费品于纳税人销售时纳税,并非在最终消费环节课征,而是由销售者代扣提前征收,这有利于应纳税额提前足额入库,是基于保障国家税收债权实现的技术性税制设计。

但在预征垫缴之外,预提税不应该再承担担保功能。消费税税制课予经营

---

[1] 参见江彦佐:《税法之解释》,载黄茂荣、葛克昌、陈清秀主编:《税捐稽征法》(增修二版),台北,元照出版公司2021年版,第129~146页。另据该文脚注,该观点源自德国克劳斯·蒂普克(Klaus Tipke)、约阿希姆·朗格(Joachim Lang)两位教授。柯格钟、陈汶津则持相反观点,认为增值税纳税人并非履行代收转付义务,而是履行自己基于税捐债务关系所产生的纳税行为义务,参见柯格钟、陈汶津:《税捐债务关系》,载黄茂荣、葛克昌、陈清秀主编:《税捐稽征法》(增修二版),台北,元照出版公司2021年版,第223~290页。

[2] 陈清秀:《从整体法律秩序统一性观点探讨税法与民法之关系》,载《东吴法律学报》2023年第1期(总第34卷3期)。

[3] 参见黄茂荣:《加值型营业税法》,台北,根植出版公司2022年版,第49页。

者预缴垫付税款的行为义务,但这并不意味着额外还要求经营者为消费者的消费税纳税义务提供担保乃至由其直接承受。无论是《消费税暂行条例》《增值税暂行条例》,抑或是《增值税法(草案)》(二次审议稿)都没有类似的直接或间接规定,与立法者原意更是相去万里。预提税的预收性质资金占用已经给企业资金造成了较大的财务负担。根据公开资料显示,2022 年以后大规模增值税留抵退税的一个目的就是降低企业资金负担。其中,主要原因就是在预缴义务已经产生的资金财务成本之外,再使销售者承担担保义务,对进项税额进行扣留,既违背公平这一公理性法律原则,又与量能课税原则抵触。

(三)以比例原则对当前税额抵扣制度运行之检视

增值税法设计具有实体程序一体性,增值税实体税负需转嫁至消费者承担,但为了实现这一目标,在程序上为纳税人设定了特殊义务。比例原则是公法的皇冠原则,其基本要求就包括适当性、目的正当性、狭义比例性。[1] 要求纳税人承担合理的行为义务需以适当为限,在确保税收与保障税制运行两个目标之间过于偏颇有违背目的正当性之嫌,进一步导致增值税沉淀淤积、过度加重纳税人实体负担则更与狭义比例性相悖。

1. 课予纳税人协力义务——协作税收关系中的合理负担

现代税收关系已经从单方面的干预行政演化为征纳双方互相配合的协作关系。在税收征收程序中,相比其他行政程序,法律通过规定行为义务规范,使纳税相关主体承担大量的辅助性行为义务,学界一般将之定位为协力义务。如所得税中纳税人的申报义务,行政机关基于此协力义务的履行,获得必要的征税信息。因此,有德国学者认为,逃税罪中不申报行为侵害的法益是国家的信息开示利益。[2] 除申报义务外,还有个人所得税征纳中的扣缴义务,同样是为了控制税源、就源征收节约成本,法律要求支付者向他人支付个人所得项目时,按期或者按次代税务机关提前扣缴相关税款,并直接缴纳入国库,避免了向个人所得税纳税人直接征收而导致的工作量增加以及税款逃漏的可能。由于增值税征纳程序的复杂性,这种协力义务更是有增无减。在以票控税时代,增值税纳税人协力义务大多围绕发票行为而展开,并大有超出协力程度的趋势。

---

〔1〕 参见刘权:《比例原则适用的争议与反思》,载《比较法研究》2021 年第 5 期。

〔2〕 Vgl. Klaus Franzen, Brigitte Gast, Steuerstrafrecht. München: C. H. Beck. Aufl. 1969, SS. 5 – 7.

2. 超出协力义务的利益负担——确有不正当之嫌

经营者在扮演包税人角色承担公法上义务，按照法律或者税收征收机关的命令，实施一定的行为，并且义务人不能拒绝，否则即构成行政违法甚至遭受刑罚。[1] 但是在消费类税种中，征收辅助人被课予的义务往往超出一般辅助行为协力义务，此时的行为义务甚至直接导致财物的减损或财务负担。增值税实际负税人是实施消费行为的消费者，但销售者相较个人所得税中的扣缴义务人，被课予了远超个人所得税中的扣缴义务，后者只是代征税机关提前将税款从个人所得税纳税人取得的应税收入中扣缴，是一种纯粹的行为义务，除非其已实际扣缴而未向税务机关缴纳，行政机关并不能向扣缴义务人追缴税款，[2] 只需承担相关扣缴工作的运行成本，如果考虑税收征收机关返还给扣缴义务人扣缴税款2%的返点，则扣缴义务人的协力负担相对较轻。

相比之下，增值税纳税人作为税捐收集者或助手，销售者替最终消费者承担代缴义务，并借助税额抵扣程序逐渐转嫁，但实际上其不仅是一种纯粹的行为义务（从消费者的财产中代税务机关划走一部分税款），而是需要使用自有资金代垫此项税款，并且由于政策原因或市场原因，如不同的商品、服务适用不同的税率，或经营链条、经营周期的加长（期限错配），或是价值增值来源不同（项目错配）导致的销项税额与进项税额不匹配，使代垫增值税税款产生了资金占用成本。增值税纳税人除负担代垫税款产生的资金时间成本外，还可能因为发票取得不合法，如被征税机关认定为属于虚开的增值税专用发票，无论经营者主观有无过错、是否已经实际缴纳了进项税额，该发票记载的进项税额一律不允许抵扣。不仅税务机关对于虚开发票认定严苛，具有转移征管风险而转嫁负担的倾向，[3] 纳税人甚至还有可能遭受行政乃至刑事处罚。

权责发生制、定期进行纳税申报等制度性摩擦导致的资金成本问题更加难以克服，但发票认定制度、进项税额不允许退还或者退还周期过长、限制过多则属于较容易改进的方面。任何政策因素或市场因素导致抵扣链条阻滞，都会使此前环节的预缴、垫付的增值税淤积在流通环节，税收成本与商品服务成本同时

〔1〕 参见郭维真、尚亿慧：《第三方税收协力义务的正当性检视与完善思路》，载《郑州航空工业管理学院学报（社会科学版）》2022 年第 6 期。

〔2〕 参见王霞、刘珊、董韬：《税收司法：原理与案例》，法律出版社 2018 年版，第 19～31 页。

〔3〕 参见张旭：《增值税善意受票规则的重塑路径》，载《西安财经大学学报》2022 年第 5 期。

沉淀,企业经营者承受更大的经营成本和风险。市场因素导致的商品成本由经营者承担无可厚非,但政策性导致的税收成本则不应该加诸经营者,如果增值税税制运行良好则这些问题都会显著减轻,此时应借助税法自我修复功能予以消除。税额抵扣制度毫无疑问有其优势,但征缴效率与便利不是其唯一目标,如前所述,税额抵扣制度也发挥将税额按照增值额分配至各个生产流通环节并最终实现税负转嫁,以实现税收中性的作用。两者之间不可偏废,更不能彼此替代。

3. 定期课税与时间因素带来的负担

定期课税规则是税收征收中的普遍性技术规则,而时间在现代经济运行中又是一个重要元素。年度课税最先被使用,也最先被关注是在所得税领域,增值税同样采用了设置纳税期间、定期核算的方式。所得税年度课税给纳税人带来的负担被批评,因此所得税立法和征收中对其弊端采取了一些缓和措施,最典型的是经营损失跨年度结转与扣除。[1] 在所得税等税收债权成立在先、税收债权实现在后的税种中,基于稽征经济原则实行一定程度的预缴制,但预缴周期通常较短,并且预交金额与实际税收债务金额差别一般不大,因此制度成本尚可以接受。但是,对于增值税这样一种完全建立在预缴加代缴制基础之上的间接税来说,时间要素对于税收中性的影响甚巨。学者多强调增值税的税收中性,却容易忽略时间会对增值税税收中性产生的负面影响。最典型的体现是单一环节流转周期越长,其时间成本越高,资金占用周期越长,对经营者越不利。虽然循环生产和销售会在一定程度上对冲这种差别影响,但是长周期更容易造成进项税额与销项税额的不匹配,进项税额沉淀依然对经营者造成额外资金负担。进项税额处理方式会对不同周期的经营者产生差别影响,进而造成竞争上的不公平。从生产型增值税到消费型增值税的改革,一个主要目的是鼓励企业扩大投资与经营规模,但扩大规模后完成交易流转环节所需时间会变长,资金沉淀期间也会变长。只有允许企业尽快退回扩大投资中承担的进项税额,方能更好发挥鼓励扩大经营的作用。

综上,以发票为载体实现前后环节税额抵扣的征收程序,能够使增值税纳税义务与实际税负相分离,经营者仅是法定的代为清偿义务人,而其代为承担的税负需依托进项税额与销项税额的抵扣避免重复征税,此乃增值税纳税人进项税额抵扣权和结转抵扣权的正当性基础。增值税的征收技术性规则已经课予经营

---

〔1〕 参见陈清秀:《税法各论》,法律出版社 2016 年版,第 100～103 页。

者较重的义务和负担,分期缴纳而非按交易逐笔缴纳使经营者承担了预缴税款的资金占用成本,因此有必要将超额部分尽快退还,减轻经营者成本并鼓励扩大投资,此乃退还请求权的正当性基础。

三、实体与程序之目标协同:税收中性的实现

增值税税制的特殊性,既体现于实体税负的转嫁,更体现于通过税额抵扣以实现分环节征收避免重复的中性课税。但长期存在的国库主义倾向,过于单方面关注征收环节中的税额入库,忽视了税收中性需要确保增值税税负转嫁,而后者又以抵扣链条顺畅为前提,一旦第三人代为清偿的特殊征收程序被滥用、功能被抑制,最终将导致增值税的整体功能不能完全发挥。实体程序的一体化设计要求以实体与程序的一体化运行为保障。

(一)实体与程序割裂带来税权不清

增值税被引入的最大动因是发挥税收中性,促进分工与协作,助力构建高效的产业体系。这些目标的实现,以增值税税负转嫁为基础条件,技术上体现为税额畅通抵扣与税收收入的公平分配。税额抵扣实际上产生了一种征税过程中的税收分配效应,但程序与实体上的割裂,客观上造成了对原本中性设计的破坏。特种消费税没有分阶段扣缴,而是采取单一环节征收,该问题尚不明显,理论上特种消费税由最终课税商品的消费地予以承担,但实际的预征收环节,决定了哪些地方的征税机关主导消费税的征收。因此,为了避免引发地方税收竞争,尤其是生产地与消费地之间的矛盾冲突引发税法危机,我国的特种消费税在立法设计上属于中央税种,[1]在国税地税合并前一直由国家税务局系统征收,在征收完毕以后按照预算法的规定,通过转移支付等方式再向地方进行统一分配。

增值税分环节征收,在建立全国统一大市场、畅通国内国际双循环背景下,尤其是在市场庞大、生产体系完整、分工细致、区域功能差异较大的国家,如何畅通抵扣链条,避免税制扭曲经济运行更显重要。我国现行增值税属于中央地方

---

〔1〕 参见赵婧:《消费税或改为中央地方共享税》,载福建人大网 2016 年 2 月 18 日,http://www.fjrd.gov.cn/ct/3-108857。

共享税,按照经营者注册地划分征税管辖权,实际上贯彻的是生产地征收原则。[1] 如此一来,进项税额与销项税额的抵扣就成为分配增值税的关键环节。征收机关对于辖区的增值额具有征税权,因此最终转嫁于消费者的全部税负,经各环节提前扣缴而分配至不同的征管辖区(生产和流通地区)。如果未抵扣的进项税额沉淀,不仅使企业资金成本增加,还会导致征收机关区别对待本辖区内产生的进项税额抵扣与销项税额缴纳,诱发人为制造增值的状况,因此,我国增值税改革的一个重要方向就是推进从生产地征收转变为消费地征收,[2] 只有畅通进项税额抵扣和退还,该目标才能实现,才能真正遏制行政不当干预和减轻对增值税税制运行造成的扭曲。至于生产地与消费地税收收入不均衡的问题,则应该通过财政收入分配进行调节,而非直接在征税过程中完成。我国一直在推动中央与地方财权与事权划分,而财政划分以事务划分为基础,[3] 在 2022 年开始大规模留抵退税以后,地方财政面临着留抵退税资金支出的压力,[4] 权责划分失衡加剧了地方征税机关对进项税额与销项税额的区别对待,甚至进一步演变为不当激励机制,因此《增值税法(草案)》(二次审议稿)第 20 条规定的进项税额退还,应该直接从销售行为及当地的增值税收入中扣除,因其本来就是增值税应纳税额产生过程中的调减项,而非是税收收入的使用。

(二)实体与程序协同为企业减负

增值税法实体部分对税负的分配是中性的,但这种中性并不能自我实现。征收程序应当围绕立法目的运行,以程序保障实体目的实现。增值税程序设计在对税收高权进行约束,对纳税人权利进行保障的同时,另外一个目的是发挥税制设计科学性的优势,减轻税收对经济运行的扰动。增值税在生产经营中运行,税收中性以生产经营为基础,也应以促进生产经营为目标,通过减轻企业经济负担、管理负担和法律负担的方式实现。

一是减轻企业经济负担。按照产生的基础原因不同,将经营成本分为两类:

---

[1] 参见宋珊珊、朱为群:《我国跨地区增值税收入分配制度改革:基于欧盟的经验借鉴》,载《税务研究》2023 年第 5 期。

[2] 参见马海涛、孟晓雨:《促进全国统一大市场建设的税收优化路径研究》,载《税务研究》2022 年第 8 期。

[3] 参见黄茂荣:《法学方法与现代税法》,北京大学出版社 2011 年版,第 23 ~ 28 页。

[4] 参见许多奇、蔡奇翰:《增值税留抵退税的体系定位与制度优化》,载《湖湘法学评论》2023 年第 2 期。

一类是基于民商事行为产生的经营对价，如货物、服务的交易对价本身；另一类是在经营行为基础上因行政管理等而产生的二次成本，典型如代垫的增值税进项税额以及各种税费。第一类成本属于私法自治范畴，原则上由经营者自我决定、自我负责；第二类主要由于行政管理产生，经营者往往被动接受、无能为力。即使如此，政府对于第一类成本也并非无动于衷，仍然积极通过必要手段降低成本或鼓励引导，以提高企业竞争力，例如，企业所得税中基于鼓励创新或扩大投资而施行的特定投资成本加计扣除、固定资产加速折旧等。举轻以明重，对于第一类成本政府都有所作为，对于第二类成本政府更有作为的必要性和正当性。

进项税额是由于代垫税收而产生的第二类成本。法治基本精神对于税法的要求是，无论是分配实体税负还是设计征收程序方面，都要求综合考虑征税效率、征税成本与正义、公平，不能过度坚持国库主义，强调税收任务的无条件完成，[1]将负担与风险一味要求纳税人承担，忽略纳税人的正当权益与诉求，这与保护纳税人权利、坚持纳税人主义相悖。[2] 征收效率不能从根本上改变不满足税收法定与量能课税导致的不正义，反而会从反面减损税收法定与量能课税的正当性，对于实体程序一体化的增值税来说尤其如此。如果对纳税人在行为义务之外，再课予更多的对于实质经济利益造成负担的义务，则违背了量能课税原则。在某种程度上，增值税在实体方面设计是符合税收中性的，但税额抵扣征税程序在实施过程中却容易造成程序非中性。而程序非中性对税收中性造成的破坏往往比实体非中性造成的破坏更隐蔽和巨大，[3]立法有必要进行综合考量和统筹解决。

二是减轻企业管理负担。建立增值税集团税制的呼声早已有之，而出台现行增值税汇总纳税制度的主要现实需要就是回应集团公司各部分之间、总分支机构之间进项税额不能分享，应纳税额不能准确计算问题。[4] 对于集团经营寻

---

〔1〕 参见李玉虎：《纳税人权利保护的理论与制度研究》，中国社会科学出版社2023年版，第318～324页。

〔2〕 参见熊伟：《税法总则立法中的纳税人主义及其制度体现》，载《法律科学（西北政法大学学报）》2023年第1期。

〔3〕 参见侯卓：《重识税收中性原则及其治理价值——以竞争中性和税收中性的结合研究为视角》，载《财政研究》2020年第9期。

〔4〕 参见甘肃省税务学会课题组、赵应堂：《增值税汇总纳税实践及改进对策》，载《科学·经济·社会》2020年第4期。

求规模经济的现实需求,在建立完全的集团税制条件尚不成熟的当下,超额进项税额退还请求权的确立可以大大缓解这一矛盾。从增值税角度,进项税额的退还使集团各部分之间、总分支机构之间、母子公司之间,可以按照实际的进项税额与销项税额状况进行纳税申报和税款缴纳,没有太大必要进行复杂的税收筹划和进行内部交易。进项税额与销项税额的差异,也没有必要进行人为调节,因此可以降低税制对商业组织的影响,更好发挥集团公司组织形式分工协作的作用。

三是减轻企业法律负担。近年来,虚开增值税专用发票罪在全部经济犯罪中占据绝对多数。刑法上关于虚开增值税专用发票罪的最大争议不在于虚开这一行为的客观表现,而是虚开增值税专用发票犯罪究竟侵害的是何种法益。传统理论认为该罪名侵害的是税收征管秩序或者发票管理秩序,[1]但也有许多学者对于该主张进行了反思。例如,田宏杰教授指出,离开了增值税运行中的抵扣制度,难以真正把握虚开增值税专用发票罪的本质。[2] 按照学者整理,实践中为他人虚开增值税发票的主要类型包括:走逃式虚开,即以虚开增值税专用发票为业,自身不从事实际经营,甚至成立公司的目的就主要是虚开增值税专用发票以牟利,利用公司短期内大量开具大额发票。这种虚开行为危害最大,也是税务机关、司法机关重点关注和打击的类型。政策性虚开,某些主体享有税收优惠,故为了获取税收优惠带来的利益,按照税收优惠政策有针对性地虚开。进项真实型虚开,由于经营周期、行业特点或其他原因,自身不能产生足额的销项税额,使企业存在大量的未抵扣进项税额,为获得利益而向进项税额不足的企业虚开增值税专用发票。[3] 就进项真实型虚开来说,其产生就具有典型的税法原因。首先,进项税额抵扣不畅是导致进项税额累积的原因之一。其次,此前不允许进项税额退还或者留抵退税政策限制过多导致退税困难也是重要原因。企业账户存有大量未抵扣进项税额,如果不能产生足够销项税额予以抵扣,又不允许申请税务机关退还,则这些代缴垫交性质的税款将会沉淀在企业财务账目上,最终成

---

〔1〕 参见高铭暄、马克昌:《刑法学》(第9版),北京大学出版社、高等教育出版社2019年版,第427页。

〔2〕 参见田宏杰:《虚开增值税专用发票罪的理论误区与治理重塑》,载《中国法学》2023年第4期。

〔3〕 参见傅忆文:《虚开增值税专用发票罪的保护法益及其运用》,载《中国检察官》2021年第6期。

为企业经营成本。情况较好的企业可以通过转为成本进行间接转嫁,但影响企业的竞争力;情况不好的企业则需要自己承担消化,最终甚至影响企业的存亡。如果抵扣链条畅通并进一步确立进项税额的退还请求权,则企业通过虚开增值税专用发票这一非法手段转嫁成本的动机会大大下降,既降低了企业的法律风险,还节约了行政资源和司法资源。

法治是最好的营商环境,依法减轻市场经营主体负担、降低税收风险与遵从成本,才能培育更多的纳税主体。企业是最大的税源涵养地,只有具备强大竞争力的企业群体,才可能有厚实的增值税、企业所得税、个人所得税税基存在。也因如此,需要在增值税立法中有侧重地进行立法设计和规则完善,对既存问题和偏差进行纠正,协同完善实体制度与程序规则减轻企业负担。

四、立法赋权:确立进项税额的多重权利属性

为了更好地实现增值税的制度优势,应当以立法为中心,坚持立法先行,发挥立法对行政的牵引与限制作用。避免重复征税而设计的进项税额抵扣权是增值税的运行基础,应该在增值税立法过程中进一步明确。在进项税额抵扣权的基础上,由于实体债权未能实现具体化形成的超额进项税额具有当然的退还需求,基于效率考量选择结转抵扣的权利也应归属于纳税人。《增值税法(草案)》(二次审议稿)第20条已经初步构建了这一权利基础,但尚需进一步梳理其内在逻辑并将纳税人的权利显性化。因此,可将进项税额的权利内容进一步解读为结转抵扣权、退还请求权和利息请求权的统一体。

(一)结转抵扣权

增值税进项税额抵扣权,是间接税税负转嫁和税额抵扣征收制度的运行基础。由于抵扣发生的时间不同,产生了两种子类别的抵扣权,即当期抵扣或结转下期抵扣。前者是进项税额小于或等于当期产生的销项税额,对当期销项税额进行抵扣的部分,是增值税进项税额的当期抵扣权,反映的是进项税额抵扣的即时性特征,是增值税抵扣权中主要的、基础的部分。从销项税额中抵扣进项税额,是实现环环抵扣、逐段转嫁,并避免重复征税,维持增值税中立性优势的前提条件,[1]是适格

---

〔1〕 参见朱江涛:《增值税立法:意义重大 影响深远——兼论〈中华人民共和国增值税法(草案)〉仍需解决的几个问题》,载《税务研究》2023年第5期。

纳税人的核心权利,[1]也是实现增值税量能课税的要求。增值税进项税额扣抵权是税制设计时对纳税人所做的分工,是立法赋予纳税人的权利,是纳税人分阶段缴纳并接受转嫁后对重复缴纳部分的抵销,既源于增值税实体税负转嫁的需要,也源于税额抵扣制度功能发挥的自我设限,是一项实体性为主,兼具程序性特征的基础性权利。进言之,按照是否产生足够的销项税额,也就是增值税税收债务能否实现具体化,自然分离出结转下期抵扣与当期抵扣的部分。结转下期抵扣的进项税额与当期产生的进项税额应该被同等对待,其与当期产生的进项税额同源,只是发生期不同,因此《增值税法(草案)》(二次审议稿)第20条允许纳税人选择结转下期进行抵扣。由进项税额抵扣权分化出的当期抵扣权与结转抵扣权,前者的实体税负分配特征更为明显,因而实体性权利因素更重;后者是由于稽征经济赋予的程序性选择权,因而程序性的因素更重。就此而言,纳税人有权请求将当期进项税额即时扣抵,这实际上设定了征税机关的义务:应该本着畅通抵扣链条、维持征纳机制顺畅运转的立场,尽量给予纳税人以方便,减少其请求扣抵的成本,提高扣抵效率。顺应数字经济时代潮流,《增值税法(草案)》(二次审议稿)淡化了发票的作用,但税收法治之下从以票控税到以数管税、智慧税务的变革过程,更应该是全方位便利纳税人抵扣、结转、退还,保障纳税人权利的过程。[2]

(二)退还请求权

如前所述,增值税税收债务的终局性成立需要满足从抽象税收债务到具体税收债务的过程,实际上,当期进项税额超过销项税额的部分,就是该纳税期间未能完成具体化过程的部分。由于税收债务尚未最终成立,因此请求退还是一种实体性权利,进而将结转下期进行抵扣的结转抵扣权定性为程序性权利。增值税的进项税额具有预提税和非担保性质,且具有即时抵扣的要求。[3] 基于征收效率,将征税客体从消费行为移转至销售行为,已经将太多征税负担课予经营者,经营者为增值税征纳承担了大量的行为义务,如采购时索取发票、销售时开具发票、扣抵时核验发票。如果因为市场或政策原因,导致某一期间进项税额多

---

〔1〕 参见翁武耀:《欧盟增值税反避税法律问题研究》,中国政法大学出版社2015年版,第64页。

〔2〕 参见许多奇:《纳税营商环境优化与税收法治化变革——世界银行纳税营商环境指标不适用性反思》,载《法学家》2022年第3期。

〔3〕 参见翁武耀:《论增值税抵扣权的产生》,载《税务研究》2014年第12期。

于销项税额而产生超额进项税额,从预提税性质来看,经营者本不是增值税的税负承担者,一旦出现超出销项税额的进项税额,纳税人自然有权申请税务机关退还。从进项税额的非担保性质来看,税收征收机关无权强制要求经营者将进项税额留待以后产生销项税额时抵扣,将其作为最终消费行为纳税义务的担保。是否将进项税额结转下期抵扣属于经营者的经营自主权,而非征税机关的行政处分权范围,经营者不愿结转留抵时,有权请求退还。《增值税法(草案)》(二次审议稿)相比一审稿,除将结转抵扣权与退还请求权条文序号从第16条调整至第20条外,还将结转下期抵扣和申请退还的主体进一步明确为纳税人,此变化也体现了这一立场。增值税进项税额退还请求权是源于增值税基本原理和独有的税额抵扣征收制度,[1]在特定时期,税收立法尚未完成的情况下,行政机关以政策性文件推行增值税留抵退,不失为一种积极应对经济情况变化的方式。但从长远来看,超过销项税额的进项税额退还既不应作为税收优惠,如现阶段留抵退政策这般设置过多条件,更不应该将其视为是一种阶段性、临时性税收政策。进项税额退还的主要功能不是刺激市场主体,而是矫正由于此前对于增值税认知偏差导致的抵扣链条阻滞,是一种恢复性功能,应该将其纳入增值税基本税制一贯执行,使我国增值税运行更加顺畅,降低税制运行摩擦性成本。《增值税法(草案)》(二次审议稿)第20条与第13条一道,是构建增值税纳税人权利体系的基础条文。并且第20条作为新增条文,具有相当的突破效应,可能成为增值税改革取得突破性成果的最重要条款之一,甚至成为增值税法的守护性条款。

(三)利息请求权

增值税法赋予纳税人退还请求的请求权基础,将具体操作方法授权国务院规定。进项税额属于经营者预缴、垫付性质的财产性利益,意大利增值税法上认为属于对国家的债权,[2]征税机关不予退还或延迟退还,将会导致经营者资金成本进一步上升。[3] 甚至,该资金占用造成的现金流负担,已经成为增值税避税的动机之一,增值税现金流管理旨在尽量晚申报销项,尽早抵扣进项税额。实

〔1〕 参见董玉明、樊雪茫:《中国税法教程》,中国法制出版社2022年版,第149~153页。

〔2〕 参见翁武耀:《欧盟增值税反避税法律问题研究》,中国政法大学出版社2015年版,第51页。

〔3〕 参见吴怡俐、吕长江、倪晨凯:《增值税的税收中性、企业投资和企业价值——基于“留抵退税”改革的研究》,载《管理世界》2021年第8期;章腾华:《增值税留抵退税政策对企业固定资产投资效应分析》,江西财经大学2022年硕士学位论文。

证研究也表明,留抵退税政策对公司财务决策具有显著影响。[1] 从时间角度观察,如果进项税额只允许结转留抵,不允许退税,在某种程度上是对未来增值税的提前征收,提前征收伴随的是提前使用,超出合理退还期限则需要支付使用费。从另外一个角度,相当于政府提前对消费者(实际是经营者)未来的应税消费(销售)行为强制征收,是一种准公债。而该准公债的偿还,需要未来消费者发生实实在在的消费行为,从而产生实在的纳税义务,以此时产生的销项税额进行冲抵偿还,在极端情况下,如果经营者一直未能创造足够的销项税额予以扣减,则该部分财产利益将永远被占用。如此,至少应当按照国债利息率对其占用经营者资金的时间价值进行补偿,以减少税收政策对财政政策和货币政策的扭曲。从地域角度观察,消费地产生较多的销项税额,生产地产生较多的进项税额,虽然在整个体系角度增值税总额并未改变,但进项税额不允许退还而被结转留抵较多的地方,属于强制截留了部分增值税,未经全国范围内的增值税税收收入分配即预先扣留,不仅与财政民主、财政法治相抵触,而且挤占其他本应分得增值税收入地区的利益,占用者也应当支付利息,以减弱这种不当激励机制所产生的消极作用。

(四)增值税立法的一条主线:赋权与控权

长期以来,存在权力强势、权利弱势的历史惯性。增值税法作为一部关涉市场经营主体直接利益、兼具实体法与程序法特点的法律,《增值税法(草案)》(二次审议稿)第20条是一种权利导向价值宣示,更应该是纳税人权利的规范建构。立法赋权的呼声早已存在,《增值税法(草案)》(二次审议稿)第13条奠定了增值税进项税额抵扣权的基础,在此基础上,第20条结合税额抵扣征收程序的特点,进一步从纳税人进项税额抵扣权中分解出结转抵扣权,基于增值税实体税收债权具体化过程确认了退还请求权,并内含利息请求权,确立了进项税额的多重权利属性,以矫正过度重视征收程序功能,忽视维持税收中性和保障纳税人权利的实体功能的问题。欲彻底矫治长期以来的管制过度、权利不足的问题,立法应该采取更直接、更清晰的态度,以立法的基本原料——文字直接确立的权利,这比基于税法原理推导的权利更符合税收法定原则,更容易被广泛认可,也更有利于法律的实施。

---

[1] 参见刘行、赵弈超:《间接税与企业的现金股利支付——基于增值税税率改革的研究》,载《财贸经济》2023年第8期。

一是法律条文应该将纳税人的抵扣权利成文化。税收法定是税法的基本原则,税权法定是其中应有之义。《增值税法(草案)》(二次审议稿)第13条第1款应在第1句之后增加"纳税人有权依法申请进项税额抵扣",将第20条第1句"当期进项税额大于当期销项税额的部分,纳税人可以选择结转下期继续抵扣或者申请退还"中的"可以"修改为"有权"更佳。虽然按照一般法理,"可以"一词往往意味着法律对行为人设置了授权性规范,但是考虑税法属于典型的公法,其规范的权利义务双方是地位不对等的国家—政府和人民之间的关系,在立法语言上进一步强化权利属性,能够更好发挥赋权与限权的作用。

二是授权立法应该严格遵循立法原意。2022年12月的《增值税法(草案)》初次审议稿第16条[1]第1款第2句将结转抵扣和申请退还的具体办法授权国务院财政和税务主管部门制定,《增值税法(草案)》(二次审议稿)第20条第2句则将授权立法的层级提高至国务院,说明立法机关深化了对增值税抵扣和退还机制基础性作用的认识。国务院按照授权制定的具体办法不得与立法条文及其所体现出的立法原意相抵触。例如,将相关办法转授权财政、税务主管部门制定,或者将现有的留抵退政策简单汇总。进项税额结转抵扣和退还的条件、期间、限制等要素的设置,有必要在现有的政策基础上,结合增值税的实体、程序本质特征进行系统梳理和简化。并且一旦由国务院正式确定后,财政、税务机关不得再通过税法解释进行造法,尤其是通过行政规范性文件作出对纳税人不利的规定。另外,在法律明确纳税人有退还请求权的基础上,国务院关于进项税额退还的具体办法中应该进一步明确,非由于纳税人的原因导致退还迟延的,有义务退还的机关应该加计利息一并退还。

五、余论:纳税人权利保护立法的新起点

纳税人权利贯穿宪法、行政法和税法体系。有学者提出,税法应该像刑法那样注重当事人的权利保护,前者授权国家剥夺人的生命和自由,后者授权国家支配生命和自由的物质基础——财产。纳税人权利保护立法需要在各税种较为清晰地界定纳税人权利的基础上,科学、全面、系统地构建税法乃至宪法层面的纳税人权利保护体系。增值税法由于本身实体面的间接税性质、程序面的税额抵

[1] 对应《增值税法(草案)》(二次审议稿)第20条。

扣征收制度,决定了增值税立法的特殊性和典型性。《增值税法(草案)》(二次审议稿)第20条如能进一步结合增值税税制的实体程序一体化特征,更清晰地确立增值税纳税人进项税额结转抵扣和申请退还的权利,则不仅能进一步巩固试点改革成果,对试点改革过程中面临的核心问题提出立法解决方案,更是纳税人权利保护的新起点,将会对今后系列税收立法和法典化产生长远影响。

(责任编辑:王婷婷　张成松)

暂不办理出口退税的法律规制

朱张润子*

摘　要：暂不办理出口退税是一种新型的税务行政处理措施和宏观调控政策手段。目前对暂不办理出口退税的性质认定存在“行政强制措施说”和“过程性行政行为说”两种观点，但都存在一定缺陷，宜将其界定为非类型化行政行为，并进行“适应性”的制度改造以回应实践问题。通过对暂不办理出口退税制度的分析可知，其在实体和程序要件的构造和运行上都存在一定的缺陷，有必要以税收法定原则为依托推动暂不办理出口退税的立法升级，从主体要件、行为要件和程序要件三个方面进行制度调试，并通过配套制度的优化有效保障纳税人的合法权益。

关键词：暂不办理出口退税；法律性质；非类型化行政行为；制度要件

暂不办理出口退税是税务机关经常采用的一种税务行政处理措施，对办理出口退税的纳税人的合法权益有重要影响。但立法上对其法律性质、制度要件等并无系统规定，学界亦缺乏系统研究，以致实践中产生诸多争议。如在“福建省冠恒科技发展有限公司诉福州市国家税务局、福建省国家税务局税务事项通知及行政复议决定案”[1]中，围绕暂不办理出口退税行为的法律性质、制度要件以及该行为的可诉性，税务机关、冠恒公司二者提出了完全相反的观点。[2] 本文尝试在厘清暂不办理出口退税的概念和法律性质的基础上，提出相应的制度建议，以期实现对它的有效规制。

---

* 厦门大学法学院硕士研究生。

〔1〕 在“福建省冠恒科技发展有限公司诉福州市国家税务局案”中，双方的争议焦点集中于福州市国家税务局对福建冠恒科技发展有限公司（以下简称冠恒公司）作出的暂不办理出口退税处理行为是否具有可诉性。一审法院裁定驳回起诉后，二审法院认为，该行为“导致上诉人不能如期获得退税利益，对其权利义务产生了实际影响”，故裁定撤销一审裁定，由原审法院继续审理。参见福建省福州市中级人民法院行政裁定书，(2018)闽01行终321号。

〔2〕 参见廖仕梅：《暂缓办理出口退税的可诉性分析》，载《税务研究》2021年第7期。

一、暂不办理出口退税的界定与争议问题提炼

(一)暂不办理出口退税的概念和制度属性

1.暂不办理出口退税的概念

“暂不办理出口退税”,是指税务机关基于税收行政管理权,依据税收法律规范,当存在法定情形时,在一定期限内中止办理出口退税申请人的相关出口业务,实现阻却出口退税请求权行使之效果的行政行为。

暂不办理出口退税,在实践中亦有“暂缓办理出口退税”“暂不办理退税”等做法,规范性文件中亦同时使用了“暂不办理出口退税”“暂缓办理出口退税”两种表述。本文统一采用“暂不办理出口退税”的表述,是基于如下考虑:第一,从暂不办理出口退税行为的规范依据可知,暂不办理出口退税与暂缓办理出口退税之间实为包含关系,指代范围和适用对象均存在差异。国家税务总局《关于〈出口货物劳务增值税和消费税管理办法〉有关问题的公告》(国家税务总局公告2013年第12号,以下简称2013年12号公告)第5条第5项中规定,暂不办理出口退税适用于存在该条规定情形的出口业务,而暂缓办理出口退税是在该笔出口业务“已办理”出口退税,且该纳税人存在已经通过审核的应退税款的情况下,对其他应退税款予以暂缓。由此可知,暂缓办理出口退税仅为暂不办理出口退税中的一类特殊情况,不宜作为等同表述使用。第二,暂不办理出口退税的表述在适用上不会产生歧义。在国家税务总局《关于异常增值税扣税凭证管理等有关事项的公告》(国家税务总局公告2019年第38号,以下简称2019年38号公告)与国家税务总局《关于印发〈异常增值税扣税凭证处理操作规程(试行)〉的通知》(税总发〔2017〕46号,以下简称税总发〔2017〕46号文)中,表述为“暂不允许办理退税”,〔1〕两种表述表意上一致,而2013年12号公告颁布较早、影响较大,故本文以2013年12号公告中“暂不办理出口退税”的表述为统一表述。

2.暂不办理出口退税的制度属性

从理论角度来分析,暂不办理出口退税大概具有以下方面的制度属性。

---

〔1〕 参见国家税务总局《关于异常增值税扣税凭证管理等有关事项的公告》第3条第2项;《异常增值税扣税凭证处理操作规程(试行)》第2条。

一是暂不办理出口退税制度是重要的税务行政处理措施。《消费税暂行条例》《增值税暂行条例》对出口退税制度仅作了原则性规定，而将具体制度的制定权授予财税机关。[1]《税收征收管理法实施细则》也在强调，保障国家税款征收、加强出口退税管理的同时，将具体管理办法的制定权授予了财税机关。[2]由此形成以财税机关出台的部门规范性文件为主，辅以少量部门规章的法律规范体系架构。相关行政法规仅提供原则性和授权性规定，在法律层级则无直接规定。就税务机关而言，暂不办理出口退税实际上成为防范虚开专用发票、防止我国出口退税款流失、查办骗取出口退税案件的一种行政管理手段。

二是暂不办理出口退税制度是直接涉及纳税人权利限制和处分的制度。从法理上说，暂不办理出口退税作为一种有鲜明行政色彩的税务行政处理措施，会对纳税人权利产生重要影响，其设定、运行都应当遵循行政法原则，体现税法特点，以保护纳税人权利为宗旨。

三是暂不办理出口退税制度是重要的经济调控手段。出口退税制度是在出口环节对纳税人出口商品所负担的间接税予以返还的制度。[3] 它是一种消除出口歧视、保障出口商品在国际市场上的公平竞争权的制度设计。基于现实需要，我国以法律形式明确了出口退税制度以鼓励出口、促进对外贸易为宗旨。[4]

（二）暂不办理出口退税的制度规范

我国出口退税制度的规范体系以规范性文件为主体，政策性强、变动极为频繁。暂不办理出口退税的制度依据主要为2019年38号公告、2013年12号公告和税总发〔2017〕46号文。上述3个规范性文件基本沿袭了以往税务机关对“涉嫌违规增值税专用发票”“失控增值税专用发票”“走逃（失联）企业开具增值税

---

〔1〕《增值税暂行条例》第25条第1款规定：“纳税人出口货物适用退（免）税规定的……具体办法由国务院财政、税务主管部门制定。”《消费税暂行条例》第11条规定：“对纳税人出口应税消费品，免征消费税；国务院另有规定的除外。出口应税消费品的免税办法，由国务院财政、税务主管部门规定。”

〔2〕《税收征收管理法实施细则》第38条第3款规定：“税务机关应当加强对纳税人出口退税的管理，具体管理办法由国家税务总局会同国务院有关部门制定。”

〔3〕参见刘剑文主编：《出口退税制度研究》，北京大学出版社2004年版，第8页。

〔4〕《对外贸易法》第52条规定：“国家通过进出口信贷、出口信用保险、出口退税及其他促进对外贸易的方式，发展对外贸易。”

专用发票”[1]等出口货物劳务真实性存在疑点的增值税专用发票的处理办法,但在具体表述上有所差异。

第一,暂不办理出口退税的规范依据模糊、欠缺体系性。2013年12号公告专属于出口退税领域,2019年38号公告与税总发〔2017〕46号文则是针对异常凭证,同时适用于增值税的出口退税与国内征管,其中税总发〔2017〕46号文是异常凭证管理中的程序性规定。后二者与前者相比增加了暂不办理出口退税的核查程序、对纳税信用A级纳税人的优待规定等条文,在征管适用中不仅要考虑其时间效力的先后,还要考虑是否重合适用。

第二,暂不办理出口退税的制度要件规定不清晰。首先,主体与职权要件设定中存在主管税务机关权责错位的问题。暂不办理出口退税行为的作出主体是出口退税申请人的主管税务机关,但是根据税总发〔2017〕46号文的规定,受票方主管税务机关实质上并无完全的行为决定权,而是依据开票方主管机关的事实认定作出暂不办理出口退税决定。此时,行政行为实施主体在事实认定与适用法律之间就出现了错位,纳税人寻求救济时将受到行为作出主体的限制。其次,实体要件规定表述不一,存在适用不明的可能。在不同文件中,暂不办理出口退税与暂缓办理出口退税,与作进项税额转出、追回已退税款等处理措施之间的适用时点划分规定不一,且部分适用情形存在重合可能。最后,程序要件规定阙如,有违正当程序要求。如税务机关的告知义务仅在税总发〔2017〕46号文中存有不完整的规定,对行为期限、举证责任等缺乏限制,易侵害纳税人合法权益。

第三,暂不办理出口退税行为救济途径缺失,纳税人权利保护不足。暂不办理出口退税客观上影响到了退税请求权的实现,制度上应提供相应的维权机制。但其法律性质并未在法律中得到明确,由此在实践中导致其可诉性存疑。

---

[1] 国家税务总局《关于走逃(失联)企业开具增值税专用发票认定处理有关问题的公告》(国家税务总局公告2016年第76号);国家税务总局《关于金税工程增值税征管信息系统发现的涉嫌违规增值税专用发票处理问题的通知》(国税函〔2006〕969号);国家税务总局《关于建立增值税失控发票快速反应机制的通知》(国税发〔2004〕123号);国家税务总局《关于失控增值税专用发票处理的批复》(国税函〔2008〕607号)。

二、暂不办理出口退税的法律性质之争

(一)关于法律性质的两种学说:基于司法判例和理论学说

当前关于“暂不办理出口退税”的争议,主要集中于是否具备可诉性。从我国司法实践观之,就其法律性质有“行政强制措施”还是“过程性行政行为”两种观点。纳税人主要持前一种观点以寻求行政救济,而税务机关则主要持后一种观点以将该行为排除于行政诉讼受案范围之外。就笔者检索的税务司法案例来看,法院对于上述两种观点的支持比例基本参半。这意味着有近半数案件中,纳税人因暂不办理出口退税被定性为过程性行政行为而无法获得救济。

1.行政强制措施说

有观点认为,对异常凭证实施行政处理的目的、内容、手段进行抽象后的类型化分析可知,其表现出预防性目的、临时性手段和限制纳税人权利的特点。[1]进而认为,该行政处理符合行政强制措施的法律特征,应认定为行政强制措施。在税务司法实践中,纳税人大多认为暂不办理出口退税是一种“为避免国家税款流失而对出口企业的财产权利进行处分的暂时性控制行为”。[2] 部分司法机关认可暂不办理出口退税是具体行政行为,将其纳入行政诉讼受案范围之内,但尚未有司法裁判明确暂不办理出口退税的法律性质为行政强制措施。以“福建省冠恒科技发展有限公司诉福州市国家税务局、福建省国家税务局税务事项通知及行政复议决定案”为例,法院以暂不办理出口退税行为导致“纳税人无法及时申请出口退税,不能如期获得退税利益,对行政相对人权利义务产生了实际影响”[3]为由确认了暂不办理出口退税的可诉性。在“宁波市瑞麟服饰有限公司诉宁海县国家税务局、宁波市国家税务局经贸行政管理及行政复议案”[4]“福建省莆田泓泰进出口有限公司诉莆田市城厢区税务局、莆田市税务局税务行政行

---

〔1〕 参见王震:《异常增值税扣税凭证行政处理的法律属性辨析——关于国家税务总局2016年第76号公告的几点思考》,载熊伟主编:《税法解释与判例评注》第9卷,法律出版社2018年版,第107页。

〔2〕 参见福建省福州市中级人民法院行政裁定书,(2018)闽01行终321号。

〔3〕 参见福建省福州市中级人民法院行政裁定书,(2018)闽01行终321号。

〔4〕 参见浙江省宁波市中级人民法院行政判决书,(2017)浙02行终127号。

为案"[1]中,法院也以类似理由支持了纳税人的主张。

但也有学者提出了反对意见,认为行政强制措施的设定应受到法律层级的限制,而根据《行政强制法》第10条第4款的规定,"法律、法规以外的其他规范性文件不得设定行政强制措施",故"行政强制措施说"在现行立法未作修改前是不成立的。[2] 实践中亦有主管税务机关提出,就出口退税制度而言,暂不办理出口退税属于"国家为了鼓励出口贸易设定的一种财政激励机制",[3]故行为处分对象并非冠恒公司的财产权利,不符合行政强制措施以相对人财物、人身自由为对象的要件。

2. 过程性行政行为说

在司法实践中,多数税务机关认为暂不办理出口退税属于过程性行政行为。在"北京奇迹科汇科技有限公司诉北京市海淀区税务局上地税务所税务事项通知书案"[4]"广州市工业经济发展有限公司诉广州市越秀区税务局第二税务所、广州市越秀区税务局税务事项通知及行政复议决定案"[5]"合肥市拓域商贸有限公司诉合肥市税务局作出暂缓退税决定及安徽省税务局行政复议案"[6]中,一审、二审法院皆支持了税务机关的主张,将暂不办理出口退税决定或其形式载体之《税务事项通知书》认定为税务机关在履行征管职责中的过程性告知行为,故不属于行政诉讼受案范围。如在"广州工业经济发展有限公司案"中,法院认为,"《税务事项通知书》系对异常凭证认定事由以及对异常凭证如何处理的告知行为,税务机关尚未作出终局性的处理决定,行政处理尚处中间性、阶段性状态,属于过程性行政行为",[7]故未对纳税人增设义务或减损权益,对纳税人合法权利义务不产生实际影响。

(二)法律性质定性的新思路:基于"非类型化行政行为"的视角

出口企业享有法定的出口退税请求权,暂不办理出口退税显然限制了退税请求权的行使,"过程性行政行为说"不利于纳税人权利保障。"行政强制措施

[1] 参见福建省莆田市中级人民法院行政判决书,(2020)闽03行终146号。

[2] 参见廖仕梅:《暂缓办理出口退税的可诉性分析》,载《税务研究》2021年第7期。

[3] 参见福建省福州市中级人民法院行政裁定书,(2018)闽01行终321号。

[4] 参见北京市第一中级人民法院行政裁定书,(2019)京01行终511号。

[5] 参见广州铁路运输中级法院行政裁定书,(2020)粤71行终470号。

[6] 参见安徽省合肥市中级人民法院行政裁定书,(2019)皖01行终553号。

[7] 参见广州铁路运输中级法院行政裁定书,(2020)粤71行终470号。

说”则面临与《行政强制法》规定不兼容的问题。首先,暂不办理出口退税的设定不符合行政强制措施的法律层级限制。其次,根据《行政强制法》的规定,行政强制措施的法律特征可以刻画为限权性、暂时性、可复原性、从属性、物理性和合一性。[1] 从属性要求行政强制措施具有预防性、保障性,其适用应以具有违法性或存有现实、紧迫的危害为前提。暂不办理出口退税的适用显然不以纳税人具有违法嫌疑为条件,且除涉嫌虚开增值税专用发票的部分违法情形外,难称存在现实、紧迫的危害。物理性要求行政强制措施区别于意思行为,往往作用于相对人的人身自由或财物,但暂不办理出口退税并不以这二者为对象。

笔者认为,以上两种观点,系基于类型化思维方法的产物,是传统行政法从“行政行为”出发进而以“类型化行政行为”为主线构建学理和制度体系下,片面强调某一种新型行政行为即应严格地纳入既有某一行政行为类型中予以合法性控制的结果。而暂不办理出口退税行为在形式上只部分具有行政强制措施的特点,其实质上对纳税人权利的影响又区别于过程性行政行为。若将这一行为归类于既有的行政法或税法体系下的某一类行为之中,其解决方案往往过于被动——只能指向修改现有立法,提升暂不办理出口退税行为法律依据的立法层级或在上位法中增设条款将之囊括在内。[2]

应该认识到,新型的行政行为层出不穷,难以纳入传统行政行为类型,学理上也提出“非类型化行政行为”的兜底类型,并将视角转换到如何进行有效的制度建构上。当前税收征管领域中,税务机关在税收征管实践中创设了诸多既无明确法律定性,也无相似既有行政行为类型予以直接参照的新型行政行为,如暂不允许抵扣、纳税信用等级认定、税额确认等。法律性质界定之目的即是有效规制该行为。对于税法领域中的这些新型行政行为,不宜直接将其“削足适履”地纳入某一类传统行政行为予以规制。为实现对不断涌现的新型行政行为的有效规制,可将其认定为一个非类型化行政行为,重视对其做法律上的制度建构。无论是将其纳入既有的类型化行政行为规范逻辑中,抑或是创设新的行为类型,都

---

〔1〕 参见胡建淼:《关于〈行政强制法〉意义上的“行政强制措施”之认定——对20种特殊行为是否属于“行政强制措施”的评判和甄别》,载《政治与法律》2012年第12期。

〔2〕 参见廖仕梅:《暂缓办理出口退税的可诉性分析》,载《税务研究》2021年第7期。

是为了实现这一目的。例如,在对行政信息披露行为〔1〕、食品安全消费警示行为〔2〕的研究中,已经有学者认为应打破传统思维局限,尝试将不同情景、不同形态下的同一行政行为予以区别定性,以实现对其的有效规制。从比较法的角度,考察大陆法系国家依法行政的实现方式,除行政诉讼这一外部他律机制外,行政行为分类等理论更多服务于行政机关主动接受法律的约束之自律。〔3〕只要进入"行政行为"范围内的行政机关所为之行为,就应接受行政法设定的要件、程序的约束和控制。〔4〕推进行政自律,关键在于行政权力如何运行、如何控制、如何保障其中行政相对人的合法权益。所以,应当建立一套与相应行政行为匹配的程序法、实体法规则,以实现对行政权力的控制。对暂不办理出口退税之规制也应如是。

笔者认为,对暂不办理出口退税行为的法律规制不妨转换新思路,在将其界定为非类型化行政行为的基础上,适度参照一般行政法下类型化行政行为的规制思路进行。暂不办理出口退税在行为性质上为一种行政行为,理应遵循一般行政行为的合法性制度要件,并基于非类型化行政行为的特殊性作一定的专门性制度建构。即应遵循主体与职权要件、行为要件、程序要件的基本制度要件框架,通过对该行为的类型化观察,重视解决实践中出现的问题,依据税法基本原则正确回应其具备的行政性、外部性、预防性、临时性、限权性等特征,以促进税务机关依法行政、保障纳税人合法权益。

三、暂不办理出口退税的制度构造:兼对现有制度的评析

(一)主体与职权要件及其问题评析

根据税总发〔2017〕46 号文的规定,暂不办理出口退税行为的作出流程大致可以总结如下:开票方主管税务机关将所涉增值税专用发票认定为异常凭证;受票方主管机关依据开票方主管税务机关推送的异常凭证信息,向受票方纳税人

---

〔1〕 参见张新宇:《论行政信息披露的法律性质》,载《中南民族大学学报(人文社会科学版)》2015 年第 2 期。

〔2〕 参见于杨曜:《论食品安全消费警示行为的法律性质及其规制——兼论〈食品安全法〉第八十二条之法理解析》,载《学海》2012 年第 1 期。

〔3〕 参见叶必丰:《行政行为的分类:概念重构抑或正本清源》,载《政法论坛》2005 年第 5 期。

〔4〕 参见周海源:《行政行为理论顺应新形势的改造路径》,载《法学》2022 年第 11 期。

发出《税务事项通知书》,通知其所取得的异常凭证暂不办理出口退税;若纳税人对认定异常凭证有异议的,向其主管税务机关申请核查。在该流程中,虽然受票方拥有出口退税请求权,对于暂不办理出口退税决定更加利益攸关,但是这类行政行为的实质取决于开票方主管税务机关推送的异常凭证信息,受票方主管税务机关对于事实依据的认定并不负有直接责任。

受票方若欲寻求救济,仅能向其主管税务机关提出核查申请,提起行政诉讼也只能以其主管税务机关为被告。而若开票方与税务机关发生争议,由于其并非暂不办理出口退税的行政相对人,寻求救济极为困难。在实践中,有开票方企业以其主管税务机关向受票方主管税务机关发出的有关异常凭证认定、核查结果的复函影响其合法权益为由起诉主管税务机关,但复函形式上类似内部行政行为,且非处理决定性质,主张其具备外部性往往难以得到法院支持。[1] 开票方主管税务机关认定异常凭证,而受票方主管税务机关作出暂不办理出口退税行为、得出核查结果,这一权责错位使纳税人寻求行政救济受到阻碍,法院对异常凭证认定、核查等进行合法性审查时也会受到影响。

行政行为的实施主体理应具备相应的权力与职责,即权责一致。行政机关在作出对行政相对人产生实际影响之行政行为时,应当基于对事实、证据的充分调查和考量。上游认定异常凭证的开票方主管税务机关应通过"抵扣凭证审查系统"将认定异常凭证的依据、材料一并推送至受票方主管税务机关,并将当前10个工作日的作出时限适当放宽,以便于受票方主管税务机关充分审查,"赋予受票方主管税务机关暂不办理出口退税的决定权",[2]要求受票方主管税务机关审查后再作出决定。受票方主管税务机关是暂不办理出口退税行为的决定主体,但开票方主管税务机关基于其事实认定上的职责参与了该行为的作出。当行政相对人合法权益受到影响时,应以决定作出行政行为的行政机关为被申请人提起复议。同时,根据《行政复议法》第16条的规定,"申请人以外的同被申请行政复议的行政行为或者行政复议案件处理结果有利害关系的公民、法人或者其他组织,可以作为第三人申请参加行政复议",故应要求作出事实认定的开票方主管税务机关作为有利害关系的第三人参与复议,以便查明事实、解决争

[1] 参见湖南省益阳市中级人民法院行政判决书,(2017)湘09行终41号;海南省海口市龙华区人民法院行政裁定书,(2018)琼0106行初18号。

[2] 廖仕梅:《暂缓办理出口退税的可诉性分析》,载《税务研究》2021年第7期。

议,明确各自应承担的责任。根据《行政诉讼法》第29条对行政诉讼中有利害关系的第三人的规定,行政诉讼中也应要求开票方主管税务机关作为有利害关系的第三人参与诉讼。通过对主管税务机关之间权力、责任的重新配置,从而实现主体及职权要件的优化。

(二)行为要件及其问题评析

1. 存在疑点或接受异常凭证

这一核心要件在2013年12号公告、税总发〔2017〕46号文和2019年38号公告中都作了列举式的规定,其中2019年38号公告与税总发〔2017〕46号文规定的异常凭证认定范围为包含关系,故下文仅以颁布在后的2019年38号公告与2013年12号公告的规定进行对比分析。根据二者的规定,暂不办理出口退税决定的作出以存在规定的疑点情形或接受异常凭证为行为要件。2019年38号公告规定了7种将被认定为异常凭证的情形,包括涉及纳税人丢失的、被盗税控专用设备中未开具或已开具未上传的、非正常户纳税人未申报或未缴纳税款的、增值税发票管理系统比对不符合规定的、存在涉嫌虚开或未缴税款等情形的、申请抵扣异常凭证进项税额达到规定数额的、走逃(失联)企业存续经营期间存在规定情形的。[1] 2013年12号公告规定了存在疑点以及出口企业被列为非正常户的情形,其中存在疑点的5种情形包括已经被稽查部门或海关立案查处未结案的、单证与实际进出口报关数据不符的、虚报高退税率骗税的情形,以及上游企业开票存在疑点需要核实其真实性和纳税情况的兜底情形。[2]

对比2013年12号公告与2019年38号公告规定的情形可知:第一,2013年12号公告规定的存在疑点的情形实际上包含了出口企业接受异常凭证的多种情形,即2019年38号公告与2013年12号公告的适用在此存在重合。此时需要明确不同规范性文件之间的适用关系。第二,2019年38号公告第1条中稽核发现"比对不符"与2013年12号公告中单证数据"不符",是否存在适用情形的重合?若在存在重合的情况下,即会存在对异常凭证处理的不同选择。根据税

---

〔1〕 参见国家税务总局《关于异常增值税扣税凭证管理等有关事项的公告》第1条、第2条;国家税务总局《关于走逃(失联)企业开具增值税专用发票认定处理有关问题的公告》第2条第1项。

〔2〕 参见国家税务总局《关于〈出口货物劳务增值税和消费税管理办法〉有关问题的公告》第5条第5项、第7项。

务机关增值税信息管理系统的操作流程，该增值税专用发票应首先根据 2019 年 38 号公告被认定为异常凭证，而后根据该笔出口业务情况暂不办理出口退税，若已办理，则依据适用增值税免抵退税办法或免退税办法对应作进项税额转出处理或追回已退税款。而 2013 年 12 号公告对于存在疑点的出口业务的处理仅分为暂不办理出口退税和暂缓办理出口退税两种，需要明确两个文件如何适用。否则将有违制度要件明确性原则，形成多义的不确定概念，损害税法的可预测性。[1]

2013 年 12 号公告和 2019 年 38 号公告中，税务机关都将暂不办理出口退税作为重要的行政管理手段，打击出口退税环节中涉嫌虚开增值税专用发票、骗取出口退税等行为。虽然两规定的适用范围存在差异，但是对于其重合部分应当予以释明，以规范税务机关的自由裁量权。此外，应释明增值税发票管理系统的认定结果的对应情形，或在相应规范性文件间进行转引，以明确两文件之间表意是否相同并确认其适用关系。

2. 是否已经办理出口退税

是否已经办理出口退税是区分"暂不办理出口退税"和"暂缓办理出口退税"适用的核心行为要件。对此，相关规范性文件表述并不一致。根据 2013 年 12 号公告的第 5 条第 5 项的规定，存在规定的情形时，若未办理出口退税，该笔出口业务暂不办理出口退税；若"已办理"且存在已审核通过的其他应退税款的，则适用暂缓办理出口退税。税总发〔2017〕46 号文第 2 条则规定，以"尚未申报出口退税"与"已经办理出口退税"区分二者的适用。[2] 而 2019 年 38 号公告表述为"尚未申报出口退税或者已申报但尚未办理出口退税的，除另有规定外，暂不允许办理出口退税"，"已经办理出口退税的"根据所属管理办法作进项税额转出处理或追回已退税款。[3] 作进项税额转出处理或追回已退税款，实质都产生了使对应退税款暂时脱离纳税人控制的法律效果，与暂缓办理出口退税相一致，两措施仅是 2019 年 38 号公告中对适用不同管理办法的异常凭证设置的细化处理措施，故在适用区分上不作进一步讨论。综合来看，税务机关试图在规

〔1〕 参见佘倩影、刘剑文：《税收法定主义：从文本到实践的挑战与路径》，载《辽宁大学学报（哲学社会科学版）》2016 年第 6 期。

〔2〕 参见《异常增值税扣税凭证处理操作规程（试行）》第 2 条。

〔3〕 参见国家税务总局《关于异常增值税扣税凭证管理等有关事项的公告》第 3 条第 2 项。

定中突出“申报—办理”的出口退税流程,进而细化“暂不办理出口退税”与“暂缓办理出口退税”的适用情形,但皆以“已办理出口退税”作为暂缓办理出口退税等措施的适用条件,也即未办理完成的出口退税业务都应适用暂不办理出口退税。

笔者认为,2013 年 12 号公告中规定的“未办理”和“已办理”的区分即足以涵盖出口退税流程中的情形,也更符合“暂不办理出口退税”和“暂缓办理出口退税”的关系,无须将适用情形复杂化。同时,两种处理措施适用的区分条件应在各规范性文件中尽量保持一致。若因操作系统更新而导致表述变化,税务机关应参照税务机关最新的出口退税操作流程予以释明,并定期清理、更新相关的规范性文件。

(三)程序要件及其问题评析

1. 告知义务

在“常熟市华锦进出口有限公司诉常熟市国家税务局税务行政管理其他行政行为案”[1]中,法院认定,常熟国税局在作出暂不办理出口退税决定前,事实上已经实施了暂缓办理出口退税行为,但未向华锦公司说明实施依据、理由,未听取陈述、申辩,违反行政行为的要式性要求、正当程序原则和行政权力运行公开原则,进而确认其程序违法。值得注意的是,法院在该案中以行政法基本原则作为认定行政行为违法的依据,这恰恰说明现行法律对于税务机关暂不办理出口退税行为的告知义务是缺乏明确规定的。在“珠海一路佳进出口贸易有限公司诉广东省国家税务局行政复议决定案”[2]中,纳税人提出珠海市国税局并未出具书面暂不办理出口退税决定,珠海市国税局则主张其通过约谈的方式向纳税人详细解释了暂不办理的理由和依据,法院最终对珠海市国税局告知义务的履行方式予以认可。在这两个案件中,法院都确认了税务机关的告知义务,但因缺乏明确规定而对告知形式理解不一。

2013 年 12 号公告没有规定税务机关在暂不办理出口退税行为中的告知义务。税总发〔2017〕46 号文则填补了告知义务的空白,规定主管税务机关应向接受异常凭证的纳税人发出《税务事项通知书》,通知其所取得的异常凭证暂不得用于出口退税,并告知其可以在收到之日起 20 个工作日内向税务机关提出核查

---

〔1〕 参见江苏省苏州市中级人民法院行政判决书,(2017)苏 05 行终 313 号。

〔2〕 参见广东省高级人民法院行政判决书,(2015)粤高法行终字第 301 号。

申请。[1] 但主管税务机关这一"通知"的内容,显然仍未完全履行其应承担的事中、事后的告知义务,无法完全实现行政告知的目的。

首先,行政机关作出行政行为应遵守正当程序原则。履行告知义务是正当程序的必然要求,应明确税务机关作出暂不办理出口退税行为的告知义务。其次,税务机关在履行告知义务时应全面、细致,完整进行事中、事后告知。税务机关履行告知义务的节点包括暂不办理出口退税决定作出、核查程序中和核查程序完成。决定作出的告知以《税务事项通知书》为形式载体,其内容应当囊括事中、事后告知。在核查程序之中,税务机关则应分阶段履行事中、事后的告知义务。行政行为的事中告知内容应包括拟作出的行为本身及其合法性,当事人享有的权利义务,行为的相关时间、期限等。[2] 故在涵盖税总发〔2017〕46 号文现有规定的基础上,事中告知还应"将其决定及理由告知当事人",并补充此前阙如的行为期限、举证责任等内容,使相对人"充分了解案件事实、法律规定以及可能面临的不利后果",[3] 从而保障其真正有效地行使陈述、申辩的权利。事后告知则应重点告知纳税人行为的具体内容、法律效果,以及提起行政复议、行政诉讼的权利、期限等事项,以保障纳税人救济权利的行使。在告知程度上,由于暂不办理出口退税直接限制了纳税人的财产权利,与税收强制措施之限权效果等同,其告知义务也理应达到相应的程度。最后,告知义务的履行也要考虑执法效率的要求。若税务机关举证其履行已达到相对人知悉的相等效果,法院可以认可税务机关通过口头、网络等形式灵活履行告知义务,以提升行政效率、降低执法成本。

2. 行为期限

暂不办理出口退税作为一种具体行政行为,理应有明确的行为期限规定。但就目前的规定来看,税务机关完全可能在不违反规范性文件明文规定的前提下,以"久拖不决"替代应有的最终处理效果。从司法实践来看,暂不办理出口退税的时间是法院判断行为可诉性的重要因素。时间越长,法院越趋向认定对纳税人权利义务产生了实际影响。在"济南丰宁食品有限公司诉章丘市国家税务局不履行法定职责案"中,税务机关作出暂不办理出口退税决定后,公安机关

---

〔1〕 参见《异常增值税扣税凭证处理操作规程(试行)》第 3 条第 2 项。

〔2〕 参见曹勇:《行政告知研究》,武汉大学 2023 年博士学位论文,第 36 页。

〔3〕 参见北京市第一中级人民法院行政判决书,(2017)京 01 行终 277 号。

对当事人涉嫌虚开增值税专用发票作出不予立案决定,但此后税务机关长时间未决定能否继续办理,法院最终认定税务机关不应以暂不办理替代实质上的最终处理决定,否则构成对正当程序原则的违反,属于行政不作为。[1] 只是该案毕竟属于个案,起诉税务机关行政不作为或许是解决暂不办理出口退税"久拖不决"的一种可能方式,但并不具有普适性。根本的解决办法还是要明确其行为期限以提供相应的裁判依据,而非仅以行政法基本原则为依据寻求兜底救济。

当前,仅受票方税务机关作出暂不办理出口退税行为有明确的期限规定,对权利限制期间、核查期限等,皆无硬性限制。若属于接受异常凭证的情形,从税总发〔2017〕46号文的规定可知,在行为作出期限上,主管税务机关应自收到系统推送的异常凭证信息之日起10个工作日内作出暂不办理出口退税行为。在核查期限上,自收到纳税人提出的核查申请后,受票方主管税务机关"一般应当自接收申请之日起90个工作日内完成异常凭证的核实"。[2] 这一核查期限并非强制性期限,不与暂不办理出口退税措施的解除直接挂钩。若属于存在规定的其他情形和需要核实疑点的情形,权利限制期间与核查期限均无明确规定。对于权利限制期间,根据2013年12号公告第5条第5项的规定,应"待税务机关核实排除相应疑点后,方可办理退(免)税或解除担保"。且在国家税务总局《关于发布修订后的〈出口退(免)税企业分类管理办法〉的公告》(国家税务总局公告2016年第46号)中规定,在审核疑点未排除即不予出口退税的同时,其不受分类管理办法有关办结出口退(免)税手续时限的限制。[3] 此种情形下,暂不办理出口退税的行为整体期限仅取决于税务机关何时排除相应疑点。对于核查期限,2013年12号公告仅在第5条第4项中规定了核查的事项、形式和纳税人需要提供的材料,并未提及核查期限。

笔者认为,应对权利限制期间、税务机关核查期限的规定进行补充完善。对行为期限的设定应当遵循效率原则,在节约执法资源的同时,减少对于社会经济

---

〔1〕 参见山东省高级人民法院行政判决书,(2014)鲁行再终字第4号。

〔2〕 参见《异常增值税扣税凭证处理操作规程(试行)》第3条第4项。

〔3〕 国家税务总局《关于发布修订后的〈出口退(免)税企业分类管理办法〉的公告》(国家税务总局公告2016年第46号)第21条规定:"出口企业申报的出口退(免)税,国税机关发现存在下列情形之一的,应按规定予以核实,排除相关疑点后,方可办理出口退(免)税,不受本办法有关办结出口退(免)税手续时限的限制:(一)不符合本办法第十七条、第十八条、第十九条、第二十条规定的。(二)涉及海关、外汇管理局等出口监管部门提供的风险信息。"

的不良影响。对于权利限制期间,可以参照当前同等效果下一般税务强制措施最长60日的期限。但由于出口退税案件的案情一般较复杂、核查较困难,应予以相对延长,建议权利限制期间规定为90日。对于当前异常凭证核查的建议性期限为90个工作日,实际相当于120日左右,相比行为本身期限过长,故建议核查期限统一规定为60日。若核查期限届满税务机关未得出结论或无法核实确认存在异常、疑点的,即应限期作出解除暂不办理出口退税措施的决定。通过短于权利限制期间的核查期限设置,促使税务机关审慎作出暂不办理出口退税决定,鼓励纳税人行使陈述、申辩权,保护纳税人合法权益。

综上,暂不办理出口退税行为作出后,若纳税人不提出核查申请,则暂不办理出口退税的权利限制期间为90日,税务机关应在期限届满后解除相关措施,并确认是否不予退税。若纳税人在规定期限内提出核查申请,税务机关核查不存在疑点或异常,应及时作出解除相关措施的决定;税务机关核查确认存在违法或应不予退税的,应作出不予退税决定,或作出移送稽查等处理;税务机关核查期限届满仍存疑,但无法作出决定的,仍应及时作出解除相关措施的决定。

3. 举证责任

税务机关应承担《行政诉讼法》规定的“提供作出该行政行为的证据和所依据的规范性文件”[1]的举证责任。在当前并无明确规定核查程序中举证责任配置的情况下,可以税务规范性文件为视角,把握税务机关的基本立场。2013年12号公告第5条第4项规定,发现存在疑点后,纳税人应按主管税务机关要求接受约谈、提供书面说明情况、报送相关材料及电子数据。所谓“疑点”,意味着待证事实仍处于真伪不明的状态。但暂不办理出口退税以核实排除疑点为解除条件,实质上纳税人将直接承担举证不能的不利后果。对异常凭证的核查也是如此,纳税人需要围绕发票流、货物流、资金流的“三流一致”,在核查程序中向主管税务机关提交证据,最终以证明所涉发票“符合现行增值税进项抵扣或出口退税有关规定”为目标。[2]

根据税法上举证责任一般原理,对纳税人课以增加义务或减损权益之事实应当由税务机关承担举证责任,对主张权利、减免税事实的举证责任则应当由纳

〔1〕《行政诉讼法》第34条第1款规定:“被告对作出的行政行为负有举证责任,应当提供作出该行政行为的证据和所依据的规范性文件。”

〔2〕参见《异常增值税扣税凭证处理操作规程(试行)》第3条第4项。

税人承担。[1] 就证明标准而言,“真实确信标准”是大陆法系行政程序证明标准的通说,即“使法官完全确信其事实上之主张为真实之程度”,[2]税务行政程序中原则上也应采此标准。但由于各税务行政行为性质存在相当的差异性,税务行政程序的证明标准有必要根据行为性质、要件、特征作进一步划分。[3] 故暂不办理出口退税的举证责任配置、证明标准应分行为作出、核查程序两阶段讨论。

在行为作出时,税务机关应以事实为依据,承担查明决定依据事实的责任。但是由于涉税信息掌握的不对称性,为提高税收征管效率,在规定的情况下,纳税人应配合税务机关查明相关事实。此时,纳税人系履行面对税务机关征管行为时的协力义务。[4] 接受约谈、说明情况、提供涉税信息等行为,即是纳税人在履行协力义务并承担初步的证明责任,而税务机关应依职权积极收集相关涉税信息,为存在疑点或异常凭证认定承担证明责任。[5] 双方在证明不能时皆应当承担不利的后果,税务机关应基于事实依据的缺乏而果断中止对纳税人权利的限制,纳税人也应接受税务机关课以的不利处理。在行为作出阶段,纳税人存在违法嫌疑,税务机关完全核实存在困难,为兼顾征管效率和公正执法,故税务机关不必对所有事实均达到真实确信的证明程度,证明标准降低至优势证据标准即可。[6]

在核查程序中,纳税人已经履行协力义务的前提下,如对税务机关认定的异常凭证存有异议,仍需就主张案涉凭证符合规定承担证明责任。若此时税务机关欲对纳税人呈报的证明材料提出质疑,基于协力义务的法理,应通过差异化的

---

〔1〕 参见徐继敏:《税务行政程序证据规则研究》,载《税务研究》2010 年第 3 期。

〔2〕 所谓真实确信标准,是指使法官获得完全的确信某一项特定的事实关系为真实,达到相当高度的盖然性之确认,而使任何有理性的、熟悉生活事实关系致人并不产生任何怀疑之程度。参见陈清秀:《行政诉讼法》,法律出版社 2016 年版,第 534 页。

〔3〕 参见黎江虹、黄真真:《税收核定程序中司法证明责任的反思与因应》,载《天津法学》2020 年第 2 期。

〔4〕 参见侯卓:《计税依据明显偏低的正当理由及举证责任》,载《政法论坛》2023 年第 3 期。

〔5〕 参见胡邵峰、曹映平、王维顺:《税额确认程序中的举证责任——基于“放管服”的视角》,载《税务研究》2020 年第 3 期。

〔6〕 参见施正文:《税收程序法论》,北京大学出版社 2003 年版,第 253 页。

证明标准设置,实现税收征管效率与纳税人权利保护的平衡。[1] 核查程序中的举证责任是作出暂不办理出口退税作出行为程序中证明责任的延续,纳税人良好履行协力义务后,证明标准应重归平衡,税务机关之举证须达到更高的证明标准,也即真实确信标准,并实现对纳税人主张、说明的完全驳斥。[2] 以此,不仅实现税收法律关系的平衡,而且便于后续行政诉讼程序中法院对于行政行为合法性的全面审查。

最后,在立法设计上,应要求税务机关在作出决定时承担相应举证责任,履行告知义务,并在核查程序规定中加入细化的举证责任分配、证明标准的规定。

四、暂不办理出口退税的制度优化

(一)税收法定原则与暂不办理出口退税的立法化

暂不办理出口退税的适用会对纳税人出口退税请求权这一合法权益造成重要影响,故应将对其的规制方案立法化。税收法定原则的内容主要可以分为"课税要件法定主义""课税要件明确性原则""程序法的合法性原则"这3个主要部分。[3] 目前,暂不办理出口退税制度系由国家税务总局颁布的税务规范性文件所创设,不可避免地存在税务规范性文件的共性问题,对其制度要件之建构也应当遵循税收法定原则的要求,重点关注课税要件法定原则、课税要件明确原则的符合与否。

落实税收法定原则,暂不办理出口退税应提升其立法层级,为司法和执法提供明确的法律依据。一是在未来的增值税法中,提升出口退税制度的授权立法层级。2023年9月公布的《增值税法(草案)》(二次审议稿)中,第32条即规定"出口退(免)税的具体办法,由国务院制定",取消了对税务机关的立法授权。这一建议稿的规定,符合《立法法》第11条、第12条对税收基本制度的立法层级和授权限制,也是落实税收法定原则的体现。二是将出口退税领域现有的规范

---

〔1〕 参见柯格钟:《税捐稽征协力义务、推计课税与协力义务违反的制裁——以纳税者权利保护法第14条规定讨论与条文修正建议为中心》,载《台北大学法学论丛》2019年第3期。

〔2〕 参见侯卓、吴东蔚:《税基调整权的理论勘误与实践调校——以〈税收征管法〉第三十五、三十六条的差异为视角》,载《税务研究》2020年第6期。

〔3〕 参见陈清秀:《税法总论》,法律出版社2019年版,第48页。

性文件、部门规章予以统合,制定部门规章或行政法规作为出口退税领域的原则性规范,并在《增值税暂行条例实施细则》《消费税暂行条例实施细则》中对暂不办理出口退税等行为予以规定,为之提供合乎立法层级限制的法律依据。暂不办理出口退税这类税务行政行为的实体法、程序法构造,其大多兼有"外部行政与内部行政之双重属性",[1]立法如何平衡内部与外部、纳税人与税务机关之间的关系是对其进行妥善规制的关键。尤其在当前我国并无统一"行政程序法"的情况下,《税收征收管理法》的立法设定更应贯彻程序正义和正当程序原则,重视纳税人权利保障,对下位税收程序立法发挥统领作用。[2] 若将现行规定中的暂不办理出口退税行为认定为行政强制措施,即使其具有《增值税暂行条例》《税收征收管理法》等上位法的授权,其也直接违反了《行政强制法》关于设定行政强制措施的立法层级限制。[3]

(二)暂不办理出口退税制度要件的优化

第一,主体与职权要件的优化。为实现权责一致,可以规定为"主管税务机关应将异常凭证信息(包括异常凭证认定理由、依据和相关材料等)通过手工录入或批量导入方式,录入《抵扣凭证审核检查管理信息系统》,并推送至异常凭证接受方所在地税务机关进行处理""接受异常凭证的纳税人所在地主管税务机关,通过抵扣凭证审查系统接收异常凭证信息,并自收到之日起15个工作日内,审查确认后,向接受异常凭证的纳税人发出《税务事项通知书》",对于审查后不符合异常凭证认定规定的情况,税务机关可以通过内部复函等税务机关间内部沟通的形式予以处理。在行政救济中,受票方主管税务机关作为决定作出机关应为被申请人(被告),受票方主管税务机关则应为行政复议(诉讼)第三人参与。

第二,实体要件的优化。对于"存在疑点或接受异常凭证"之情形,可以通过制定规章对既有规范性文件规定予以整合,明确规范性文件之间的适用关系,并对增值税发票管理系统的相应认定结果的对应情形予以释明,进一步明确该

---

〔1〕 王宗涛:《税额确认程序的法理逻辑与立法建构》,载《税务研究》2022年第5期。

〔2〕 参见鲁篱:《论纳税人的正当程序权——兼评我国现行征管法之不足》,载《税务与经济》1994年第5期。

〔3〕 《行政强制法》第10条第4款规定:"法律、法规以外的其他规范性文件不得设定行政强制措施。"

制度要件的内容。对"是否已经办理出口退税"这一要件,2013年12号公告中的规定更符合暂不办理出口退税与暂缓办理出口退税之间的适用关系,可以在参照税务机关最新出口退税操作流程表述的前提下予以延续。

第三,程序要件的优化。首先,明确规定告知义务。有必要完善税务机关作出决定时的告知内容,可以参考《税务稽查案件办理程序规定》第29条对税收强制措施的规定,设计为"主管税务机关应当向接受异常凭证的纳税人交付《税务事项通知书》,告知其暂不办理出口退税的内容、理由、依据以及依法享有的权利,并履行法律、法规规定的其他程序"。在作出不予退税决定、完成核查后,应充分履行事后告知义务,告知纳税人最终的处理决定以及寻求救济的权利、途径。履行告知义务的同时,还应为纳税人提交说明材料提供适当帮助,承担行为合法性的阐明责任,以保障纳税人陈述、申辩等权利的行使。履行形式则可以灵活采取与书面告知同等效果的形式。

其次,完善行为期限和核查期限规定。行为期限可以设计为"采取暂不办理出口退税处理的,期限不得超过90日",核查期限则可在当前规定的基础上设计为"主管税务机关应当自接受申请之日起60日内完成核实,期满税务机关不能证明凭证存在异常或相应疑点的,应允许纳税人继续办理出口退税"。此外,补充规定举证责任配置与证明标准。暂不办理出口退税决定作出时,应规定税务机关承担行为依据、理由的举证责任,并达到优势证据标准。纳税人接受税务机关约谈、提供说明材料和数据等,应规定为协力义务范畴,并视为承担了初步证明责任,且不因税务机关承担举证责任而免除。在核查程序中,应规定税务机关承担凭证存在异常、出口业务存在疑点的举证责任,并达到真实确信标准。同时,优化与行为期限、举证责任等制度要件的衔接。解除条件除"税务机关核实排除相应疑点"及走逃(失联)企业身份解除外,增加核查期限届满且税务机关举证不能而解除的情形。

最后,畅通纳税人嗣后行政救济的渠道。告知纳税人可依据《税务行政复议规则》第14条[1]的规定,将暂不办理出口退税行为作为其他具体行政行为,向主管税务机关的上级税务机关提起行政复议。就行政诉讼而言,告知纳税人

---

[1] 《税务行政复议规则》第14条规定:"行政复议机关受理申请人对税务机关下列具体行政行为不服提出的行政复议申请……(十二)其他具体行政行为。"

可依据《行政诉讼法》第 2 条[1]和第 12 条[2]的规定,将暂不办理出口退税作为具体行政行为提起诉讼。

(三)暂不办理出口退税的其他制度优化

第一,补充完善暂不办理出口退税的解除环节。暂不办理出口退税的解除可以分为两种情况:一是核实存在的疑点或异常,税务机关决定出口业务、案涉凭证不予退税,以定性违法替代暂不办理出口退税处理。二是经核查后排除疑点和异常,或是核查期限届满无法作出决定,也应解除暂不办理出口退税措施。根据 2013 年 12 号公告的规定,暂不退税的解除,即继续办理退税的条件是"税务机关核实排除相应疑点"。[3] 2019 年 38 号公告则将取得异常凭证的纳税人继续办理出口退税的条件表述为"符合现行增值税进项税额抵扣或出口退税相关规定的""符合消费税抵扣规定且已缴纳消费税税款的"。[4] 税总发〔2017〕46 号文相比 2019 年 38 号公告则增加了因走逃(失联)企业身份解除而解除异常凭证认定的情形。[5] 除上述既有的解除条件之外,还应补充行为期限届满且税务机关举证不能而解除这一解除条件。在异议核查程序之中,若税务机关举证不能,即应解除暂不办理出口退税措施,允许继续办理出口退税。

第二,完善担保措施的规定。根据 2013 年 12 号公告的规定,对企业其他已审核通过应退税款暂缓办理出口退税的,当企业无其他已审核通过的退税款或应退税款小于所涉退税额时,可以由企业提供差额部分的担保。值得注意的是,这一措施是"可以"由企业选择性地主动提供,而非必然地处理。以本文查阅的资料为限,暂未发现有企业主动提供暂缓办理出口退税所涉退税款的差额担保的情况,也即这一制度设计实质上处于虚置的状态。可能正因如此,在 2019 年

[1] 《行政诉讼法》第 2 条第 1 款规定:"公民、法人或者其他组织认为行政机关和行政机关工作人员的行政行为侵犯其合法权益,有权依照本法向人民法院提起诉讼。"

[2] 《行政诉讼法》第 12 条规定:"人民法院受理公民、法人或者其他组织提起的下列诉讼……(十二)认为行政机关侵犯其他人身权、财产权等合法权益的。"

[3] 参见国家税务总局《关于〈出口货物劳务增值税和消费税管理办法〉有关问题的公告》第 5 条第 5 项。

[4] 参见国家税务总局《关于异常增值税扣税凭证管理等有关事项的公告》第 3 条第 5 项。

[5] 《异常增值税扣税凭证处理操作规程(试行)》第 3 条第 3 项规定:"走逃(失联)企业重新与主管税务机关取得联系……主管税务机关应当解除其走逃(失联)企业身份,同时可解除异常凭证的认定……允许纳税人继续申报抵扣或办理出口退税。"

38 号公告中删去了“提供担保措施”这一可能的选项,一律作进项税额转出处理或追回已退税款。原担保措施制度并未发挥对企业的激励作用,也于保障纳税人权利无益。在实践中,有地方人大代表提出建议,对善意取得虚开增值税专用发票的纳税人予以相应宽容处理。[1] 顺利获得出口退税款是企业的核心诉求。或可对原担保措施予以改造,准许提供足额担保的企业获得已审核通过的应退税款,而非一律作进项税额转出或直接暂缓办理出口退税,以此保障税款不至于流失的同时,维护纳税人合法权益。这一制度设计对出口企业的激励作用,也符合我国出口退税制度促进外贸增长的目的。

(责任编辑:胡邵峰　王宗涛)

---

〔1〕 国家税务总局大连市税务局《对市十六届人民代表大会四次会议第 0378 号建议的答复》(大税函〔2021〕88 号)。

税法专论

税法适用中的溯及力规则研究*

贺　燕**

摘　要：在新旧税法交替之际，如何处理新法的溯及力，在立法层面尚缺乏充分的规则供给，理论上的研究亦待深入。根据法不溯及既往原则，在税法没有明确规定时，应推定新法不溯及既往，即应适用行为时法。行为时法可以具体化为产生税法效果的要件事实满足时法，当前实践中多以纳税义务发生时间为行为时，会产生更强的溯及效果，这就需要提升税收立法的法治化水平以平衡纳税人信赖利益。程序从新并不属于溯及既往，但可能发生不真正溯及效果。因程序规则与实体权利的联结以及一些程序权利的重要性，在特定情形下不应"从新"。当前的有利溯及应以"特别规定"为限，并考察税法上的经济性效果。解释性规则通常可以溯及适用，可以遵从"从轻"原则，为保护信赖利益，不得溯及变更旧有解释。

关键词：法不溯及既往原则；真正溯及；不真正溯及；过渡规则；从旧兼从轻

一、问题的提出

法律的稳定性与安定性是形成良好秩序的前提，也被认为是法治原则的要求。但法律并非一成不变，在新旧法交替之际，往往需要处理法律的"时间效力

---

* 教育部人文社科一般项目"海南自由贸易港与内地税制之间的衔接与协调研究"（项目编号：21YJA820026）的阶段性研究成果。

** 首都经济贸易大学法学院副教授，法学博士。笔者感谢国家税务总局长沙税务干部学院胡邵峰老师和复星集团韦国庆先生对文章提出的宝贵修改意见。感谢首都经济贸易大学法学院经济法学科教师沙龙中各位老师对初稿提出的宝贵意见。文章中的错误笔者自负。

冲突”。[1] 法律中处理时间效力冲突的规则,通常也被称为“过渡规则”,[2] 其核心在于新法是否可以溯及以及何时可以溯及。法的溯及力问题,在法理学和刑法、民法等部门法中已经有较多的研究成果和法律实践。我国《立法法》规定了法以不溯及既往为原则,有利溯及为例外的一般性规定。[3] 刑法和行政处罚法都接受了“从旧兼从轻”的规则。“实体从旧、程序从新”也成为不假思索的“常识”。

因法律调整对象的多元性和复杂性,前述一般规则往往难以解决诸如在跨新旧法的持续性法律事实和法律关系中应选择何种标准判断“行为时”,是否允许新法溯及以及允许多大程度的溯及等核心问题。有关新法溯及力的过渡规则很大程度属于立法层面的立场,涉及利益选择问题,应当由立法机关规定。[4] 我国立法机关(广义)通常仅就新法的实行日期作出规定,但法律适用中如何处理新旧法的时间冲突,目前主要由最高司法机关或者行政主管部门在新的法律(或者司法解释)出台后,就新旧法如何适用作出规定。[5] 典型如《民法典》出台后,最高人民法院发布《关于适用〈中华人民共和国民法典〉时间效力的若干规定》(以下简称《民法典时间效力规定》),就人民法院在审理民事纠纷案件中有关适用民法典时间效力的问题作出规定。

税法领域溯及力规则的重要性,不亚于刑法和民法。在新的经济社会形势下,税收政策经常发生调整,而税法的调整几乎涉及所有的民商事交易。新旧法的时间效力冲突问题,不仅关涉纳税人对税法安定秩序的信赖利益,也关涉纳税人和交易相关方的利益分配。我国税法对新旧法衔接问题缺乏合理关照。[6]

---

〔1〕 有学者也常将法的时间效力冲突和空间效力冲突放在一起,研究法律的效力的时空问题。参见[德]弗里德里希·卡尔·冯·萨维尼:《法律冲突与法律规则的地域和时间范围》,李双元等译,武汉大学出版社 2016 年版;杨登峰:《法律冲突与适用规则》,法律出版社 2017 年版。

〔2〕 参见贺栩栩:《法的时间效力界限与法的稳定性——以德国民法为研究视角》,载《环球法律评论》2011 年第 5 期。

〔3〕 《立法法》第 104 条规定:“法律、行政法规、地方性法规、自治条例和单行条例、规章不溯及既往,但为了更好地保护公民、法人和其他组织的权利和利益而作的特别规定除外。”

〔4〕 如德国法上通常以另行颁布施行法的方式规定过渡规则,解决新旧法的时间效力冲突。

〔5〕 如国家外汇管理局《关于〈中华人民共和国外汇管理条例〉修订后检查处理违反外汇管理行为法规适用问题的通知》(汇发〔2008〕41 号,已失效)。但也有少数法律、法规自身就过渡期规则作专门规定,如《企业所得税法》第 57 条、《工伤保险条例》第 67 条。

〔6〕 赵菁:《税法溯及规范的范围、过渡及其立法建构》,载《税务研究》2022 年第 6 期。

在目前的税收行政性立法中,财税主管部门基于不同理由,会专门规定某些税务规范性文件溯及至特定日期实施,[1]或者针对新旧交替的情况,规定新文件实施的对象。总体而言,以上情况不属于常态,尚未形成有稳定预期的一般性实践。以何种时间标准界定溯及从而判断新旧法的适用,尚未有共识的做法。此外,司法审判中,税法是否适用"从旧兼从轻",[2]税法的解释是否应当溯及或者可以溯及,也有较大分歧。[3] 如"华润置地案"[4]和"郑州人和公司案"[5]均涉及国家税务总局出台的税务规范性文件是否可以溯及适用的问题。

基于以上原因,本文拟论证和建构税法适用中的核心溯及力规则。首先,论证税法适用以推定不溯及既往为一般规则,即应适用行为时法。其次基于税法安定性和纳税人信赖利益保护的基本立场,结合税法调整对象的特殊性,就税法中"行为时"的认定标准从一般到具体展开讨论。最后,本文尝试着分析和建构《立法法》第104条允许的"有利溯及"和法理通说认可的税法解释溯及的具体适用规则。

二、税法适用的不溯及既往原则

"社会有序,才能给大家确立一个稳定的秩序,去投资,去安排自己的生活,从事自己的事业,与别人进行合作。社会中所有人的生活,在很大程度上都是按

[1] 有关税务规范性文件的溯及实施问题,属于溯及力中的立法面向,而不是法律适用面向问题。笔者另有文章专门讨论其法理和规范依据问题。

[2] 一些纳税人甚至法院错误地将从旧兼从轻作为我国法律体系中的原则。参见江苏省常州市中级人民法院行政判决书,(2016)苏04行终30号。

[3] 司法实践的考察方式为,截至2023年6月30日,在裁判文书网和北大法宝数据库以"溯及"为关键词检索全文,同时以"税务"为关键词检索标题,分别得到112份、127份判决文书,剔除与税法适用无关的民事案件、与税法溯及力无关的行政案件和刑事案件、不同审级的重复,剩余约30份裁判文书。在近30份裁判文书中,有一方或者双方提出税法溯及力的相关主张、抗辩理由,但法院对税法文件的溯及力问题进行评判的案件不足一半。因样本数量较少,量化研究不足以得出具有说服力的结论,本文仅对司法实践中的做法进行个案分析。

[4] 参见"华润置地(上海)有限公司诉上海市国家税务局第五稽查局复议决定案",上海市黄浦区中级人民法院行政判决书,(2015)黄浦行初字第256号。

[5] 参见"郑州人和新天地投资管理有限公司诉郑州市二七区国家税务局税收管理纠纷案",河南省高级人民法院行政判决书,(2014)豫法行终字第00042号。

照各自对这个社会的预期来行动的。"[1]税收是经济活动中最大的成本和影响利润的关键因素,税法秩序的安定性对纳税人筹划经济行为至关重要。因此,新旧税法发生冲突时,除非新法有专门规定,作为法律适用者,应当一般推定立法者意图"不溯及既往",即适用行为时法。

(一)推定税法不溯及既往

1. 推定不溯及既往的适用原则

法不溯及既往是现代法治理念的内容。[2] 根据法治原则,法律应具有安定性,公民对既有法律秩序的正当信赖有权受到保护,不得为事后法所打破。法不溯及既往原则在法律适用中的具体运用是推定法不溯及既往,即在法无明文规定时,应当推定法不溯及既往。这也是各国共同践行的法律适用原则。换言之,司法者或者执法者,除非得到立法者的明确指示,否则应当推定立法者的意图为新法不溯及既往。[3]

然而,因为《立法法》第104条关于有利溯及的例外规定,《刑法》《行政处罚法》规定的"从旧兼从轻"原则,以及最高人民法院《关于印发〈关于审理行政案件适用法律规范问题的座谈会纪要〉的通知》(法〔2004〕96号,以下简称《座谈会纪要》)第3条规定,[4]各方对税法遵从"推定法不溯及既往"(而否认有特别规定之外的溯及适用),还是类比《刑法》《行政处罚法》"从旧兼从轻"(凡新法

---

〔1〕 苏力:《社会转型与中国法治》,载《经济导刊》2015年第5期。

〔2〕 法不溯及既往是富勒的法律八要素之一,也是拉兹的法律八原则之一。[美]朗·L. 富勒:《法律的道德性》,郑戈译,商务印书馆2005年版,第47页;[英]约瑟夫·拉兹:《法律的权威》,朱峰译,法律出版社2005年版,第186~187页。

〔3〕 最初罗马法上的法不溯及既往原则均意在规范司法者;英国法上作为解释的原则,法律应当推定不溯及既往(presumption against retrospectivity)。See Charles Sampford, *Retrospectivity and the Rule of Law*, Oxford University Press, 2006, p. 12.

〔4〕 《座谈会纪要》第3条规定:"根据行政审判中的普遍认识和做法,行政相对人的行为发生在新法施行以前,具体行政行为作出在新法施行以后,人民法院审查具体行政行为的合法性时,实体问题适用旧法规定,程序问题适用新法规定,但下列情形除外:(一)法律、法规或规章另有规定的;(二)适用新法对保护行政相对人的合法权益更为有利的;(三)按照具体行政行为的性质应当适用新法的实体规定的。"《座谈会纪要》规定的是审查行政行为的法律依据,不是对相对人行为进行法律评价的法律依据选择,相关规定的法理基础和具体适用还值得进一步研究。

有利均应溯及)不无疑问。[1] 对此问题的回答是,税法适用应当以推定法不溯及既往为一般规则,而非遵从"从旧兼从轻"。但推定不溯及既往,并不意味着没有"从轻"适用的空间。当存在特别规定、税法解释等情形时,以有利于纳税人为标准予以例外"从轻"适用,有其正当性。

首先,推定不溯及既往符合现行法律的规定和税法的调整目的。如前所述,《立法法》第104条确立了法律适用以不溯及既往为原则,以有利溯及为例外的一般适用规则。在此一般规则的基础上,一些部门法规定了具体的新旧法适用规则,如1979年《刑法》即规定了"从旧兼从轻"原则,并体现在现行《刑法》第12条[2]中。1996年的《行政处罚法》并没有规定"从旧兼从轻"原则,因《座谈会纪要》第3条的规定,行政处罚实践中对于是否适用"从旧兼从轻"原则存在

---

〔1〕"肇庆市同济水务有限公司诉肇庆市高要区国家税务局、广东省肇庆市国家税务局撤销税务事项通知书及复议决定纠纷案"中,原告于2011年1月1日至2015年6月30日向被告高要区国家税务局办理备案并申报享受污水处理劳务免征增值税优惠。2014年2月,因进水指标超标,导致原告出水指标超标,肇庆市环保局对此作了处理,要求原告缴纳排污费(事后环保局出具说明,称考虑到其客观情况,未给与行政处罚)。高要区国家税务局认为,原告2014年2月17日至2015年6月30日已不符合财政部、国家税务总局《关于享受资源综合利用增值税优惠政策的纳税人执行污染物排放标准有关问题的通知》(财税〔2013〕23号,已失效,以下简称财税〔2013〕23号文)规定的增值税免税条件,要求原告补缴税款并缴纳滞纳金。不同于财税〔2013〕23号文规定未达到排污标准即不得享受免税待遇,财政部、国家税务总局《关于印发〈资源综合利用产品和劳务增值税优惠目录〉的通知》(财税〔2015〕78号,已失效,以下简称财税〔2015〕78号文)规定因环保等受到1万元以上行政处罚方不得享受。原告主张"法不溯及既往"和"从旧兼从轻"是基本的法治原则,主张适用对纳税人更有利的财税〔2015〕78号文,被告高要区国家税务局则主张,根据《座谈会纪要》第3条,应"实体从旧"。法院以案件不属于受案范围为由驳回了原告起诉,对上述主张没有审查。参见广东省肇庆市鼎湖区人民法院行政裁定书,(2018)粤1203行初5号。

〔2〕《刑法》第12条规定:"中华人民共和国成立以后本法施行以前的行为,如果当时的法律不认为是犯罪的,适用当时的法律;如果当时的法律认为是犯罪的,依照本法总则第四章第八节的规定应当追诉的,按照当时的法律追究刑事责任,但是如果本法不认为是犯罪或者处刑较轻的,适用本法。本法施行以前,依照当时的法律已经作出的生效判决,继续有效。"

争议,[1]直至2021年该法修订时明确增加该适用原则。[2] 税法尚欠缺通则性法律,承担了部分通则法功能的《税收征收管理法》没有就税法适用原则作出特别规定,由此可见,立法者在税法领域尚没有表达突破现行《立法法》规定的一般性规则的意图。此外,《刑法》和《行政处罚法》是制裁性法律,通过对行为宣布为非法并以特定权利或利益(人身自由或财产等)的剥夺达到制止或者威慑等目的,适用"从旧兼从轻",符合保护行为人权利和自由的目标。实践中遵从"从旧兼从轻"的,也主要是一些制裁类的法律,如《行政处罚法》修改之前,国家外汇管理局《关于〈中华人民共和国外汇管理条例〉修订后检查处理违反外汇管理行为法规适用问题的通知》(汇发〔2008〕41号,已失效)对违反外汇管理规定的行为,就遵从这个原则。而税法主要以获取财政收入为目的,与分配正义直接关联。这种分配不仅涉及纳税人与国家之间的财产分配关系,还涉及纳税人之间的财产分配关系。其与刑法和行政处罚法存在调整目的上的根本区别,不宜直接类推适用刑法、行政处罚法的规则。

其次,根据税收法定原则,税法原则上应仅及于其公布实施以后所发生的事项,而不得溯及税法公布实施前已发生的事项,以维护纳税义务的可预见性和纳税人对国家税收法律的信赖。[3] 推定不溯及既往符合税收法定原则——如果法律没有明文规定适用于实施之前的事项,而执法者或者司法者擅自溯及实施,就超出了法律同意的时间范围。

最后,推定不溯及既往原则使纳税人在时间面前平等,符合税收公平原则。税收是纳税人分担公共服务成本的重要方式。当前对税收公平原则的研究,主要关注以何种标准衡量税负分配是否公平。但各种有关公平原则的标准或者要求的讨论,实际均需要内置一种时间要素,即应从相同时间维度或者节点考察或者衡量税负的分配公平与否。比如,人们不会因为5年前纳税人A所适用的税率比5年后纳税人B所适用的税率高而认为不公平,他们关注的是两者同一时

---

〔1〕 黄超:《审查行政处罚的合法性应坚持从旧兼从轻原则》,载《人民法院报》2015年6月3日,第6版。

〔2〕 《行政处罚法》第37条规定:"实施行政处罚,适用违法行为发生时的法律、法规、规章的规定。但是,作出行政处罚决定时,法律、法规、规章已被修改或者废止,且新的规定处罚较轻或者不认为是违法的,适用新的规定。"

〔3〕 朱大旗:《论税收法定原则的精神实质及其落实》,载《国际税收》2014年第5期。

间段的税率是否相同。此外,公平原则要求税收负担保持竞争的中立性,[1]而只有将纳税人置于同等的时间维度下,竞争中立性才有意义。换言之,如果新法"从轻"(或者"从重"),会使事后接受税务处理或者调整的纳税人与同时期的纳税人相比获得了优待,则不符合公平原则。

综上,《座谈会纪要》第3条在适用于税务行政案件时,应当进行目的性限缩解释。

2. 适度的税法不真正溯及可被允许

真正溯及与不真正溯及,是德国法中基于法溯及既往的不同程度所作的分类,真正溯及原则上禁止,例外允许,不真正溯及则反之。二者的分类意义主要体现在对持续性法律事实和持续性法律效果的不同处理方式上,对于瞬时性的法律事实和法律效果而言,无须这种区分。按照一般的界定方法,所谓的真正溯及指向过去,是指新法对生效前已经存在的事实关系(向过去)予以适用或者改变已经完成的法律效果,即所谓"法律效果的回溯"。而不真正的溯及则指向未来,是指新法对过去就已经产生但现在仍在持续的事实要件和法律关系(法律效果)适用。举例而言,如果某种法律事实在新法实施以前已经开始且仍在持续发生,新法实施后才完成,适用新法为不真正溯及(以下为行文方便,称为不真正溯及A),此为"构成要件的回溯扣合"。[2] 相反,如果法律事实在新法实施前已经完成,适用新法为真正溯及。典型如企业所得税,纳税义务在纳税年度终了时才发生,年中通过的法律如果溯及适用于整年度,为不真正溯及,原因在法律事实被认为尚在持续中,法律效果尚未发生。但还有一种界定,对于持续性的法律关系(法律效果)来说,如果新法向未来改变法律效果,也将其称为不真正溯及(以下称不真正溯及B),如果向过去改变法律效果则为真正溯及。如对于已经签署但尚未履行完毕的销售合同,假如规定了不同税率的新法,溯及至过去已经履行的部分适用,为真正溯及,如果仅向未来适用于未履行的部分,也谓不

〔1〕 施正文:《税法要论》,中国税务出版社2007年版,第48页。

〔2〕 此为德国宪法法院第二庭的界定,参见苏永钦:《立法不溯及既往的宪法界限——真正和非真正溯及概念的厘清》,载《月旦法学杂志》2019年第1期,总第284期。

真正溯及。[1]

不溯及既往中的"溯及",通常认为包括真正溯及,但对是否包括不真正溯及有不同主张。从保护纳税人对旧法期待的理想角度,不溯及既往最好被理解为拒绝二种情形的不真正溯及,原因在于纳税人需要对其交易行为的税收负担有提前的预测。然而,因新法往往代表更先进的价值主张或者规则,允许不真正溯及意味着新法可以"即行适用",及早调整社会关系。现代税法作为经济性法律,承担调控功能,需要调控的有效性和及时性,适度的税法的不真正溯及可以被允许,尤其是不真正溯及 A 情形一般可以被允许。[2]

(二)适用行为时法

根据实体法和程序法的二分法,法律不溯及既往原则具体体现为"实体从旧、程序从新"原则,即适用行为时法。[3] 这也是 2004 年《座谈会纪要》第 3 条的要旨。

在一般语境中,实体从旧,是指当事人的权利、义务和责任应当适用行为时法(旧法),而不是审判时法(新法),如此方符合法不溯及既往原则。行为时法无论是否事后已被废止,除非有"从新"的正当事由,否则应予适用。如"常州世

---

〔1〕 若要严格的区分,笔者认为,对持续性法律效果的不真正溯及 B,相比对于持续性法律事实的不真正溯及 A,其溯及程度更重,对行为人的信赖损害更大。原因是 A 情形,法律效果尚未发生,行为人还有机会予以干预和调整。但新法如果不能变更某些持续性的法律效果(如特定的既得权),则会阻碍新秩序的及时形成,并会使新老主体之间处于不同等的地位,只是该种情形 B 的不真正溯及,通常应由立法机关决定,并权衡信赖损失采取补偿或者其他过渡措施,如《企业所得税法》2008 年修订时,第 57 条对于过渡期的规定。

〔2〕 此外,也有学者提出应区分溯及的强度,强度溯及一般仅在有重大公共利益时才允许,弱度溯及原则上准许但应尽量减少对私益的损害。参见闫海:《谈溯及征税的几种表现》,载《涉外税务》2004 年第 7 期。强度溯及和弱度溯及主要是英美法上的概念,大致对应于真正溯及和不真正溯及。有学者主张,公法领域以新法具有即时效力为原则,在笔者看来,这是肯认新法的不真正溯及力。参见王天华:《法不溯及既往的公法意义》,载《中外法学》2023 年第 4 期。

〔3〕 陈清秀:《行政法上实体从旧与程序从新原则及法律不溯及既往原则》,载《东吴法律学报》2019 年第 2 期。

方国际贸易有限公司税务行政处罚案”中一审法院的意见。〔1〕

具体到税法的语境下，实体从旧在各国或者地区中有不同的表述，如韩国《国税基本法》第18条第2款表述为“任何收入、所得、财产、行为或交易如负担的国税的纳税义务已经成立，不得由纳税义务成立后新制定的税收相关法溯及课税”。我国澳门特别行政区《税务法典》表述为“税务规定适用于其生效后发生的事实，且不得创设任何溯及既往的税收”。

一些国家和地区还在判例中确立了程序从新作为法律适用的一般原则。德国联邦财税法院1977年2月8日判决76号认为，依据德国《租税通则施行法》第97条第1项的规定，新的行政程序规定，除法律另有规定外，应适用于新法施行前已经开始、而仍在系属中之行政程序，到程序终了为止，以符合程序经济原则。〔2〕我国法律虽然没有规定程序从新，但司法解释均贯彻了这个适用原则。〔3〕

---

〔1〕该案中，常州市国家税务局稽查局对纳税人常州对外贸易有限公司2009年1月1日至2012年3月31日纳税情况进行检查，认定纳税人涉案48份提单为虚假，遂根据国家税务总局《关于出口货物退(免)税实行有关单证备案管理制度(暂行)的通知》(国税发〔2005〕199号，以下简称国税发〔2005〕199号文)第6条规定，追缴外贸公司已取得的出口退税。纳税人除认为税务机关认定提单虚假的证据不充分，还主张处理决定适用的法律依据错误，具体而言，纳税人认为应适用国家税务总局《关于〈出口货物劳务增值税和消费税管理办法〉有关问题的公告》(国家税务总局公告2013年第12号，以下简称〔2013〕12号文)，理由是国税发〔2005〕199号文在税务处理决定时已被废止，且〔2013〕12号文对于纳税人更有利，应当适用。而一审法院虽然认为我国法律体系遵循“从旧兼从轻”的溯及既往原则，只是该案中不存在有利的新法。二审法院未对该争议进行证明回答。参见江苏省常州市中级人民法院行政判决书，(2016)苏04行终30号。而在该纳税人的另一个相关案例中，纳税人在上诉时主张，国税发〔2005〕199号文与国家税务总局《关于发布〈出口货物劳务增值税和消费税管理办法〉的公告》(国家税务总局公告2012年第24号，以下简称〔2012〕24号文)都是税收征管程序法，根据程序从新的规则，应适用〔2012〕24号文，但该主张未在判决书中得到回应。参见江苏省常州市中级人民法院行政判决书，(2017)苏04行终70号。

〔2〕BFH, 08.02.1977 - Ⅷ R 50/74; BStBl Ⅱ 1977, 516; NJW 1978, 77 - 78.转引自陈清秀文：《行政法上实体从旧与程序从新原则及法律不溯及既往原则》，载《东吴法律学报》2019年第2期。

〔3〕除《座谈会纪要》外，此原则在刑事和民事案件中均有体现，如最高人民检察院《关于执行修正后〈中华人民共和国刑事诉讼法〉有关问题的通知》(高检发研字〔1996〕9号)；最高人民法院《关于修改后的民事诉讼法施行时未结案件适用法律若干问题的规定》(法释〔2012〕23号)。

国内学者多认为,程序从新属于溯及既往原则,或者法不溯及既往原则的例外。但这取决于对程序从新本身的理解。近年来越来越多的研究已经指出了程序从新的确切内涵,并对概念进行了辨明。[1] 确切地说,程序从新,是指在程序进行中,如遇新法公布,则进行中的程序应向将来适用新法处理。[2] 前述德国联邦财税法院的判决的表述即属此类。刑事诉讼法的从新也是指新法修订后,一般只适用于颁布实施之后启动的诉讼程序,对跨法尚未终结的案件适用新法,但之前已经进行的诉讼行为的效力不受影响。[3] 程序本身是一种进行的过程,程序从新并不必然意味着有溯及既往的效果,但可能有不真正溯及效果。很多研究或者观点使用"程序从新"概念时,并没有对其进行清楚的界定,才有程序从新属于溯及既往的"误会"。

此外,"实体从旧、程序从新"的正确适用也取决于对实体法和程序法的界定。通常而言,实体法,是指创设、界定或者规范当事人的权利、义务、权力的法律,[4]而程序法则是规定前述权利和义务实现的步骤。[5] 二者的界分并不总是那么清晰,以致欧盟法院在多个判例中试图基于法律规定的目标和框架,提出进一步的界分标准。[6] 在税法体系中,实体、程序之分,似乎更为明了。税收实体法,乃税收债务法,有关纳税义务的成立、发生、变更和消灭。换言之,它直接

---

[1] 有民事诉讼法学者从目标法律关系的角度,指出不能将民事诉讼法律关系与民事实体法律关系相混淆,将民事诉讼法律关系中的法律事实与民事诉讼法律关系的客体相混淆。民事诉讼法适用范围是民事诉讼法律关系,而不是民事实体法律关系。民事诉讼法溯及既往的观点错在将新的民事诉讼法适用于其生效之前的民事实体法律行为/事实,因此判断民事诉讼法具有溯及既往的效力。参见余希:《民事诉讼法溯及力问题探讨》,载《首都师范大学学报(社会科学版)》2020 年第 3 期。刑事诉讼法学者也指出,"程序法之所以从新,乃因案件发生于旧法时代,新法施行后,后续诉讼活动须依程序行为时的新法展开,相较已经失效之旧法显得'从新而已'"。参见聂友伦:《刑事诉讼法时间效力规则研究》,载《法学研究》2020 年第 3 期。

[2] 参见陈清秀:《行政法上实体从旧与程序从新原则及法律不溯及既往原则》,载《东吴法律学报》2019 年第 2 期。

[3] 参见瓮怡洁、许京文:《刑事诉讼法时间效力的程序从新原则》,载《人民司法(应用)》2016 年第 10 期。

[4] *Black's Law Dictionary*, 10th edition, Bryan A. Garner chief ed., published by Thomson Reuters, p. 1658.

[5] *Black's Law Dictionary*, 10th edition, Bryan A. Garner chief ed., published by Thomson Reuters, p. 1398.

[6] See J. L. van Verseveld, *With the Wisdom of Hindsight*, EC Tax Review, 2021(4), p. 191.

决定纳税人纳税义务之有无及金额之大小。而税收程序法，则有关税收征收和管理活动，规定纳税义务的确定、履行和救济等。程序规则当然也可能间接决定实体性的权利义务，典型如履行期间、纳税义务发生时间的规则会影响滞纳金的金额。[1]

税法对于一些周期性税收，或者具有持续性特征的税收通常专门规定了汇算清缴的规则，如企业所得税、个人所得税、土地增值税等。该等汇算清缴的规定，固然多属程序规则，但其中相当一部分是实体性规则，如有关税前扣除的标准、限额等，不应当然“从新”。有关纳税人的土地增值税纳税义务是应当按照达到土地增值税清算条件时的法律适用，还是应当按照清算行为时的法律确定，就存在争议。[2] 清算行为时的程序规则固然可以“从新”，但实体规则不应当按照清算行为时确定，而应该按照引发有关实体税法效果的行为的“行为时”确定，或者有正当理由时，按照清算条件成就时的法律适用（容许不真正溯及）。如适用清算行为时的规则，非常不具有可预见性，有损纳税人的信赖利益。[3]

综合前述，实体从旧和程序从新实际上都是指应适用行为时法。只是，前者的行为时应为纳税人的应税行为时，后者则为程序活动中的程序行为时。

---

[1] 对于这类规则的定性可能有争议，但不影响本文对于溯及力规则的适用结论。

[2] 在“大庆市侫金房地产开发有限公司诉大庆市让胡路区地方税务局一案”中，原告诉称，大同阳光购物广场、北方阳光国际商都、阳光佳苑四期、东安阳光公馆分别建于 2008 年 10 月、2008 年 11 月、2009 年 10 月、2010 年 5 月，其竣工时间分别为 2009 年 5 月、2009 年 10 月、2010 年 10 月、2011 年 1 月。原告的项目竣工实现了销售事实和纳税申报。根据税务相关规定，原告竣工同时已实际达到并符合土地增值税清算条件。此税分别于 2010 年 12 月 31 日前（大同阳光购物广场、北方阳光国际商都）和 2011 年 3 月 31 日前（阳光佳苑四期、东安阳光公馆）按照当时的税率全部缴清。而被告主张按照清算行为时的法律确定（税率更高），并下达了《税务事项通知书》，要求原告补缴税款。原告主张，依照税收实体法从旧，新法不溯及既往的原则，以及《土地增值税暂行条例实施细则》第 16 条的规定，企业应适用达到清算条件年度的核定征收率征收土地增值税，不应补缴，因此诉请撤销前述税务决定。但该案中，法院以没有复议前置为由驳回了起诉，没有审查原告的主张，判决书中也没有载明被告的抗辩。参见黑龙江省大庆市龙凤区人民法院行政裁定书，（2017）黑 0603 行初 13 号。

[3] 根据信赖保护原则，实体法规则并不是完全禁止溯及适用。如纳税人不存在值得保护的信赖利益，或者存在重大公共利益需要优先保护等情形，在遵照比例原则的基础上，可以适度溯及。

三、税法中“行为时”认定的一般性标准

“行为时法”的观念固然清晰，但当“行为”本身存在持续而跨法时，[1]是按照行为发生时还是终了时的法律予以适用，以及在行为和后果发生分离时，按照哪个时间点的法律适用等问题，一直困扰着法学家和法官。[2] 这个问题与法不溯及既往所禁止的“溯及”范围又存在关联——不真正溯及是否以及何时属于禁止之列。这就需要确定税法中“行为时”认定的一般性标准。

(一)以要件事实成就时为主要标准

税法因为应税交易行为具有跨期性而在溯及力上与其他法律部门面临同样的问题。但税法因其特性，思考的维度更为复杂。因税法的调整是在民商法基础上的“第二次调整”，税法的评价是对民商事交易活动的第二次评价，作为课税基础的民商事交易行为的发生时间与税法效果的发生时间可能会有间隔。在“行为”跨法，或因此引发的法律关系跨法时，既有民商法上的“行为”和相应的法律关系，也有税法中的“行为”和相应的法律关系，到底按照何种“行为时”适用法律，不无疑问。

如开发商与业主签署了一份商品房预售合同，在合同签署当时的增值税税率为 11%，并按照约定收取了预收款，在房屋交付前适逢国家将增值税税率调整为 10%，房屋交付后发生纳税义务，这就导致民法上的行为和税法上的效果发生时间差，此时应当按照合同签署时的税率计税还是应当按照交付时的税率计税？再如，纳税人签署了一份房屋租赁合同，合同生效时的增值税税率为 13%，但合同履行期间的增值税税率调整为 11%，根据租赁合同应收的租金应当按照何种税率计税？这既涉及对纳税人的信赖利益保护，也涉及纳税人与交

---

〔1〕 指自新法实施前已经开始，持续至新法实施后。

〔2〕 已经有学者对此作了比较详尽的研究，参见杨登峰：《法律冲突与适用规则》，法律出版社 2017 年版，第 201 ~ 205 页。

易对方的利益分配。[1]

实则,“行为时”只是一个一般性的表述,并不特指具体的作为。法不溯及既往原则,意在不影响既有法律事实的法律后果。[2] 在法律规范的逻辑结构中,法律事实可能是行为、可能是期间的经过、可能是作为也可能是不作为。为发生法律所意在的特定法律效果,通常需要相应要件事实的满足。因而“行为时法”的选择标准问题,可以转化为以“要件事实满足时”的法律确定,还是以“要件事实开始时”的法律为标准(问题一);以及考虑税法效果以民法效果为基础,新税法适用的标准是以税法效果的要件事实为基点,抑或者应以民法效果(指应税交易自身的民法效果,为了表述上的方便,以下称为民商事基础交易行为)的要件事实为基点(问题二)。

对于问题一,平衡纳税人信赖利益和新法即行适用的社会效应,一般应当以要件事实成就时为“行为时”,而非以要件事实开始时。原因是行为人通常在要件事实成就、法律后果确定之前方有可能对行为加以调整、避免信赖损失。换言之,允许“构成要件的回溯扣合”(不真正溯及 A)。

对于问题二,如果从严格的纳税人信赖利益保护立场,该要件事实应解释为引发税法效果的民商事基础行为的要件事实,而非税法效果的要件事实(尽管二者多数情形下是重叠的),否则会有不真正溯及的效果——因税收通常构成民商事交易的公法成本,纳税人从事民商事交易时需要预测税法效果并进行交易安排。比如,前述商品房预售合同应适用的税率为合同成立时的税率,而非纳税义务成立时的税率。但在各国实践中,常以税法上的构成要件事实为认定标准。其正当理由之一,是税法构成要件事实与民商法基础交易行为的构成要件事实的满足时间经常是同一的。另一个可能的正当理由是,税法如果规定了不同的构成要件事实,则通常体现了税法的目的或者技术,需要予以确认。当然,

---

〔1〕 这种因为税法变动溯及性地影响了当事人在交易当时所确定的利益分配框架,是否可以归为合理的商业风险值得考虑。除非根据情势变迁甚至不可抗力条款对受损的当事人给予救济,否则受损方的信赖利益损失得不到弥补。有学者是从增值税中性的角度关注此问题,参见班天可:《增值税中性原则与民事制度》,载《法学研究》2020 年第 4 期。但黄茂荣教授指出,这种情况其实也与税法的溯及力规则有关系,参见黄茂荣:《税法总论:法学方法与现代税法》(第一册,增订二版),台北,植根法学丛书编辑室 2005 年版,第 289 页。

〔2〕 [德]弗里德里希·卡尔·冯·萨维尼:《法律冲突与法律规则的地域和时间范围》,李双元等译,武汉大学出版社 2016 年版,第 150 页。

以上仅构成一般性的讨论,在特定情形中,尤其是当我国采用的"纳税义务发生时间"规则与基础交易行为可能发生较大的时间偏离时,应斟酌纳税人的信赖利益保护确定新法适用的时间基点,在立法(规则制定时)时即应当予以考虑,以提高适法的确定性。

(二)以个别要件事实成就时为补充标准

民商事基础交易行为要件事实满足时间与纳税义务成立时间多数是重合的,但在所得税等期间税则通常不是统一的。采用税法要件事实标准会产生不真正溯及的效果,且这种不真正溯及的效果会给纳税人的日常交易行为带来极大的不确定性。

典型例子是期间税,如企业所得税,以及按综合所得课征的个人所得税。如企业所得税纳税义务在纳税年度终了时方成立,一概以纳税义务成立时(此时税法要件事实满足)的法律确定容易损害纳税人的信赖利益。因此,陈清秀教授和黄茂荣教授均指出,该标准存在损害信赖利益的可能。为了避免纳税人信赖利益损失,应根据法律事实和法律效果的可分性确定新旧法的分段适用,如不能分段,则非有正当情形,应优先适用产生主要实体权利义务的行为时法确定。[1]

比如,企业所得税的税前扣除规则,在年中改变的,应当根据改变的时点,区分个别行为(如收入确认、成本确认)的时间点,分段确认其税前扣除的法律依据。对于税率的改变,则无法在年中分段适用,应当按照年度终了时的新法适用税率。

综合前述,以要件事实成就时为行为时认定的主要标准之外,对于期间税和持续性法律关系,应以个别要件事实成就时的"分段"处理作为补充标准,统一构成税法中行为时认定的一般性规则。一般而言,税基确认的规则多数具有可分性。

不可否认的是,以税法要件事实成就时为行为时,存在不真正溯及,对纳税人信赖利益和确定性会造成不同程度的损害,且损害程度又取决于立法程序的公开性和新法实施的时间效力规则。如果新法立法过程缺乏公开透明,或者新法通过日与实施日缺乏足够的间隔,则新法适用的可预见性低,纳税人无从事先

---

〔1〕 参见黄茂荣:《税法总论:法学方法与现代税法》(第一册,增订二版),植根法学丛书编辑室2005年版,第288~289页。

通过合同等安排调适新法效果。而我国《立法法》并没有就新法的实施与颁布时间的间隔有规定,只有国务院有关行政法规、规章制定管理办法的条例有不低于30日一般性的规定,同时还规定了比较宽泛的例外。事实上,根据粗略的统计,相当比例的税务规范性文件发布日和实施日的间隔非常短。这类问题的解决有待于我国税收法治化水平的进一步提升。

四、税法"行为时"认定标准的具体展开

因不同的法律规范使用不同的调整机制,涉及的利益和对象也不同,为提高规则适用的确定性和指引的统一性,通常需要从类型化的角度,权衡信赖利益和公共利益等,分别讨论"行为时法"的认定标准。这也是《民法典时间效力规定》的处理思路。税法规范有实体性和程序性之分,税收又有期间税、非期间税之分等,但其核心都是围绕纳税人与国家的税收债权债务关系(纳税义务)而展开,即税法规范的核心是公法之债的规范。借鉴《民法典时间效力规定》的类型化思路和萨维尼的研究框架,以下主要聚焦纳税义务的实体规范和程序规范二分法,具体分析不同情形下行为时的认定规则。

(一)税法实体性规则

根据前述"行为时"认定的一般性规则,税法实体性规则包括纳税义务的成立、变更、消灭等规则,适用于要件事实成就时的法律。具体而言,有关纳税义务的有无和数额(成立),应当按照纳税义务成立时的法律确定。经过比较研究,多数国家和地区以纳税义务成立时作为新旧法适用区分的标准,新法不适用于实施日之前已经成立的纳税义务或者已结束的纳税期间。换言之,如果纳税义务成立于新法实施之后,则无论应税交易行为始于何时、是否跨法,新法均适用之。如韩国《国税基本法》采纳的是纳税义务成立时,即税法效果要件事实成就时作为标准,从而允许不真正溯及。

按照这个标准,如某公司属于2013年8月"营改增"试点的一般纳税人,在"营改增"实施前,该公司签订了为期二年的租赁合同,就存在合同履行跨期租金如何交税的问题。因为营改增的相关文件没有对跨法合同履行期如何适用增值税作出规定,应当推定不溯及既往。该合同在"营改增"之前已经签订,营业

税纳税义务已经成立,应适用旧法征收营业税,而非根据新法征收增值税。[1]类似的,财政部、国家税务总局《关于股权分置试点改革有关税收政策问题的通知》(财税〔2005〕103号)规定了股权分置改革中的一些交易免征印花税和所得税,该文件规定自发文之日起执行,没有规定新旧法的适用规则。因股权分置改革是持续性交易活动,凡跨期的股权分置改革,在文件实施后完成、发生相关税种的纳税义务的,均应能享受该文件的优惠。

至于纳税义务何时成立,[2]根据税收债法理论,一般认为于税收要件实现时成立。德国《租税通则》第38条规定,租税债务关系之请求权,于构成要件实现时成立。我国台湾地区各税种规定也规定了成立时间,如所得税在纳税期间届满时成立,遗产税、赠与税于被继承人死亡时成立,印花税自应税凭证书立后交付后者使用时成立,等等。[3]

由于我国税法上并没有纳税义务成立及其时点的概念,而只有"纳税义务发生时间"的概念,因此需要辨析"纳税义务成立时间"和"纳税义务发生时间"这两个概念。我国纳税义务发生时间的规则意在规定纳税义务履行的起始点。税法上,纳税义务发生时间的确定按照征管便利原则基于会计核算方式区分不同情况予以确定。[4] 纳税义务发生时间不仅经常和纳税义务成立时点发生偏离,与基础交易行为的时点可能偏离得更明显,且这种偏离往往是纳税义务发生时间在基础交易行为成立时点或纳税义务成立时点之后。典型如根据《增值税暂行条例》第19条[5]的规定,如果纳税人于2018年4月15日签署生效一份合同,合同约定2019年1月1日付款,根据现行规定,纳税义务发生于2019年1月1日。

---

〔1〕 参见段文涛:《跨期租赁合同:"营改增"后怎样纳税》,载《中国税务报》2013年9月30日,第6版。

〔2〕 纳税义务的成立和我国税法上所称的纳税义务发生,如下文所述,是两个有区别的概念。

〔3〕 参见陈敏:《税法总论》,台北,新学林出版有限公司2019年版,第294~300页。

〔4〕 周玉栋:《纳税义务发生时间的法理辨析与改进——以房产拍卖过户营业税优惠政策适用争议案件为例》,载熊伟主编:《税法解释与判例评注》第8卷,法律出版社2017年版。

〔5〕 《增值税暂行条例》第19条规定:"增值税纳税义务发生时间:(一)发生应税销售行为,为收讫销售款项或者取得索取销售款项凭据的当天;先开具发票的,为开具发票的当天。(二)进口货物,为报关进口的当天。增值税扣缴义务发生时间为纳税人增值税纳税义务发生的当天。"

在存在时点偏离的情形下,以纳税义务成立时间为新旧法适用的基点,还是以纳税义务发生时间为基点,则需要予以分析。何况我国税法为了执法的方便,往往还会确定数个纳税义务发生时间的标准,从而使适法的问题更复杂。[1]

当前,我国税务机关和法院对税收债务的认定有不同的做法。有以纳税义务发生时间为准的,也有采用民商事基础交易成就时的标准的做法,但以纳税义务发生时间最为广泛采纳,并被主管部门所经常采用。[2]

以纳税义务发生时间为准的做法,如果纳税义务发生时间在新法规定之前,则新法不溯及适用。如在张某加与黑龙江省克东县地方税务局、黑龙江省克东县人民政府税务行政管理纠纷案中,税务局和法院即持此主张。在该案中,张某加于2009年9月28日和2010年3月10日与诚达房地产开发公司分别签订《协议书》《晟世家园售楼合同》,并于2010年年底入住使用。2014年12月18日,张某加向地税局缴纳契税款22,659.00元,办理了房屋产权登记证。2017年5月,张某加到地税局申请退税,理由是应按照财政部、国家税务总局《关于企业以售后回租方式进行融资等有关契税政策的通知》(财税〔2012〕82号,以下简称财税〔2012〕82号文)等文件的规定,[3]享受免税待遇。被上诉人克东县人民政府、克东县地方税务局辩称,2009年9月28日、2010年3月10日,张某加与诚达房地产开发公司签订《协议书》及《晟世家园售楼合同》,上述合同签订的当日为契税的纳税人义务发生时间,而财税〔2012〕82号文于2012年12月6日起

---

〔1〕《股权转让所得个人所得税管理办法(试行)》第20条规定了股权转让价款支付时间、股权转让协议签订生效时间等,作为判断纳税义务发生时间的标准。

〔2〕如国家税务总局《关于支持个体工商户复工复业等税收征收管理事项的公告》(国家税务总局公告2020年第5号)第1条规定,按照纳税义务发生时间来确定优惠税率,因新法有利,可以按照在后的纳税义务发生时间确定,因其更有利于纳税人。再如,自2014年12月1日起在全国范围内实施煤炭资源税从价计征改革,财政部、国家税务总局《关于实施煤炭资源税改革的通知》(财税〔2014〕72号,已失效)第5条规定,按照纳税义务发生时间确定资源税的纳税义务,2014年12月1日前签订的销售应税煤炭的合同,在2014年12月1日后收讫销售款或者取得索取销售款凭据的,按该通知规定缴纳资源税。如果纳税人的纳税义务不可预期地增加了,则无法通过合同价款转嫁税收成本,会造成信赖利益损失。

〔3〕财税〔2012〕82号文第3条规定:"市、县级人民政府根据《国有土地上房屋征收与补偿条例》有关规定征收居民房屋,居民因个人房屋被征收而选择货币补偿用以重新购置房屋,并且购房成交价格不超过货币补偿的,对新购房屋免征契税;购房成交价格超过货币补偿的,对差价部分按规定征收契税。居民因个人房屋被征收而选择房屋产权调换,并且不缴纳房屋产权调换差价的,对新换房屋免征契税;缴纳房屋产权调换差价的,对差价部分按规定征收契税。"

执行,对该案不具有溯及力。法院也接受税务局的观点,认为纳税人援引的法律不适用该案,故维持一审有关驳回张某加的诉讼请求的判决。[1] 该案中,因为纳税义务成立时间(契税成立)和纳税义务发生时间(契税纳税义务发生)与基础交易行为(合同行为)要件事实满足时间重合(合同签订当天),不会出现溯及的效果。但如果在权责发生制下,由于纳税义务发生时间和基础交易行为的时间常发生分离,则会出现较严重的溯及效果,并给纳税人和交易对方的利益分配带来不可预期的变化。这种变化只有在民事司法框架下予以解决,才能相应地减少信赖利益损失。

当然,以纳税义务发生时间作为新旧法适用的标准,并不是完全没有可取之处。首先,它符合税务行政行为大量性的特点,在税法规定体系化的纳税义务成立规则之前,直接适用各税种法上纳税义务发生时间的规则判断新旧法的适用,符合征管便利原则,也可以防止滥用。其次,纳税义务发生时间,与所得税上的收入、成本确认时间等规则的原理类似,可以解决期间税、持续性法律关系中的分段适用问题。为更好地贯彻税收中性原则,或者为公共利益需及时发挥调控效果,以纳税义务发生时间为标准,具有可接受性。

考虑以纳税义务发生时间为标准会损害纳税人对税法效果的可预测性,囿于现行法律框架和征管条件,要广泛采纳此标准,或许可以考虑以下两个解决方案:一是将其作为“缺省规则”,在无法使用或者不适宜使用纳税义务成立时间标准时替代使用;二是从立法程序的角度,提高新法制定程序的公开性,保障新法发布日与实施日期的适当间隔,以提高可预测性。

已经成立的税收债务,如果履行或者存续期间存在新的规则,改变了旧法的变更、消灭规则或者履行中的权利义务,如抗辩权、抵消等规则,则应当适用引发该等权利义务的法律事实成就时点的法律。理由是,引发税收债务变更、消灭等法律效果的法律事实如果在新法实施前尚未发生,法律效果并未发生,适用新法不违反法不溯及既往原则。相反,法律事实在新法实施后成就的,则根据适用“行为时法”的一般规则,适用新法。

从另一个角度论证,纳税义务变更和消灭的法律效果,以及履行中的权利义务,在纳税人从事应税行为时并不能遇见,也并不确定,纳税人最多只有纯粹的期待,该等期待不属于信赖利益,也不属于既得权,不需要专门保护。此外,新法

[1] 参见黑龙江省齐齐哈尔市中级人民法院行政判决书,(2018)黑02行终28号。

通常代表更先进的理念、价值,以上规则可以确保新法及时适用。

(二)程序性规则

"行为时"所要求的"程序从新"意味着应适用程序行为时的新法,"程序行为"应是指特定程序、期间或者环节。对于引发附随性程序义务的行为(为表述方便,以下称为先行行为),从信赖保护出发,应适用该先行行为时法,即不得溯及追加附随性程序义务。因违反程序义务施加法律责任的法律规则,属于实体法的范畴,应遵从"实体从旧"。在因不同的主体有不同的程序规则要求时,有学者提出应遵从"同一性"要求,即不同的程序对不同的主体有效,对其他主体没有约束力,否则会动摇法秩序的安定性。[1] 这个同一性对税收征管程序尤其有适用性。

1. 特定程序、期间或者环节时

税收程序法围绕税收之债的确定、履行和消灭设定了税额确定程序、税款征收程序,此外还包括独立的税收救济程序和处罚程序等。在税额确定程序中,也有较为独立的如税务稽查程序、反避税调查程序等。在相关程序启动后,如有新法,一般可以就未完成程序向未来适用新法。

如前文所述,程序从新,是指新程序法向未来实施,已经完成的程序事项作为已决事项一般不应该溯及变更或者重新来过。以税收管辖的规则和汇算清缴规则为例,尽管新规则在纳税申报期间或者汇算清缴期间制定,但如纳税人已经完成税收申报或者汇算清缴工作,除非有正当理由,否则不应再适用。这是维护法安定性和纳税人信赖利益所必须,也符合效率原则。国家税务总局发布的有关企业所得税汇算清缴的规定有时表明不适用于已经完成当年度汇算清缴工作的纳税人。

2. 先行行为时

税收程序法的另一个组成部分为管理性规则,主要规定纳税人和第三人的协力义务,如设立账簿、保留凭证的义务,扣缴义务,信息报送义务等。这类义务通常源于产生纳税义务的经济活动(先行行为),如交易行为、支付行为等,属于"附随性义务"。该等程序规则一般应适用引发主义务(纳税义务)的先行行为时法。其理由是,附随义务不具有独立性,且通常难以事后溯及补救,溯及适用将给纳税人带来不可预期的负担。

---

[1] 杨登峰:《法律冲突与适用规则》,法律出版社2017年版,第183页。

比如,自主纳税申报义务不应发生不真正溯及,原因是纳税人可能并没有保存证明课税事实的相关收支记录和凭证,事后无从补充。再如,保留相关凭证的义务,如产生凭证的交易已经完成,尽管纳税期间尚未届满,亦不应对该交易溯及施加保留凭证的义务。该规则本质上属于法不溯及既往原则的具体适用。

直接影响实体权利义务有关的程序规则,也应适用先行行为时法,而不是"从新"适用新的程序规则。典型如证据规则。它尽管属于程序规则,但其适用结果会直接影响纳税人的实体权利义务。此外,如纳税义务发生时间的规则、追征时效的规则等亦是如此。

如在一个案例中,李某与赵某于2014年10月签订了股权转让协议,约定李某将所持有的某公司20%股权转让给赵某,双方于2014年11月办理股权变更登记,2015年2月,赵某将全部价款支付给李某。其间,适逢《股权转让所得个人所得税管理办法(试行)》于2015年1月1日实施。该案如果适用新文件,则李某的纳税义务于2014年11月即发生,如适用旧文件即国家税务总局《关于加强股权转让所得征收个人所得税管理的通知》(国税函〔2009〕285号),则纳税义务于2015年2月发生。纳税义务发生时间尽管属于程序性规则,[1]但与纳税人的实体权利义务密切相关(如滞纳金),应当适用旧法。[2]

程序从新,不涉及分配正义和重大实体权利义务,可以有"从轻"的适用空间。比如,财政部、国家税务总局《关于上市公司高管人员股票期权所得缴纳个人所得税有关问题的通知》(财税〔2009〕40号,已失效)规定,"对上市公司高管人员取得股票期权在行权时,纳税确有困难的,经主管税务机关审核,可自其股票期权行权之日起,在不超过6个月的期限内分期缴纳个人所得税"。同时明确,"本通知自印发之日起执行"。但对于是否能适用于已经行权、尚未履行纳税义务的主体并没明确。笔者认为,该文件规定的分期缴纳是程序性事项,文件实施前已经行权但未超过6个月的纳税人,尚在可以享受的程序优惠期间,可以申请享受分期缴纳所得税,但不得超过剩余时间。

---

〔1〕 这个界定可能有争议。本文的立场是,界定为程序规则,但属于与实体权利义务直接相关的程序规则,不应从新。

〔2〕 参见袁宏磊、洪梓滨:《股权转让中个税纳税时间如何确定》,载《中国税务报》2016年1月29日,第9版。该文作者也认为,应适用旧规则,但论证理由是纳税义务发生时间是实体法规则,理由与本文的观点不一致。另外,《股权转让所得个人所得税管理办法(试行)》第20条应理解为发生纳税义务还是仅为申报义务,可能有争议。

五、税法可能例外溯及适用的情形及规则建构

税法因遵循法定原则,常被类比刑法,但与刑法关系人身权、自由权不同,税法主要涉及财产权,其法不溯及既往原则的适用相比刑法更具有“柔性”。因此,税法学界一般认可,税法中的溯及既往现象具有一定的合理性。〔1〕在较早的研究成果中,学者已经关注到为弥补税法漏洞、预防规避等所需,税法可以谨慎溯及。〔2〕也有学者总结了我国税法适用中的溯及既往情形,区分实施性、补充性、解释性和程序性文件分析溯及既往的标准。〔3〕

我国《立法法》规定了有利溯及的例外。同时,基于当前法学理论上关于法的解释等同法本身的共识,法的解释通常被允许溯及。在不考虑其他诸如因为公共利益溯及、矫正规则的溯及,〔4〕以及税务规范性文件本身规定溯及实施的情形下,即使各界对法何时可以例外溯及有不同主张,前述二种溯及情形通常也是最大公约数。根据法不溯及既往原则保护法的安定性和信赖利益的基本法律,该等例外情形如何具体适用,需要专门讨论。作为其中的一种特殊情况,本部分也将讨论税法何时可以“从轻”。

(一)有利溯及

如前所述,与刑法不同,税法并没有明文规定“从旧兼从轻”原则。与此相关的是《立法法》规定了有利溯及的例外。如何理解“但为了更好地保护公民、法人和其他组织的权利和利益而作的特别规定除外”,成为有利溯及的关键。

1.“当然”有利溯及还是“特别规定”有利溯及

在新法有利时,当然溯及适用,还是需要有法律的“特别规定”溯及适用时,方可溯及适用,理论界素有分歧。〔5〕税法实践也存在分歧,但以认为应有“特别

---

〔1〕参见翟继光:《论税法中的溯及既往原则》,载《税务研究》2010年第2期。

〔2〕朱冬梅、薛秀凤:《对税法溯及力的思考》,载《扬州大学税务学院学报》1998年第2期。

〔3〕参见何小王:《税法的溯及既往情形及其适用》,载《求索》2013年第8期。

〔4〕如有关漏洞填补规则的溯及,国内外均有实践,理论不乏争议。有关印度的溯及立法新闻报道,参见单晓宇:《征税溯及既往 印度财长安抚国外投资者》,载《中国税务报》2012年6月13日,第5版。

〔5〕参见胡建森、杨登峰:《有利法律溯及原则及其适用中的若干问题》,载《北京大学学报(哲学社会科学版)》2006年第6期。

规定”为多数。[1]

在“国能成安生物发电有限公司诉国家税务总局邯郸市税务局稽查局税务行政管理纠纷案”中,税务机关主张,根据法不溯及既往原则,纳税人于2008年至2011年7月收购木片的行为不能适用财政部、国家税务总局《关于调整完善资源综合利用产品及劳务增值税政策的通知》(财税〔2011〕115号)(新法)规定的增值税即征即退优惠政策。法院尽管没有回应税务局的该主张,但判决结果认可了税务机关的法律适用。[2] 前文所引“张某加案”,法院也并未当然适用有利溯及。

而在“扬州国泰贸易有限公司与被上诉人扬州市邗江区国家税务局税务行政处罚案”[3]中,纳税人主张税务机关不应适用违法行为时的文件,而应适用对纳税人有利的新文件。但法院的理由是,纳税人所主张的新文件,实际上是对旧文件的完善和细化,并没有“减轻”的条款。据此,法院似乎认可的是当然有利溯及,只是认为新法并非更有利。在“常州对外贸易有限公司与常州市国家税务局稽查局、江苏省常州市国家税务局税务处理决定及复议决定案”中,所讼争的法律文件与扬州国泰案相同。该案一审法院认为,在溯及力方面,我国的法律体系遵循的是“从旧兼从轻”原则。与“扬州国泰案”一样,法院也认为,财政部、国家税务总局《关于出口货物劳务增值税和消费税政策的通知》(财税〔2012〕39号,以下简称财税〔2012〕39号文)和〔2012〕24号文的规定实际上是对国税发〔2005〕199号文第6条的一种完善和细化,同时并没有“减轻”的条款,在溯及既往时只能“从旧”。[4]

笔者认为,有利溯及,应该由立法机关决定。原因在于,有利溯及代表了一种利益的衡量,而“新旧更替所反映的新旧公益的衡量问题,必须由立法者来完

---

〔1〕 不认为需要特别规定的,参见乔志忠、杨东广:《解决税企争议,需要防范法律风险》,载《中国税务报》2018年1月5日,第6版。

〔2〕 参见河北省邯郸市丛台区人民法院行政判决书,(2018)冀0403行初148号。

〔3〕 参见江苏省扬州市中级人民法院行政判决书,(2017)苏10行终188号。在该案中,如果法官以有利溯及以“特别规定”为前提,则因该案讼争的新文件并没有明确规定溯及适用,则并不需要审查是否“有利”。

〔4〕 参见江苏省常州市中级人民法院行政判决书,(2016)苏04行终30号。

成”。[1] 如本文第二部分所述，在缺乏法律的明确规定时，司法中应以“推定不溯及”为原则，通常不应该擅自溯及既往，否则有执法机关、司法机关代行立法的效果。此外，因有利溯及主要着眼行为人的利益，尤其是在司法中，是个案中的当事人利益。而利益相关者的利益和公共利益本身无法在“有利”的判断中得到体现，更不应单纯以“有利”当事人为由，溯及适用新法。故此，我国《立法法》第104条也明确，在有“特别规定”时方有利溯及。[2]

财税主管部门为了追求特定的社会经济目标，经常出台税收优惠政策。在现有实践中，考虑政策衔接或者按年度课税的期间税情形，常常规定一些阶段性优惠政策溯及适用。[3] 但如果没有专门规定，不宜按照“从轻”或者“有利”的标准溯及适用，不仅会违背税收优惠出台的目的，在税收优惠以引导某种经济行为为目的时，溯及适用也无助于实现该种目的。

综上，根据税收法定原则，有利溯及一般需要有特别规定，在特定情形（如税法解释）下可以作为辅助标准提供“加持”正当性的效果。但“有利”本身应如何界定，则需要学理上释明以指引实践。

2. 何谓“有利”

何谓“有利”是需要解释的。在前引“国泰公司诉邗江国税局案”中，纳税人上诉时主张：〔2012〕24号文和财税〔2012〕39号文虽然与国税发〔2005〕199号文有很多条款相似，但并不完全相同。即使从《立法法》第104条以及《税收规范性文件制定管理办法》第13条规定的角度来看，一审判决也认为〔2012〕24号文和财税〔2012〕39号文是对国税发〔2005〕199号文的完善和细化，而完善和细化本身就是对作为税务行政相对人的公民、法人和其他组织权益的更好保护。因此，新的规定应当适用。但这个主张未得到法院认可。[4]

---

〔1〕 参见胡建淼、杨登峰：《有利法律溯及原则及其适用中的若干问题》，载《北京大学学报（哲学社会科学版）》2006年第6期。

〔2〕 但《立法法》第104条并没有明确是“谁”的特别规定。目前，鲜有规定溯及力规则的立法例。在实践中，是由最高人民法院、最高人民检察院、国务院各主管部门在作“特别规定”。如历次刑法修正案之后的时间效力问题均由最高人民法院作规定，民事法律通过后新法的适用也同样如此。行政法多由相关行政主管部门规定其时间效力。

〔3〕 如财政部、国家税务总局《关于小微企业和个体工商户所得税优惠政策的公告》（财政部、税务总局公告2023年第6号），发布于2023年3月26日，但规定自2023年1月1日开始实施。

〔4〕 江苏省扬州市中级人民法院行政判决书，（2017）苏10行终188号。

笔者认为,“有利”不应被理解为抽象性的秩序利益或公平待遇等,而应是特定法律关系中的权利和利益,并以经济性的、可计量的为主——因为税法的评价是经济性评价,税法的效果主要是经济性效果,否则有利条款会为溯及立法大开方便之门。首先,有利应指税法效果上的有利,而非其他法律效果的有利。原因是其他法律效果的有利与否,超出了税法的评价范围。其次,税法效果的有利应是基于新旧法法律效果对照的结果,主要是指经济上的利益或者与经济相关的利益,因为税法主要是经济评价而非道德评价。通常而言,对于规定义务和责任的,新法予以增加,为重;规定权利和利益者,新法予以增加,为有利。但应税交易通常事关交易各方,税务处理决定可能对各方有不同的影响,是否仅考虑纳税人的利益而不考虑第三人的利益?而税收法律关系之外的第三人的利益事实上很难被税务机关纳入有效考量范围。正因如此,现行《税务规范性文件制定管理办法》第13条明确将有利溯及限定为“更好地保护税务行政相对人权利和利益”是合理的。

此外,有学者指出,有利的评估还需要遵从税法规范评价与实际效果评价相结合、整体利益判断、难以判断时尊重既定事实和当事人的选择等要求。[1] 也有学者主张,在新法是否有利存疑时,应当推定为不利,从而适用旧法。[2] 作为决疑的方法,符合信赖利益保护原则——根据信赖利益保护原则,适用旧法即便不能使纳税人受到好处,但至少不损害税法的安定性及纳税人信赖利益。

(二)税法解释的溯及适用规则

1. 税法解释是否溯及适用的实践分歧

在“郑州人和新天地投资管理有限公司(以下简称人和公司)诉郑州市二七区国家税务局税收管理纠纷案”中,人和公司于2008年年底与客户签署了603份名为“商铺经营使用权转让”的合同,并一次性收款,按照不动产销售于2009年1月缴纳了企业所得税。后人和公司根据国家税务总局《关于贯彻落实企业所得税法若干税收问题的通知》(国税函〔2010〕79号,以下简称国税函〔2010〕79号文)[3]申请退税,理由是其商品经营使用权转让合同属于租赁合同,根据

---

〔1〕 参见何小王:《税法的溯及既往情形及其适用》,载《求索》2013年第8期。

〔2〕 参见胡建淼、杨登峰:《有利法律溯及原则及其适用中的若干问题》,载《北京大学学报(哲学社会科学版)》2006年第6期。

〔3〕 该函发布和实施于2010年2月22日。

国税函〔2010〕79号文应按照租期配比纳税。税务机关基于2000年《立法法》第84条规定的法不溯及既往原则，主张合同签署于该函发布之前，不应当溯及适用国税函〔2010〕79号文。一审法院尽管没有明确主张应适用行为发生时的法律，但认为《企业所得税法实施条例》第9条已规定了配比原则，国税函〔2010〕79号文属于法的解释，应当溯及至与法律同时适用。〔1〕

另在"意大利意迩瓦萨隆诺控股股份公司与山东省烟台市芝罘国家税务局税务行政征收案"中，复议机关引用了复议期间即2013年12月12日国家税务总局《关于非居民企业股权转让适用特殊性税务处理有关问题的公告》（国家税务总局公告2013年第72号，以下简称〔2013〕72号文）的规定，认为纳税人主张其溯及既往适用法律，属于适用法律违法。但一审法院认为，〔2013〕72号文是对此前文件的进一步解释，故可以用于佐证税务处理决定的合法性。〔2〕

而"辽宁省彩票发行中心（以下简称彩票中心）与辽宁省地方税务局稽查局（以下简称辽宁地税稽查局）税务行政处理决定案"中，彩票中心在2001年4月以前，因未代扣代缴彩票代销人员手续费的个人所得税等行为被辽宁地税稽查局查处，彩票中心因此主张适用国家税务总局2002年发布的《关于个人所得税若干政策问题的批复》（国税函〔2002〕629号，以下简称国税函〔2002〕629号文），对从事彩票代销业务而取得所得应按照个体工商户的生产、经营所得计征个人所得税，从而认定自己没有扣缴义务。但是法院认为，根据国家税务总局给辽宁省地方税务局的《关于个人代销彩票所得征收个人所得税问题的批复》（国税函〔2005〕1018号）第1条的规定，根据《个人所得税法实施条例》第8条规定，在2002年7月《国家税务总局关于个人所得税若干政策问题的批复》（国税函〔2002〕629号）出台前，辽宁地税局有权确定个人取得代销彩票手续费收入的具体应税所得项目。而辽宁地税局2000年的文件规定，彩票发行机构支付给代办人员的手续费属于个人劳务性质的收入，应按照劳务报酬所得项目征收个人所得税，并由彩票发行单位负责代扣代缴。据此，法院拒绝了彩票中心溯及适用国税函〔2002〕629号文的主张。〔3〕

---

〔1〕 二审法院也认可这点，但二审法院主张，该案讼争合同是属于租赁合同还是财产转让合同，税务机关应当查明。参见河南省高级人民法院行政判决书，(2014)豫法行终字第00042号。

〔2〕 参见山东省烟台市中级人民法院行政判决书，(2016)鲁06行终324号。

〔3〕 参见辽宁省沈阳市中级人民法院行政判决书，(2014)沈中审行终再字第13号。

国税函〔2002〕629号文从发文形式和内容看,与"郑州人和案"中的函件没有实质区别,也属于国家税务总局的解释立场。该案中,从裁判文书内容无法得出彩票中心是否以解释溯及的理由主张溯及适用国税函〔2002〕629号文。既然该文件之前已有地方性规则有不同的解释立场,法院不溯及适用新解释,从形式上看,有其合理性。

上述实践中具体差别的存在,说明税法解释是否可以溯及,司法机关尚未达成一致。这至少提示我们,解释不应当片面理解为一概溯及适用。

2. 税法解释以溯及为一般规则

法律的解释是法律本身,不超出行为人对法律的期待范围,一般允许其溯及至与法律同时适用。我国虽然对此没有明确的法律规定,但学理均认可司法解释的溯及力,[1]司法解释溯及适用也很常见。

这里的税法解释,是指有权解释,也包括财税行政主管部门所作出的行政解释。税法解释溯及实施的可接受性在于,其内容不会超过纳税人对税法的期待范围。在法律本身的规定过于宽泛,存在空筐结构的情况下,[2]即使解释"空间"过大,在缺乏具体解释规则的情况下,由于纳税人无法形成确定的信赖,税法解释的溯及适用对信赖利益的损害也不会太大。此外,因为税收执法是大量行政,税法解释规则的适度溯及,可以解决规则缺失带来的适法困境。基于以上理由,如果缺乏在先解释,税法解释一般性地可以溯及适用。即使有在先解释,新的解释比旧的解释有利于纳税人的,因其不损害纳税人信赖利益,也不超出税法本身的意旨,也一般性地可以溯及适用。更进一步,解释性文件,无论是否变更旧有解释和惯例,一般应可即行适用于跨法持续性税法事实,除非该等不真正溯及适用损害了纳税人的信赖利益。

---

〔1〕参见杨登峰:《民事、行政司法解释的溯及力》,载《法学研究》2007年第2期;曲新久:《论刑法解释与解释文本的同步效力——兼论刑法适用的逻辑路径》,载《政法论坛》2006年第2期;刘艳红:《论刑法司法解释的时间效力》,载《中国刑事法杂志》2007年第2期。尽管有学者认为,一些司法解释的创新性过大,不宜一般性溯及,但并不否定法律解释可以溯及的基本命题。如刘艳红教授等甚至指出的,刑法司法解释依附所解释的法律本身,并没有独立的时间效力规则问题。

〔2〕关于税法的"空筐"问题,参见侯卓:《个人所得税法的空筐结构与规范续造》,载《法学家》2020年第3期。

税务规范性文件中,不乏有解释性规定溯及适用的实践。[1] 值得注意的是,早期较多的规范性文件没有规定实施日期。此外,一些个案批复或者解释函件,一般也不规定实施日期。如国家税务总局《关于增值税若干征管问题的通知》(国税发〔1996〕155 号,部分失效),主要属于解释性文件,可以溯及适用。在国家税务总局《关于个人股权转让过程中取得违约金收入征收个人所得税问题的批复》(国税函〔2006〕866 号)中,明确了违约金的税法定性,可以被理解为是对"财产转让所得"具体范围所作的解释,没有超过所得税量能课税的目的范围,可以溯及适用于未决事项。[2]

在"华润置地(上海)有限公司诉上海市国家税务局第五稽查局复议决定案"[3]中,华润公司在 2012 年 12 月计提了当月的工资,但该笔工资实际于 2013 年 1 月发放,2012 年度企业所得税汇算清缴时全额税前扣除。2015 年 11 月,上海市国税稽查五局认为其未作纳税调整,少调增 2012 年度企业所得税应纳税额,作出了要求华润置地补缴企业所得税的税务处理决定。原告华润置地不服,因此提起了诉讼。该案涉及新(国税总局公告 2015 年第 34 号)[4]、旧(国税函〔2009〕3 号)[5]两个文件,前者支持纳税人的主张,后者不允许未实际支出的工资薪金在当年度扣除。法院支持了税务机关的主张,认为应适用行为时的旧法即国税函〔2009〕3 号。笔者认为,这两个文件均为解释性文件,当时的新文件虽未明确溯及适用,但有利于纳税人,可以溯及适用。

3. 税法解释溯及适用的限度

税法解释的溯及应避免纳税人的信赖利益损失,尤其是在税务规范性文件对税法的解释相比上位法过于具有"创造性"而有代行立法功能的背景下,需要

---

〔1〕 如国家税务总局《关于印发〈征收个人所得税若干问题的规定〉的通知》(国税发〔1994〕89 号),财政部、国家税务总局《关于个人取得有关收入适用个人所得税应税所得项目的公告》(财政部、税务总局公告 2019 年第 74 号)。

〔2〕 类似的情况,如财政部、国家税务总局《关于土地增值税一些具体问题规定的通知》(财税字〔1995〕48 号)于 1995 年 5 月 25 日制定,没有规定实施日期。该文按照《土地增值税暂行条例》《土地增值税暂行条例实施细则》的规定,就土地增值税的一些具体问题作了规定。其中的解释,也属于可以溯及的内容。

〔3〕 参见上海市黄浦区人民法院行政判决书,(2015)黄浦行初字第 256 号。

〔4〕 国家税务总局《关于企业工资薪金和职工福利费等支出税前扣除问题的公告》(国家税务总局公告 2015 年第 34 号)

〔5〕 国家税务总局《关于企业工资薪金及职工福利费扣除问题的通知》(国税函〔2009〕3 号)。

分析不得溯及适用的情形。

首先,在新解释对旧有解释和惯例构成变更时,应保护纳税人的信赖利益,仅在对纳税人有利时溯及适用。其次,为保护既有秩序,判决或者行政处理的既判力、公定力应当得到维护,已经处理的案件不得溯及推翻。[1] 如在"郑州人和新天地投资管理有限公司诉郑州市二七区国家税务局税收管理纠纷案"中,抛开租赁和销售的定性争议,人和公司已经按照旧规定申报缴纳税款,纳税义务已经因履行而消灭,自然不得溯及适用新的解释性规则。最后,尽管具有法理基础,但需要强调的是,当前税务规范性文件溯及实施比较多,不利于形成确定性的税法秩序,而且我国司法机关对于财税主管部门的税法解释缺乏必要和有效的审查,我国尤其需要通过系统性手段提升税法的安定性,而对溯及提供规则(无论是否限于税法的解释)应谨慎为之。

六、结　语

税法适用中的时间效力冲突规范,关系税法的安定性和纳税人信赖利益保护,以往没有被税法学界充分重视。近年来,陆续有少量成果推出,但具体规则的研究还有待推进。在税法没有明确规定时,应当推定税法适用不溯及既往,从而需要适用行为时法,即通常所称的"实体从旧、程序从新"。一般而言,在税法越来越多承担经济社会调控职能的背景下,需要适度平衡纳税人信赖利益与新法律秩序代表的公共福祉,不真正溯及可被允许,从而行为时法适宜以要件事实成就时法为标准确认。对于纳税义务有无、大小的新旧法适用,我国可以谨慎采用纳税义务发生时间作为"行为时"的认定标准,但应该提高税收立法的法治化水平,增强公开性,并保证新法颁布时间和实施时间的合理间隔,提高纳税人对税法的可预期性。

至于税法例外溯及之情形,有利溯及通常需要有特别规定,尤其是税收优惠不宜溯及适用;税法解释作为一般规则,可以溯及适用,唯新解释变更旧有解释或者惯例时,应以有利纳税人或者其他正当理由为前提。

(责任编辑:胡邵峰　王婷婷)

---

[1] 参见陈清秀:《税法上行政规则之变更与信赖保护》,载《法学新论》2010年第18期。

领域法中税收规范的省思与再造
——以《基本医疗卫生与健康促进法》为例*

邹新凯**

摘　要：领域法中的税收规范作为税法的特殊组成部分，其法治化的增强有利于从税收之外的其他领域深入推进税收法治建设。在诸多领域法中，本文选取与民生紧密相关的《基本医疗卫生与健康促进法》为代表进行检视，发现该法中的税收规范存在引入目的考虑不周、税收工具使用不足、条款实施估量不足、税制立场探求较少等领域法中的共性问题。使用赫茨伯格的“保障—激励”双因素理论考察可知，税收规范进入领域法中，旨在借由基准税制和税收特别措施等税制工具，发挥保障税收征管秩序和特定领域基本发展水准，激励特定经济社会事务发展的功能。为提升税收规范进入以基本医疗卫生法为代表的领域法的正当性，可借助比例原则的思维模型，既要追求税收政策、税制工具、税制子工具与领域法宏观事务、中观事务、微观事务的保障与激励匹配度最大，形成高质量立法文本，又要在基准税制和税收重课引入领域法时进行法治化锻造，双管齐下推动领域法中的税收规范皆能以法治方式释放机能，从税收之外的其他领域提升国家税收治理能力。

关键词：领域法；税收规范；双因素理论；比例原则；税收法治

一、领域法中的税收规范：一个税法特殊组成部分

伴随经济社会迅速发展，人类社会重大领域出现的各种问题愈加呈现复杂

* 国家社会科学基金一般项目“新发展阶段促进共同富裕的税法保障研究”（项目编号：22BFX090）、教育部人文社会科学研究一般项目“数字经济时代民营企业营商环境优化的税法保障研究”（项目编号：22XJC820002）、西南大学法学院首批学术创新团队项目“绿色低碳发展的经济社会法治协同研究”的阶段性研究成果。

** 西南大学法学院副教授，法学博士。

性、集合性、动态性的特征,以致任何一个学科系统都难以单独作出回应。[1] 相比民商法、经济法、刑法、诉讼法、宪法、行政法等传统部门法,讲求研究对象的综合性、研究思维的融合性、研究方法的多元性的卫生法、文化法、环境法、金融法、电子商务法、科技法、教育法、娱乐法、农业法、体育法等,[2] 均为新兴领域法。整体审视,这些领域法[3] 的法律文本中内含少量税收规范,有的意在明确所在领域税收征管秩序,有的为了促进所在领域发展壮大。但领域法中税收规范与其他规范的形式衔接与实质互动,均未得到国家与纳税人的特别关注。这集中表现在,领域法中的税收规范,似乎仅具有国家将运用一些税收工具发展某一事业或事务的宣示意义,税收与待发展事业、事务的具体互动事宜仍然还是全部交由税收法律法规、部门规章、规范性文件等一体规制。

财税作为国家治理的基础和重要支柱,财税规范在领域法中的存在具有双重正当性。[4] 一方面,财税制度凭借其规范理财行为、促进社会公平、保障经济发展的功能定位,[5] 为各行业、各群体、各领域发展供给政府支持、减轻成长负担、创造良好环境;另一方面,财税制度也为金融、产业、价格、管制、劳动、保险等政府政策运行提供资金支持,确保各行业、各群体、各领域政策工具的实施成效。由此,领域法中的财税规范可能长期存在并稳步提升。在此趋势下,应当认识到领域法中的税收规范在设计与实施上所面临的 3 个现实问题:其一,税收规范要与其他规范协调呼应,保持形式上的体系化。法律内部体系性越强,越有利以科学的方式准确适用。[6] 其二,税收规范要与各税种法、税收征管法保持顺畅衔接,恪守税法基本原则和税收征管法的核心原则。其三,领域法中的税收规范应积极发挥税制功能,竭力维护经济社会各领域税收秩序、满足经济社会各领域发

---

[1] 参见刘剑文:《论领域法学:一种立足新兴交叉领域的法学研究范式》,载《政法论丛》2016 年第 5 期。

[2] 参见王桦宇:《论领域法学作为法学研究的新思维——兼论财税法学研究范式转型》,载《政法论丛》2016 年第 6 期。

[3] 鉴于财税法也是一种新兴领域法,故而将文中所探讨的领域法限定为除财税法外的其他一切新兴领域法。

[4] 参见蒋轶:《财税政策在区域科技创新体系中的意义和原则》,载《科技管理研究》2009 年第 10 期。

[5] 参见刘剑文:《财税法功能的定位及其当代变迁》,载《中国法学》2015 年第 4 期。

[6] 参见黄茂荣:《法学方法与现代民法》(增订第 5 版),台北,建诚印刷有限公司 2006 年版,第 754 页。

展需要,实现规范主义与功能主义立场的协同共进。[1]

领域法数量与种类颇多,各领域法皆可成为研究素材。基于对研究的科学与效率的兼顾,宜选取某一特定领域法为代表,分析其中税收规范的立法与实施问题,而后以该特定领域法为样板,推进其他领域法中税收规范的法治化改造。考虑《基本医疗卫生与健康促进法》(以下简称《基本医疗卫生法》)以发展医疗卫生与健康事业、推进健康中国建设为立法目的,是卫生与健康领域第一部基础性、综合性法律,可为医疗卫生、公共卫生、健康服务、卫生监管、药物使用、医学科研等子部门的具体立法和制度建设确立框架、夯实根基。进入《基本医疗卫生法》的税收规范,其立法技术、条款实施对医疗卫生与健康服务各细分领域以及其他社会事业立法皆具模板意义。鉴于此,本文选取《基本医疗卫生法》这一领域法为代表。其论证结构如下:首先,总结《基本医疗卫生法》中税收规范的设计疏漏;其次,引入赫茨伯格双因素理论,考察《基本医疗卫生法》采用税收规范的制度诉求,把控法际协调的发展方向;最后,探寻税法植入《基本医疗卫生法》的实质要义与形式表达,为整个领域法中税收规范的法治化奠基。

二、《基本医疗卫生法》中的税收规范省思

医疗卫生与健康事业分支庞杂。仅医疗卫生就有公共卫生(主要包括基本公共卫生和重大公共卫生)、医疗保障(主要包括城乡居民基本医疗保险补助和医疗救助)、能力建设(主要包括医疗卫生机构改革和发展建设、卫生健康能力提升、卫生健康管理事业、医疗保障能力建设、中医药事业传承与发展)等支域。健康事业则依托"健康中国"战略,横跨健康水平、健康生活、健康服务、健康保障、健康环境、健康产业等六大领域,下分模块尤多。[2] 总体来看,基本医疗卫生法中的税收规范存在如下问题。

(一)税收规范进入目的考虑不周,税制工具使用不足

研读法律文本,《基本医疗卫生法》中的税收规范包括第12条第2款和第41条第3款。第12条以单一税收优惠为手段,以增加社会力量对医疗卫生与健康事业财产捐赠为目的。第41条以非营利性医疗卫生机构一般性税收政策

---

〔1〕 参见陈治:《预算法的功能主义趋向及其限度》,载《法学家》2019年第6期。

〔2〕 参见中共中央、国务院印发《"健康中国2030"规划纲要》。

平等化为手段,以增加社会力量对非营利性医疗卫生机构投入为目的。深入剖析,目的层面,公益性捐赠、非营利性医疗卫生机构只占医疗卫生与健康事业的一部分,而《基本医疗卫生法》中医疗卫生服务、营利性医疗卫生机构、各类医疗卫生人员、药品供应、健康促进等子领域,寻求税收支持的要求同样迫切。这表明,不但税制工具引入疏漏较明显,更显示出该领域法中税收规范立法目的规划不充分、任意性大,以致条款设置必要性、正当性遭受质疑,难言最优选择。如表1所示,对比《基本医疗卫生法》3次草案和正式法律文本可以看出,税收规范进入《基本医疗卫生法》时,不但在各草案和法律中差别、变动较大,缺乏长远规划,而且对医疗卫生与健康事业的扶持范围较为狭窄,更多聚焦公益性捐赠、非营利性医卫机构政策等少数领域,还在控烟等部分事项上犹豫不决。这绝非《基本医疗卫生法》本身的问题,而是折射出立法者对领域法中税收规范定位与功能的认识不足。目的规划不充分、不长远,功能认识不宽广、不深刻,直接导致《基本医疗卫生法》中各类税制工具的使用不足。

表1　《基本医疗卫生法》各版本中的税法规范图景

版本	条款名称	条款内容
草案	第79条	国家鼓励社会资本依法投入医疗卫生服务,发展健康产业。公民、法人和其他组织通过公益性社会团体或者县级以上人民政府及其部门,用于医疗卫生服务的公益性捐赠支出,依法享受税收优惠
草案二次审议稿	第9条第2款	公民、法人和其他组织用于医疗卫生事业的公益性捐赠支出,依法享受税收优惠
	第85条第1款	国家采取宣传教育、价格税收等措施,提高控制吸烟成效,减少吸烟对公民健康的危害

续表

版本	条款名称	条款内容
草案三次审议稿	第10条第2款	公民、法人和其他组织捐赠财产用于医疗卫生与健康事业的，依法享受税收优惠
	第41条第3款	社会力量可以选择设立非营利性或者营利性医疗卫生机构。社会力量举办的非营利性医疗卫生机构依法享受与政府举办的医疗卫生机构同等的税收、财政补助、用地等优惠政策
	第78条第1款	国家采取宣传教育、价格税收等措施，提高控制吸烟成效，减少吸烟对公民健康的危害
正式法律文本	第12条第2款	公民、法人和其他组织捐赠财产用于医疗卫生与健康事业的，依法享受税收优惠
	第41条第3款	社会力量可以选择设立非营利性或者营利性医疗卫生机构。社会力量举办的非营利性医疗卫生机构按照规定享受与政府举办的医疗卫生机构同等的税收、财政补助、用地、用水、用电、用气、用热等政策，并依法接受监督管理

在手段层面，税收优惠由税基优惠、税率优惠、税额优惠组成，[1]其既是重要的收入工具，亦以“税式支出”的形式，成为优化资源配置、助力宏观调控的支出工具。[2] 这些手段结合医疗卫生与健康事业的领域和细化空间较大，制度留白尤多。更有甚者，《基本医疗卫生法》第12条以具体项目的税收优惠（公益性捐赠优惠）支持抽象目的（医疗卫生与健康事业），第41条以抽象税收政策（平等适用）支持具体目的（非营利性医疗卫生机构投入），明显表现出法律文本中“目的→手段”间的混搭，既易引发对税收规范立法设计的妥适性、必要性的质疑，又在法律体系上形成立法技术的明显错位，难言最优税制设计。不同税制工具，同一税制工具内部不同子工具，有不同的内涵、边界和适用范围，也有不同的法律要求，所起到的作用不一样，在选择和运用上就应该有所不同。[3] 尽管《基

---

〔1〕 参见李旭鸿：《税式支出制度的法律分析》，法律出版社2012年版，第30~31页。

〔2〕 参见陈端洁：《税式支出概念及其估算》，载《经济学动态》2004年第2期。

〔3〕 参见叶金育：《体育产业发展中的财税政策工具：选择、组合与应用》，载《体育科学》2016年第6期。

本医疗卫生法》属于基础性、综合性法律,不宜面面俱到,但至少应勾勒出税收全面助力医疗卫生与健康事业的整体目标和工具框架,以为医疗救治、公共卫生、传染病防治、药品管理、健康服务等分支事务日后立法打造样板。

(二)税收规范条款实施估量不足,税制立场探求较少

对税收规范进入《基本医疗卫生法》进行省思,《基本医疗卫生法》第 12 条税收优惠条款、第 41 条税收政策平等化条款设计过于简单,且未明确相关税制工具的实施主体与权限,既距离高质量立法较为遥远,又影响《基本医疗卫生法》中税收规范的法定贯彻。

具体而言,整体层面,《基本医疗卫生法》第 41 条简单论及不同投入主体税收政策的平等适用,内容空乏,对税收政策中纳税主体、税收客体、税率、计税依据、税收特别措施等构成要件要素如何在落实税收法定的同时,助力非营利性医疗卫生机构的发展只字未提,立法资源在法律形式与实质内容配置上的低效、滥用风险应予重视。个体层面,《基本医疗卫生法》第 12 条虽然具备优惠对象(公民、法人和其他组织)、优惠范围(捐赠财产用于医疗卫生与健康事业)、优惠方式(依法享受税收优惠)等要素,但仍然有问题需要进一步明确。如医疗卫生与健康事业的捐赠对象如何界定,是只能捐赠给公益性社会团体和公共部门,抑或是还包括直接定向捐赠给任何公益组织,依何种法律享受何种税收优惠,在税收法律无直接规定时,财税主管部门是否可依据基本医疗卫生法出台税收优惠,地方落实捐赠优惠的自主空间多大,等等。紧随其后的配套执行条款有必要同步创制,至少应建立起实施框架。唯有明确抽象税收优惠制定权的归属与权限,方有助实现税收优惠法治化。对比之下,《基本医疗卫生法》第 12 条突出税收功能,轻视税权控制;第 41 条突出税权法定,轻视税收成效。《基本医疗卫生法》中税收规范在规范主义与功能主义立场的龃龉和错位抑制了税收法治的深入建设和税法功能的充分发挥。

三、《基本医疗卫生法》引入税收规范的法治构造

税收规范少量分布在科学技术、环境保护、电子商务、中小企业、农业、文化、娱乐等领域法中,绝非立法者偶然为之,而是经济社会具体事业中不同法律与政策工具之间相互协作、共促发展的融合景象。只有进一步探究税收规范协作《基本医疗卫生法》等领域法的法治构造,才能助力提高立法者对领域法中税制

工具的采用能力与选择水准。

(一)《基本医疗卫生法》采用税收规范的价值与工具

基本医疗卫生等领域法律文件数量众多、种类繁杂。详考诸多领域法中的税收规范,根据内容不同,主要有税收优惠与税收征管两大类工具。其中,税收优惠占比较大,意在激励特定事业,推动经济社会持续高质量发展。税收征管条款虽少,但明晰税款征缴、规范税法秩序、维护纳税人权益的保障目的明显。细察之,税收规范驰援《基本医疗卫生法》等领域法时彰显的保障功能与激励功能并不相同。在《现代汉语词典》中,保障,是指保护(生命、财产、权利等),使不受侵犯。[1] 税收征管规范通过明晰税收征管程序,旨在保护各领域税法秩序不被破坏,维护纳税人权益,另外,少部分税收优惠也致力保障公共产品与服务供给,维护纳税人基本权利。激励,是指支持、鼓励。[2] 这与绝大部分税收优惠的入法目的完全相合,即旨在通过税收减免,引导纳税人积极主动投身于特定事业建设。税收工具与领域法互动的这种"保障—激励"模式,与赫茨伯格的双因素理论完全相契,理论诠释力颇高,值得借鉴。

双因素理论诞生于20世纪50年代末,由美国著名心理学家赫茨伯格提出,原本用来解决工作中的员工激励问题,后发展为管理学领域著名的激励理论。顾名思义,双因素由保障因素和激励因素组成:保障因素发挥类似卫生保健的保障功能,防止负面消极情事的出现;激励因素通过发挥激励相关对象主动行事的作用,促成正向积极情事的出现。虽然受各国经济、政治、文化、社会等因素影响,保障因子和激励因子的划分不尽相同,双因素理论的诠释力在调查样本、研究结论上一度受到质疑,但后续的理论修正始终未能逃脱保障、激励的二分法框架。[3] 查究其根本,在于这一理论用最简练的语言揭示了人类的两种本质:一种是被决定的,即保障本质;另一种是起决定性作用的,即激励本质。这也是人

---

〔1〕 参见中国社会科学院语言研究所词典编辑室主编:《现代汉语词典》(第7版),商务印书馆2016年版,第47页。

〔2〕 参见中国社会科学院语言研究所词典编辑室主编:《现代汉语词典》(第7版),商务印书馆2016年版,第469~470页。

〔3〕 参见王肖婧、曹蓉、刘文瑞:《评赫茨伯格双因素理论——兼论实证研究在管理研究中的局限》,载《管理学报》2018年第11期。

本性里的两端,在躲避痛苦和寻求成长间移动。[1]

结合双因素理论,税收进入领域法的全部目的有二:保障目的与激励目的。保障目的包括保障税收征管秩序、保障特定事业保持基本水准等,如《环境保护法》第43条第2款,《电子商务法》第11条、第28条、第72条,[2]《农业法》第52条等。激励目的是通过经济行为的成本效益诱导,鼓励、支持各领域事业蓬勃开展。激励目的在领域法中出现频度最高,涉及法律条款最多,如《科学技术进步法》第41条第3款、《环境保护法》第21条、《农业法》第37条第1款、《公共文化服务保障法》第50条、《电影产业促进法》第38条等。[3]

税法学理上,立法与决策机关在保障与激励目的之下,用以推动特定社会事

---

〔1〕 参见[美]弗雷德里克·赫茨伯格、伯纳德·莫斯纳、巴巴拉·布洛赫·斯奈德曼:《赫茨伯格的双因素理论》,张湛译,中国人民大学出版社2016年版,第8页。

〔2〕 《环境保护法》第43条第2款规定:"依照法律规定征收环境保护税的,不再征收排污费。"《电子商务法》第11条规定:"电子商务经营者应当依法履行纳税义务,并依法享受税收优惠。依照前条规定不需要办理市场主体登记的电子商务经营者在首次纳税义务发生后,应当依照税收征收管理法律、行政法规的规定申请办理税务登记,并如实申报纳税。"第28条规定:"电子商务平台经营者应当按照规定向市场监督管理部门报送平台内经营者的身份信息,提示未办理市场主体登记的经营者依法办理登记,并配合市场监督管理部门,针对电子商务的特点,为应当办理市场主体登记的经营者办理登记提供便利。电子商务平台经营者应当依照税收征收管理法律、行政法规的规定,向税务部门报送平台内经营者的身份信息和与纳税有关的信息,并应当提示依照本法第十条规定不需要办理市场主体登记的电子商务经营者依照本法第十一条第二款的规定办理税务登记。"第72条规定:"国家进出口管理部门应当推进跨境电子商务海关申报、纳税、检验检疫等环节的综合服务和监管体系建设,优化监管流程,推动实现信息共享、监管互认、执法互助,提高跨境电子商务服务和监管效率。跨境电子商务经营者可以凭电子单证向国家进出口管理部门办理有关手续。"

〔3〕 《科学技术进步法》第41条第3款规定:"企业开发新技术、新产品、新工艺发生的研究开发费用可以按照国家有关规定,税前列支并加计扣除,企业科学技术研究开发仪器、设备可以加速折旧。"《环境保护法》第21条规定:"国家采取财政、税收、价格、政府采购等方面的政策和措施,鼓励和支持环境保护技术装备、资源综合利用和环境服务等环境保护产业的发展。"《农业法》第37条第1款规定:"国家建立和完善农业支持保护体系,采取财政投入、税收优惠、金融支持等措施,从资金投入、科研与技术推广、教育培训、农业生产资料供应、市场信息、质量标准、检验检疫、社会化服务以及灾害救助等方面扶持农民和农业生产经营组织发展农业生产,提高农民的收入水平。"《公共文化服务保障法》第50条第1款规定:"公民、法人和其他组织通过公益性社会团体或者县级以上人民政府及其部门,捐赠财产用于公共文化服务的,依法享受税收优惠。"《电影产业促进法》第38条规定:"国家实施必要的税收优惠政策,促进电影产业发展,具体办法由国务院财税主管部门依照税收法律、行政法规的规定制定。"

业的税制工具,主要是基准税制[1]与税收特别措施,并不止于税收优惠和税收征管。

基准税制是课税要件与征管程序的合称。在我国,它包括商品与服务税、所得税、财产税、资源与环境税等18种税及其征管程序。税种间构成要件和作用范围各具特色,组合配置的功能取向多元。基准税制增加纳税人经济负担,以致必须由纳税人(主要是代议制机关)同意,通过落实税收法定原则方能彰显其正当性,以更多发挥保障财政资金支持、限制和禁止纳税人行为等功能,以增税添负方式实施行为激励的可能性极低。税收征管工具通过细化各领域税收管理和缴纳秩序,打击逃避税,维护国家税收公益。此外,正当程序有助保障个人权利免受国家税权的肆意侵害,是限制行政自由裁量权,达成实质法治的必备通道。[2] 合法、明确的税收征管程序可为各领域纳税人权利行使与义务履行保驾护航,夯实税收法定之基。

税收特别措施指代税收优惠和税收重课。税收优惠包括税前扣除、减免收入、亏损结转、加速折旧、起征点、免征额、优惠税率、减免税额、税收抵免、优惠退税、出口退税等子工具,皆应遵循公益原则、需要原则、功绩原则等法治原则创制,如此才能正当化地实现税法上的辅助或奖励目的。[3] 按照目的不同,税收优惠可分为保障型和激励型两种,前者以实现社会公平、调节收入分配、保障纳税人基本权利为目的;后者以促进经济增长与社会发展为目的。[4] 与税收优惠相反、与基准税制相似,税收重课通过加成征收、税收附加等方式抬高纳税人的行为成本,体现对纳税人行为的限制和禁止。税收重课在我国税法中极少使用,主要体现为附加关税,如反倾销税、反补贴税、报复关税等。例如,《环境保护税法》(征求意见稿)第10条曾规定排放超过特定标准或总量指标后,加倍征收环境保护税,但在随后的草案和颁布的法律中消失。

(二)税收规范进入《基本医疗卫生法》的合比例构造

一项经济社会事业越需要税收发挥强有力的保障、激励作用,税收规范植入

---

〔1〕 基准税制是税收优惠、税收重课之外的,发挥课税作用的基础税制。

〔2〕 参见于向花、李志君:《正当程序及其法理阐释》,载《甘肃社会科学》2015年第3期。

〔3〕 参见陈清秀:《税法总论》,台北,元照出版公司2010年版,第38页。

〔4〕 参见王霞:《税收优惠法律制度研究——以法律的规范性及正当性为视角》,法律出版社2012年版,第8页。

的正当性就越加坚实,功能发挥也就越充分。为竭力在《基本医疗卫生法》为代表的领域法中引入具有高度正当性的税收规范,实现税收目的与手段间的正义,立法与决策机关宜借助比例原则的思维模型,沿循“适当性原则→必要性原则→均衡性原则”的轨迹探寻。比例原则作为公法领域的帝王原则,融贯实体与程序领域,致力于研究“目的与手段”之间的关系,兼具原则和规则的功能,不仅在理念上体现了其对平等、正义、人性关怀等价值的追求,而且也为制度的具体运作提供了标准和衡量的尺度,[1]为实现实质法治奠定坚实的法理基础。[2]

1. 适当性原则维度

逐条审视《基本医疗卫生法》,医学科学、中医药、医疗卫生资源、医学捐赠与资助、突出贡献表彰、弱势群体保健、精神卫生、医疗卫生机构及人员、药品供应保障、健康促进、商业保险等,均需税收规范助力。税收规范进入《基本医疗卫生法》,既可使用税收优惠工具,助力降低医疗卫生与健康服务市场价格,保障民众享有基本的医疗卫生和公共健康服务,又能鼓励医疗与健康的科学研究、产业投资、资源配置和市场拓展,助力提升中西医基础研究水准和科技创新能力,激发全社会医学投入积极性。是故,保障与激励目的在《基本医疗卫生法》中宜同时兼备、不可或缺。

一如前述,服务于保障目的之税收工具,有基准税制、税收优惠、税收重课等,而服务于激励目的之税收工具,主要为税收优惠。表面上看,基准税制多由税收法律直接规定构成要件和征管内容,领域法中只设置有少量税收优惠和征管条款,税收重课更在整个领域法中难匿踪迹。深究下去,这一表象并不能否定基准税制、税收重课在领域法上的应有价值。

美国《联邦农业部法规》中既有对库存不动产课税的构成要件与征管规范,也有详尽的新市场税收抵免计划。此外,在美国联邦法典汇编的其他法律中还有对应的税收会计规则。[3]

可见,基准税制与税收重课并非绝对不能进入领域法中。税收法治与现代税收制度的建设、拓深任重道远。基准税制中的部分构成要件完全能在以《基

---

[1] 参见李刚、程国琴:《税收代位权与撤销权的比较研究》,载《当代财经》2007年第11期。

[2] 参见邹新凯:《公平竞争审查例外规定实施的规范分析与完善方向——以比例原则为分析工具》,载《经济法论丛》2018年第2期。

[3] See 7 CFR 1955.135, See 7 CFR 4279.116, See 18 CFR 367.103.

本医疗卫生法》为代表的领域法中明确,税收重课作为调节工具亦可在以《基本医疗卫生法》为代表的领域法中施展效力。例如,在《基本医疗卫生法》中规定对基本药物和医疗保险药品课征增值税、所得税等税种的征税对象、所适税率,或采用对特定医疗卫生机构和医护人员的所得税加计扣除规则,抑或明确对未达到监管要求的医疗卫生机构、健康服务单位暂停享受税收优惠、追缴相应退税、加征一定税收等。域外实践显示,这或许需要合适时机,但不宜轻易排除考虑。

2. 必要性原则维度

若要凸显《基本医疗卫生法》植入税收规范、引入更多税制工具的正当性,一方面,医疗卫生与健康事业必须不断细分,直至找出最需要税制工具及其组合驰援的具体事务;另一方面,基准税制、税收重课、税收优惠亦需条分缕析,厘定最能保障、激励特定事务发展的税制工具。税收与被保障或激励的医疗卫生与健康具体事务间的关联性越强、愈加适应,越有助夯实税法规范植入的必要性。

在遵循适当性原则的基础上,《基本医疗卫生法》引入税收规范的必要性判断,可分为整体和个体两个层面详加勾勒。

整体上,一方面,将待保障或激励事务划分为宏观事务、中观事务、微观事务;另一方面,采用《基本医疗卫生法》的税收规范数量,宜秉持"框架性税收政策 > 基本税制、税收优惠、税收重课等税制工具 > 具体工具子类"的规划模式。这是考虑到在还处于加快落实税收法定的现代税收制度建设初期,所需税收工具的分类越细,越应交由税收法律作专门规制,以有效推进税收法治。这在领域法中税收规范的设计与适用研究尚不精深、立法实践稍显初级的背景下,很有必要。伴随税收法治的深入推进,税制工具与具体工具子类有必要更多出现在税收以外的整个领域法中。

个体层面,《基本医疗卫生法》中税收规范与分支事务的交融,可分三个层次。第一层次中,宏观税收政策作为制度工具之一,可与财政、信贷、价格等协力支持医疗卫生与健康的宏观、中观、微观事务。大至基本医疗卫生服务、健康中国战略等,中至医疗卫生机构建设、医疗卫生资源分布、中西医科技创新、公共体育设施建设等,小至医学捐赠与资助、药品供应、健身事业、医疗与护理保险、控烟、突出贡献表彰等,税收政策或单独、或与其他政策工具一道,在《基本医疗卫生法》中上升为税收规范。需要注意的是,囿于税收政策自身的概念空洞性,其对宏观至微观各层级医疗卫生与健康事业的法律表达,均仅具宣示意义,税法实践的指导力薄弱,且税收政策支持的事务越趋微观,这一弊端越发明显,立法必要性、正当性越低。例如,《基本医疗卫生法》第41条第3款中不同性质非营利性医疗卫生机构税收政策平等化的简单宣示,条款适用范围不仅狭窄,指导力度亦不高,必要性、正当性不充分,属于立法资源的不当配置,税收优惠及子工具对非营利性医疗卫生机构的具体激励更被需要、更适登场。第二层次中,基准税制、税收优惠、税收重课等中观税制工具,支持医疗卫生与健康的中观、微观事务更必要。中观、微观税制工具支持宏观事务,将会因支持对象的空洞,指导力趋向薄弱,必要性、正当性下降。例如,相比对捐赠财产用于医疗卫生与健康事业给予税收优惠,仅言及对医疗卫生与健康事业给予税收优惠的规定明显流于泛化,后者对其他相关法律的制定与执行没有指导意义,难言立法资源的妥适使用。再如,相比仅明确对捐赠财产予以优惠,对医疗卫生与健康事业中作出突出贡献的组织和个人取得的薪酬、奖励施以税收优惠,以及对参加医疗责任保险、医疗意外保险、长期护理保险、商业健康保险的单位和个人施以税收优惠,属于中观税制工具支持中观、微观事务,立法的必要性与正当性更高。第三层次中,具体税种、税收优惠与重课的具体子工具和医疗卫生与健康微观事务的组合最为必要、最具正当性。一方面,中观和宏观事务的分支领域较多,并非所有待发展事务都需要增值税、所得税、其他税种或税前扣除、亏损结转、加速折旧、出口退税等微观税制工具扶助,盲目组合容易缺乏实施操作性,法律指导力过犹不及;另一方面,微观事务与微观税制工具间的组合匹配,法律条款规范力、指导力最强,可有力促动税收法治建设深化和国家税收治理能力提升。例如,在《基本医疗卫生法》中规定对基本药物、医保药品、储备医药给予增值税、关税、企业所得税、个人所得税、印花税、房地产税支持;再如,在《基本医疗卫生法》中规定设置传染病防治税收条款,对应急药物和医学设备、防治医疗卫生机构、配合传染病防治的相关单位等减免税,或给予降低增值税留抵退税门槛、加计抵扣,所得税亏损加计结转、加计抵扣等保障待遇。

需要说明的是,不止于《基本医疗卫生法》,各领域法中宏观、中观、微观事务的划分,可能难以清晰界定,但只要遵从上述税收与特定社会发展事务间三个层次必要性的判断框架,就可开启税收规范引入整个领域法的正当性提升之路,逐步擎动税收实质法治推进、强化税法功效发挥。

3. 均衡性原则维度

均衡性原则维度,考察的是医疗卫生与健康事业的宏观、中观、微观事务和宏观税收政策、中观税制工具、微观具体子工具之间的匹配如何在《基本医疗卫生法》中落实,不仅要考虑制度工具效果、可接受性、选择经验、偏好、惯例等环境因素,[1]还要事先就待发展事业、界定成功的指标、副作用、方法论问题、政治问题、成本等关键性问题进行评估。[2] 其中,立法技术攸关法律文本的科学性、规范性、严谨性和精密性,关系法律被理解与认可的程度,也决定了法律的实施效果,[3]不可轻视。如果没有精湛的立法技术,无论多么深刻的思想、良好的意图、合理的设计、善意的追求,都可能止于美好愿望而不能得到真切实现,沦为奢望。[4] 结合法律规范的一般原理和"保障—激励"的双因素理论,进入《基本医疗卫生法》的税收规范,由行为模式和法律后果组成。行为模式是指法律规则中规定人们可以作为、应该作为、不得作为的行为方式。根据内容的不同,可以分为授权性规则、义务性规则和权义复合性规则。授权性规则通常用"可以""有权""有……自由"等词语表达,义务性规则通常用"应当""应该""必须""不得""严禁""禁止"等词语表达,而权义复合性规则强调"既是权利也是义务""既是权力也是职责",大多和国家机关的组织与活动规则相关。法律后果是指法律规则指向的法律效果或法律责任。[5]

按照税制目的不同,若税收规范持有维护税法秩序或保障某项事务处于基本发展水平目的,则应以义务性规则和权义复合性规则贯彻。这是因为,于社会主体面向,可以限制和禁止破坏税法、领域法秩序的行为;于政府机关面向,有利强调财税主管机关及其与其他国家机关协商共治的权力和义务。授权性规则赋予法律主体可为可不为的选择权,这一内置机理与维护或保障目的在"手段—目的"逻辑上存在严重冲突。若税收规范持有激励某项事务发展目的,则应以授权性规则和权义复合性规则贯彻。这是因为,于社会主体面向,市场既已在资

---

〔1〕 参见[美]B.盖伊·彼得斯等:《公共政策工具——对公共管理工具的评价》,顾建光译,中国人民大学出版社2007年版,第205~206页。

〔2〕 参见[美]小约瑟夫·斯图尔特等:《公共政策导论》(第3版),韩红译,中国人民大学出版社2011年版,第119~121页。

〔3〕 参见牟军、张青:《刑事诉讼的立法模式与立法技术批判——以〈刑事诉讼法第二修正案〉为中心》,载《法制与社会发展》2012年第6期。

〔4〕 参见郭泽强:《从立法技术层面看刑法修正案》,载《法学》2011年第4期。

〔5〕 参见张文显:《法理学》(第5版),高等教育出版社、北京大学出版社2018年版,第116~118页。

源配置中逐步发挥决定性作用,在立法上就应扭转政府管制思想,推行授权性规则,照应“简政放权、放管结合、优化服务”的行政体制改革精神,以保护市场主体经营自由权,促进建立现代国家经济治理体系。于政府机关面向,授权性规则和权义复合性规则可赋予各级政府依法采取各类税制工具进行经济激励的权力和义务。义务性规则内置的强制和责任属性,与激励目的在行为逻辑上存在严重冲突。在保障目的下,法律责任应以惩戒为主,维护税收和相关领域内的法秩序;在激励目的下,法律效果应以奖励为主,努力激发社会主体和政府机关参与特定事务发展的积极性。[1]

以此审视,首先,《基本医疗卫生法》缺失税法的权义复合性规则,对各级政府使用各式税收保障、激励工具的权力与义务缺乏有效规制,应根据比例原则和双因素理论融合得出的税收规范引入方法进行增补。例如,《基本医疗卫生法》第12条第2款和第41条第3款税收优惠的授权性规则特色不明,“依法享受税收优惠”“按照规定享受同等政策”之类表述空洞泛化,激励效果必然大打折扣,建议明确享受税收优惠和税收政策的具体内容,至少搭建基本框架、确立核心规则,发挥领域法督促、指导国务院、中央财税主管机关严格循法、履行激励义务的法治功用。再如,《基本医疗卫生法》的《法律责任》一章,皆是对医疗卫生与健康事业各参与主体的惩戒,整部法律中奖励条款严重匮乏,激励不足,因此有必要增补对各级政府和社会主体的财税奖励规则。可借鉴《环境保护法》第22条[2],对各级政府运用税收等手段推动基本医疗卫生与健康服务事业进行法治评估,同时对表现优异的各参与主体,借助税收返还、转移支付、经费奖励、基金支持等财税工具,实现奖惩兼备、赏善罚恶。

其次,《基本医疗卫生法》第12条第2款公益性捐赠税收优惠、第41条第3款非营利性医疗卫生机构税收政策皆未设置执行主体与权限。为加强法际协调和税收法治,一方面,应于日后修法时,借鉴《可再生能源法》第26条,将有关医疗卫生与健康事业的税收政策制定权明确收归国务院及其财税主管机关;另一方面,于未来制定实施条例时,借鉴《电影产业促进法》第38条的规定,明确税

---

[1] 参见丰霏:《法律制度的激励功能研究》,法律出版社2015年版,第142~145页。

[2] 《环境保护法》第22条规定:“企业事业单位和其他生产经营者,在污染物排放符合法定要求的基础上,进一步减少污染物排放的,人民政府应当依法采取财政、税收、价格、政府采购等方面的政策和措施予以鼓励和支持。”

收政策或税收优惠由国务院财税主管部门依照税收法律、行政法规的规定制定，并报全国人大常委会备案，建立与税种法、税收征管法的全面衔接。此外，虽然税种法和《基本医疗卫生法》中的税收优惠制定权主要由全国人大及常委会、国务院及其财税主管机关行使，并未对地方赋权，但根据国务院办公厅《关于印发医疗卫生领域中央与地方财政事权和支出责任划分改革方案的通知》（国办发〔2018〕67 号），地方在基本公共卫生服务、城乡居民基本医疗保险补助、医疗救助、计划生育扶助保障、国家根据战略规划统一组织实施的卫生健康能力提升项目、中医药事业传承与发展上与中央按比例承担部分的事权与支出责任，在地方所属医疗卫生机构改革和发展建设、地方自主实施的卫生健康能力提升项目、地方卫生健康管理事务、地方医疗保障能力建设上更是承担全部的事权与支出责任。因此，《基本医疗卫生法》及其实施条例理应涵盖上述事权的税收优惠规范，更要在坚持中央统一立法前提下明确赋予省级地方一定的税收规则制定和实施参与权，以法定化的规范主义立场满足地方在履行医疗卫生事权时产生的税制工具诉求，打通同一领域内财政法与税法的阻隔。

最后，基准税制在落实税收法定时由税种法专门规制，领域法中最多涉及税收征管规范，而税收重课成长为我国税法一般性调节工具更加任重道远。无论领域法何时开启引入基准税制与税收重课之路，由于税收重课以基准税制为基础，在效果上加重了国家对纳税人财富的汲取能力，严格税收法定同样重要。《基本医疗卫生法》等领域法一旦引入基准税制与税收重课工具，在法律起草阶段，就应自觉尊重税收构成要件的法定要求，提高领域法中课税规则的立法技术；在法律实施阶段，就应在国务院与央地财税主管部门权限范围内，做到税法授权性规则、义务性规则、权义复合性规则内容具体、明确，逻辑严密，而且语言规范、简洁、准确，具有可操作性。税收的复杂性、专业性、技术性，使中央财税主管机关和地方立法机关不可避免地行使领域法中的税收剩余立法权，但这一权能在形式上应秉持法律保留原则，在实质上应结合具体领域和地方特色，匹配适合税收政策、税制工具、税制子工具，竭力实现税制工具的保障与激励功能。

四、结　　语

税收规范凭借其内置的功能优势，在领域法中将长期存在。以与民生紧密相关的《基本医疗卫生法》这一典型领域法为例，结合赫茨伯格的“保障—激励”

双因素理论,《基本医疗卫生法》中的税收规范包括基准税制、税收优惠、税收重课等税制工具,或意在保障医疗卫生与健康领域税收征管秩序和发展基本水准,创造良好发展环境、维护良好发展态势,或意在激励医疗卫生与健康领域各项事务全面发展,规模壮大、提质增效。税收规范进入以《基本医疗卫生法》为代表的领域法的正当性,可沿"适当性原则→必要性原则→均衡性原则"的比例模型进行法治构造。一方面,借助妥适的立法技术,力争将税收政策、税制工具、税制子工具与特定领域中宏观事务、中观事务、微观事务的匹配度达致最大,并上升为正式法律规范;另一方面,在时机成熟时,借鉴域外经验,将基本税制和税收重课工具引入《基本医疗卫生法》等领域法的法律文本中,丰富税收助力经济社会各项事业发展的工具库。作为一个税法特殊组成部分和长期饱受忽视、以为完全可交由税收法律法规和部颁税法规则解决的法际现象,税法研究有必要开启对税收以外的其他领域法中税收规范的重新审视与关注,从税收之外的其他领域将国家税收治理能力推向更高水平。

(责任编辑:胡邵峰　顾德瑞)

实务评注

何以断言：破产程序中新生税款清偿顺位之实证演绎与矫正路径*

蒋敏娟** 施力瑜***

摘 要：破产程序中涉税问题一直制约破产案件的审理进程，也给税务机关造成了许多征税难题，这也是构建新发展格局，改善法治化税收营商环境的重点与难点。学术研究多是探讨税收债权与担保债权二者孰优问题，提及破产程序中产生的新生税款清偿顺位处理问题的研究凤毛麟角。加之相关立法阙如，司法实践中出现了对新生税款解读不一的问题，但整体上多将新生税款界定为破产费用或者共益债务，享有随时清偿的优先权。本文以52件认可分配方案裁定为研究对象，检视认定乱象的影响，进而分析背后的原因，主张要根据共同富裕、利益衡平等价值理念，"克制"认定新生税款优先权地位，并从实体规则和程序保障层面为新生税款的清偿顺位提供一个较精细化的实体和程序规则体系，以冀为我国司法实践中破产涉税问题的解决以及《企业破产法》的修订贡献些许思路，助力新发展格局的构建以及法治化营商环境的优化。

关键词：破产新生税款；清偿顺位；破产费用；共益债务；普通债权

只有当事实存在，作为其支持的论证达到标准时，断言才能够获得认可。

——[英]斯蒂芬·图尔敏

近年来，随着中央供给侧结构性改革的推进，加之新冠疫情的影响，很多企业面临"生存寒冬"，人民法院受理的破产案件数量呈现较大幅度增长，由此产生的破产涉税问题也日趋增加。然而，由于《企业破产法》与《税收征收管理法》之间存在许多立法冲突与空白，导致司法实践出现诸多难题。如担保债权与税

---

* 国家社会科学基金一般项目"新发展阶段促进共同富裕的税法保障研究"（项目编号：22BFX090）成果。

** 广东省广州市白云区法院审管办（研究室）干部。

*** 北京理工大学管理与经济学院在读学生。

收债权的清偿顺位经常引发争议,《企业破产法》第109条、第113条明确了有特定财产担保的债权优先于税收债权的清偿顺位,但《税收征收管理法》第45条第1款规定,"纳税人欠缴的税款发生在纳税人以其财产设定抵押、质押或者纳税人的财产被留置之前的,税收应当先于抵押权、质权、留置权执行"。为此,最高人民法院于2020年出台《关于适用〈中华人民共和国企业破产法〉若干问题的规定(二)》,其中第3条第2款进一步明确有特定财产担保的债权优于税收债权的清偿顺位,但依然难以平息实践分歧和理论争议。而人民法院裁定受理破产申请后,企业因继续营业或者因破产财产的使用、拍卖、变现等所产生的税款,即破产新生税款问题亦随之暴露出来,在法律尚无明确规定的情况下,部分法院将破产新生税款界定为破产费用或者共益债务,[1]部分法院将破产新生税款确定由买受人承担等,[2]引发了管理人、买受人、税务机关之间的大量争议和诉讼,也给税务机关带来了执法难题。鉴于此,我国各地法院、税务局陆续出台了一系列破产涉税政策,[3]对企业破产程序涉税问题进行处理分析,但是多为"一刀切"地赋予优先权地位,针对破产新生税款的清偿规则仍有待研究。"从司法实践情况看,破产程序中的税收问题难以解决,是影响法院受理和审

〔1〕 如"承德嘉泰房地产开发有限责任公司诉承德市自动化计量仪器厂破产管理人债务纠纷案",买受人承德嘉泰房地产开发有限责任公司通过公开拍卖的形式取得了债务人承德市自动化计量仪器厂的"水泉沟一号计量仪器厂车间"的所有权,并支付了价款和税金2,225,855元。人民法院认为,该笔新生税款的纳税主体是承德市自动化计量仪器厂破产管理人,是在破产财产的管理、变价和分配中产生的,其行为也是为破产程序进行而实施的,因此其支出的费用应认定为破产费用、共益费用。按照破产费用、共益费用优先受偿的原则,该笔费用应当从破产财产中优先拨付。参见河北省承德市中级人民法院民事判决书,(2015)承民初字第00136号。

〔2〕 如"吴忠宁燕塑料工业有限公司破产管理人与吴忠市利通区地方税务局行政强制案",在破产财产处置中,竞拍公告确定因拍卖债务人吴忠宁燕塑料工业有限公司财产产生的新生税款由买受人承担,但买受人未按照竞拍协议约定缴纳新生税款,税务机关依据《税收征收管理法》的规定向吴忠宁燕塑料工业有限公司破产管理人进行强制划扣。一审法院认定,新生税款为破产费用,可以征收。二审法院认为,新生税款不属于破产费用,予以驳回。再审法院回避了新生税款性质认定和清偿顺位问题,以税务机关征收程序违法问题强制驳回。参见宁夏回族自治区高级人民法院行政裁定书,(2018)宁行申28号。

〔3〕 如重庆市高级人民法院、国家税务总局重庆市税务局出台《关于企业破产程序涉税问题处理的实施意见》(渝高法〔2020〕24号);上海市高级人民法院、国家税务总局上海市税务局出台的《关于优化企业破产程序中涉税事项办理的实施意见》(沪高法〔2020〕222号)等。

理破产案件的重要问题”。[1] 本文试图从价值原则层面、实体规则层面、程序保障层面，对新生税款的清偿顺位进行多维度分析建议，突破当前模棱两可的现状，以冀为我国破产涉税问题的解决以及《企业破产法》的修订提供思路和建议。

一、审视：破产新生税款清偿顺位认定的现实样态

为深入揭示破产新生税款在破产程序中的处理现状，笔者选择以全国企业破产重整案件信息网上公开的 52 份认可分配方案民事裁定书为考察样本，[2] 旨在进一步了解各地法院对破产新生税款认定的探索实践。

(一)破产新生税款性质界定不一

在样本案件中，对破产新生税款的性质界定集中于破产费用、共益债务、破产费用及共益债务、税收债权 4 种类型。所谓破产费用，是指为顺利推进破产程序的进程，诸如管理、变价、分配债务人财产以及继续债务人的营业而必须支付的费用。[3] 这些费用包括诉讼费、审计费、管理人报酬、聘用工作人员的费用等。破产费用的产生是因为破产程序本身需要进行复杂的审查、评估，并进行合理的清算和分配，这些费用通常是优先得到支付的，因为它们是必要的，能够促进破产程序的顺利进行。所谓共益债务，是指多个债务人在破产程序中应当共同承担的债务责任。在破产程序中，债务人可能会因为共同借款、共同经营等原因形成共益债务关系，这意味每个债务人都要对债务承担全部责任。共益债务通常是优先得到支付的，但清偿顺位劣于破产费用[4]。如图 1 所示，未作区分

[1] 王欣新、徐阳光：《中国破产法的困境与出路——破产案件受理数量下降的原因及应对》，载《破产法论坛》第 9 辑，法律出版社 2015 年版，第 47 页。

[2] 本文通过在全国企业破产重整案件信息网“裁判文书”一栏中以“分配方案”为关键字，经人工统计，梳理并抽取 52 份认可分配方案的民事裁定书，并以此为数据来源展开分析，载全国企业破产重整案件信息网，https://pccz.court.gov.cn/pcajxxw/pcws/ws，最后访问日期：2023 年 5 月 5 日。

[3] 参见邹海林：《破产法——程序理念与制度结构解析》，中国社会科学出版社 2016 年版，第 299 页。

[4] 《企业破产法》第 43 条第 1 款、第 2 款规定：“破产费用和共益债务由债务人财产随时清偿。债务人财产不足以清偿所有破产费用和共益债务的，先行清偿破产费用。”

定义为破产费用及共益债务的比例最高,占比为54%,定义为破产费用的占比为26%,定义为共益债务的占比为15%,定义为税收债权的占比为5%。这反映出司法实践中对破产新生税款的性质界定标准存在不统一的问题。造成这一问题的原因,主要在于管理人在债权审核时标准的不统一以及法院对管理人的监管不力。这种债权人之间的苦乐不均必然导致债权人产生司法不公的司法印象,会大大减损法院的司法公信力,降低人民群众的司法满意度。

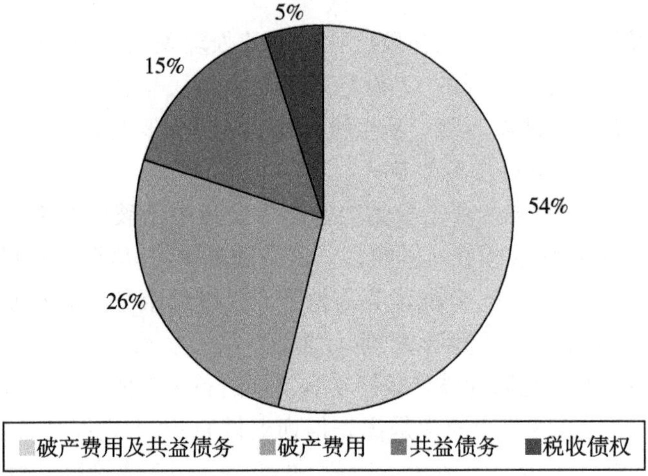

图1 样本案例中破产新生税款性质一览

(二)债权人的自治权缺少程序保障

破产程序中,债权人的自治权是债权人的一项核心权益。所谓债权人的自治权,是指全体债权人通过债权人会议,对破产程序进行中涉及债权人利益的各重大事项作出决定,并监督破产财产管理和分配的一系列权利。《企业破产法》将重大事项的知情权、自治权均归属于债权人。破产新生税款信息披露的不完善,终将导致《企业破产法》无法确定的债权人自治权。鉴于《企业破产法》未规定税务机关的债权申报事项,管理人应主动履职,向税务机关申报纳税获得税种、税率、征收金额、缴纳期限、形成原因等新生税款信息,进而向全体债权人予以披露,交由债权人了解、决策。但从图2可以看到,管理人在分配方案中全面披露破产新生税款信息占比仅为13%,未完全披露破产新生税款信息占比为62%,未披露破产新生税款信息占比为25%。这反映出实践中管理人未尽忠实勤勉义务,未全面披露新生税款信息,法官亦未做好司法监督指导工作,税务机关也缺少公示的环节,受到“信息不对称”的影响,债权人的知情权、决策权缺少一定的程序保障。鉴于破产费用和共益债务数额的多少直接关系到各债权的受偿比例和受偿额,因此未完全审查和披露破产新生税款信息而直接将破产新生税款赋予超级优先权进行随时清偿,有“代为决策”之嫌,显然也侵蚀了债权人的自治权。

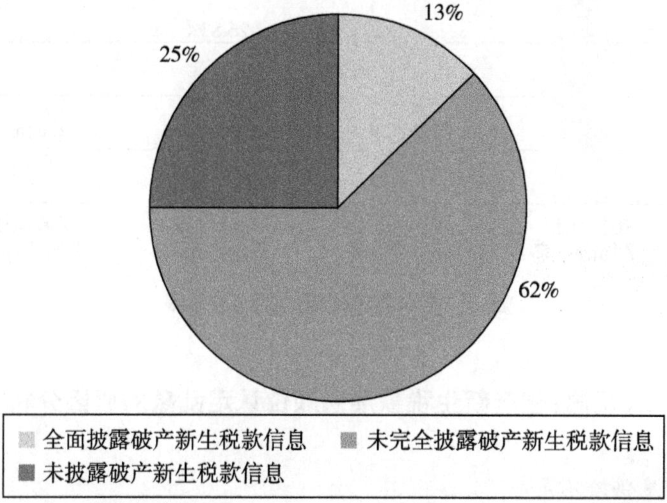

图2　样本案例中管理人对破产新生税款具体信息的披露情况

(三)普通债权平均清偿率低

根据样本案例分析可知,破产财产在优先清偿破产费用和共益债务后,担保债权平均清偿率为63.32%,职工债权平均清偿率为47.94%,税收债权平均清偿率为26.83%,普通债权平均清偿率为9.97%(见图3)。值得注意的是,在实践中,破产债权中普通债权占据了债权总额的绝大部分比重,但其清偿率仅为9.97%,可知大部分普通债权得不到完全清偿。在当下的破产法领域,实务界和理论界多把目光投向诸如担保债权人、税收债权等,去权衡其利益是否需要特殊保护,而普通债权人权益的保护却常常被忽视,实践中其清偿率过低。然而,不可否认的是,普通债权人对破产程序的推动作用意义巨大,许多破产程序的启动是由普通债权人提起的,如果破产程序中普通债权人权益长期未得以关注和保护,将挫伤其提请债务人破产的积极性,进而影响市场主体生产要素和资源的流动,阻碍我国破产文化的建设进程。

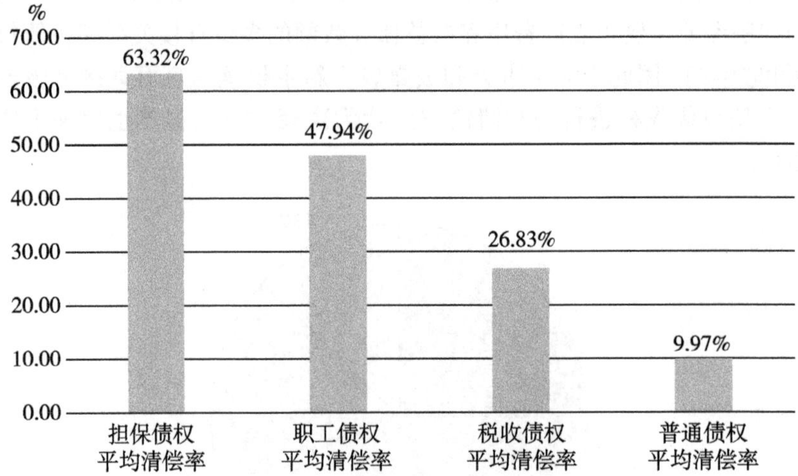

图 3　不同顺位债权的平均清偿率

二、反思:破产新生税款清偿顺位认定乱象的原因分析

(一)制度供给不足

《企业破产法》第 113 条规定了税收债权的清偿顺位,但是法律和司法解释对破产程序中产生的新生税款的清偿顺位均未予以明确,需要依赖实践去推定适用。鉴于此,为解决这一顺位矛盾,实践中国家税务总局、各地人民法院陆续出台了一系列破产涉税新政(见表 1),对新生税款的清偿进行性质界定。然而各地破产涉税新政作为规范性文件,无法作为裁判依据引用,且囿于上位法的缺失,多数认定破产新生税款属于破产费用或共益债务的清偿顺位,或者明确要求按照正常企业申报纳税,清偿顺位和性质无法得以统一认定,但均赋予了新生税款优先权的地位。然而,当破产财产有限,职工人数众多时,赋予破产新生税款“超级”优先清偿顺位,对职工权益的救济将显得力不从心。以土地增值税为例,其计税方法需参照变价不动产所产生的收入,并实行

四级超率累进税率,[1]最高税率可达到60%,对于有限的可供分配财产来说,一旦无条件地将新生税款定义为破产费用随时清偿,对于危困企业的拯救无疑是“压死骆驼的最后一根稻草”,这与破产法拯救市场主体、稳定市场经济的要求和目的背道而驰。诚然,任何法律、法规不可避免地具有滞后性,相关规定无法与不断进步的时代及时匹配,当规则空白或者模糊时,如何去“熨平法律褶皱”仍是当下破产法律实践的难题。

表1 2020年破产涉税相关政策

序号	文件名称	发布单位	与新生税款清偿顺位有关的内容	性质界定	发布日期
1	《关于税收征管若干事项的公告》(国家税务总局公告2019年第48号)	国家税务总局	在人民法院裁定受理破产申请之日至企业注销之日期间,企业应当接受税务机关的税务管理,履行税法规定的相关义务。破产程序中如发生应税情形,应按规定申报纳税	与正常企业一样申报纳税	2019年12月12日
2	《关于企业破产程序涉税问题处理的实施意见》(渝高法〔2020〕24号)	重庆市高级人民法院、国家税务总局重庆市税务局	管理人经人民法院许可,为债权人利益继续营业,或者在使用、处置债务人财产过程中产生的应当由债务人缴纳的税(费),属于《中华人民共和国企业破产法》第41条破产费用中的“管理、变价和分配债务人财产的费用”,由管理人按期进行纳税申报,并依法由债务人的财产随时清偿	破产费用	2020年2月25日

[1] 根据《土地增值税暂行条例》的规定,增值额未超过扣除项目金额50%的部分,税率为30%;增值税超过扣除项目金额50%,未超过扣除项目金额100%的部分,税率为40%;增值税超过扣除项目金额100%,未超过扣除项目金额200%的部分,税率为50%;增值税超过扣除项目金额200%的部分,税率为60%。

续表

序号	文件名称	发布单位	与新生税款清偿顺位有关的内容	性质界定	发布日期
3	《关于优化企业破产程序中涉税事项办理的实施意见》(沪高法〔2020〕222号)	上海市高级人民法院、国家税务总局上海市税务局	人民法院裁定受理破产申请后,经人民法院许可或债权人会议决议,企业因继续营业或者因破产财产的使用、拍卖、变现所产生的应当由企业缴纳的税(费),管理人以企业名义按规定申报纳税。相关税(费)依法按照共益债务或者破产费用,由破产财产随时清偿,主管税务机关无需另行申报债权,由管理人代为申报缴纳	破产费用或共益债务	2020年4月24日
4	《关于优化企业破产程序中涉税事项办理的实施意见》(宣中法〔2020〕77号)	安徽省宣城市中级人民法院、国家税务总局宣城市税务局	人民法院裁定受理破产申请后,经人民法院许可或债权人会议决议,企业因继续营业或者因破产财产的使用、拍卖、变现所产生的应当由企业缴纳的税(费),管理人以企业名义按规定申报纳税。相关税(费)依法按照共益债务或者破产费用,由破产财产随时清偿,主管税务机关无需另行申报债权,由管理人代为申报缴纳	破产费用或共益债务	2020年7月15日

(二)规则理念不兼容

从公法与私法的理念层面来分析,税法作为维护国家财政利益的重要手段,其公权力介入较多,常常被归入公法的范畴;而破产法的机能是为了促进企业优胜劣汰,维护全体债权人的合法权利,其私法色彩较浓厚。对于两法之间的理念分歧,有学者已经提出促进两法融合的"领域法学"理论,目的是实现两法交叉地带的规则互认。然而在实践中,"《企业破产法》与《税收征收管理法》之间存在公与私的分野、权利与权力的区别，由此导致了具体规则间的不兼容”。[1] 比如，在《税收征收管理法》中设定了税收债权优先于担保债权的规则，在《企业破产法》中规定了担保债权对特定物享有优先受偿权，将税收债权列为职工债权之后顺位清偿，并不享有优先受偿权。同时，两法之间的规则不兼容导致了国家税收利益与私人利益孰优先的冲突，引起了理论界与实务界的争议，也给破产新生税款的法律适用带来了难题：《税收征收管理法》确立的税收优先权能否在破产程序中“所向披靡”？将破产新生税款清偿顺位置于职工债权之前清偿，是否会侵犯职工的生存权利？不加区分地将破产新生税款列为破产费用或者共益债务清偿顺位是否合理？这些都反映了《企业破产法》与《税收征收管理法》之间的规则理念冲突，值得我们深思并有理由重新整理破产新生税款清偿顺位的认定思路。

(三)实质审查程序缺失

破产案件审理兼具办案、办事，开庭、开会，裁判、谈判多重特点，在破产实践中，债务人与担保债权、职工债权、税收债权、普通债权之间及各个债权人之间存在众多利益冲突，在博弈过程中易产生争议和纠纷。为此，许德风教授将企业破产状态比作“公共池塘”，将破产财产比作“鱼池”，将债权人比作“渔夫”，他认为，在这个“公共池塘”里，每个债权人有合作和不合作两个选项。[2] 可见，破产案件审判内容、流程和审判思维都与普通民商事案件审理区别很大，在破产案件审理中，需要平衡各债权人与债务人利益，去促使其达成合作共识，同时也要平衡个体利益和社会利益，这就要求法官必须具有破产审判专业技能和全局性、多维度审判思维。然而，多数法院尚未设立破产专业审判庭，将破产案件归入普通审判团队审理，甚至部分法院置破产案件审判于不顾。回归到个案中，法官因精力和破产实务经验有限，未发挥好破产案件司法监督的角色定位，在债权人会议召开之前未进行审查监督，或者即便审查了，也是浮于表面的形式审查，并未对破产新生税款的性质、金额、税率、形成原因、缴纳时间等进行实质审查，而出于对税务机关的公函信任和破产终结时税务注销的依赖，管理人在认定破产新生税款清偿顺位时也未尽勤勉尽责地履职责任，债权人在债权人会议核查时“随大流”情况亦比较突出，最终导致法院分配裁定中破产新生税款清偿顺位“五花

[1] 参见徐阳光：《破产程序中的税法问题研究》，载《中国法学》2018 年第 2 期。
[2] 参见许德风：《破产法基本原则再认识》，载《法学》2009 年第 8 期。

八门”,争议不断。

三、探索:破产新生税款清偿顺位认定的整体思路与具体路径

在破产实践中,破产新生税款的税种众多且难以进行预测确定,而当债务人处于破产危难“阴影”笼罩下时,将所有的新生税款不加区分“恣意”认定为破产费用或者共益债务,职工债权合法权益会因此失去应有保护,普通债权人对破产程序的期待利益也会因此减损,进而严重影响交易秩序与安全。从可持续发展角度来看,实为“竭泽而渔”,不利于经济发展的良性循环。如此看来,放弃破产新生税款一概优先清偿的特权理念,对破产新生税款清偿顺位加以一定的“克制”,并重新进行思路整理就显得格外重要。

(一)破产新生税款清偿顺位认定的价值原则

1. 共同富裕的价值理念

“共同富裕是社会主义的本质要求,是中国式现代化的重要特征”。[1] 共同富裕是物质和精神的双轴驱动。在物质意义上,共同富裕,是指劳有所得、病有所医、住有所居、弱有所扶等;在精神意义上,共同富裕,是指享有充分的政治权利和自由、经济社会文化权利、财产权、信息权等,依法参与全过程民主。[2] 为此,无论是在制度建构层面,还是程序规则细化落实层面,均应坚持共同富裕的价值导向,保障劳动债权人劳有所得,普通债权人弱有所扶以及全体债权人信息知情权,不能也不应放任分配不公。当然,共同富裕首先就是要解决平等的问题。破产程序中平等保护并非指的是所有债权都应处于同一清偿顺位,接受同一清偿率,其核心要义在于“相同的相同对待,不同的不同对待”。[3] 而所谓相同对待或不同对待,其一,取决于实体规范确定的清偿顺位;其二,应遵循一定的程序规则或市场主体平等的交易秩序。在破产程序中,破产企业已然陷入困境,无法为国家税收收入承担应有责任,若此时还是将税收优先权放肆扩张,无条件地凌驾于私人利益之上,无疑是让风雨飘摇的企业濒临绝境,并将所有债务风险全部压在公民个人身上,长此以往,处于弱势的公民个人会感觉自己在破产程序

[1] 参见习近平:《扎实推动共同富裕》,载《求是》2021 年第 20 期。

[2] 参见张文显:《论中国式法治现代化新道路》,载《中国法学》2022 年第 1 期。

[3] 参见许德风:《论破产债权的顺序》,载《当代法学》2013 年第 2 期。

中被国家及优先债权人“抛弃”、不断积累的负面情绪会集中爆发,从而引发群体性事件。因此,针对破产新生税款的优先权应予以一定的“克制”,重新对破产新生税款的清偿顺位认定进行思路整理,这就需要将共同富裕的价值理念运用于破产程序的分配调整中,加强对债权人利益和税收公共利益的平衡,以此让深陷泥沼的职工能够劳有所得,获得应有回报;让各债权人能得到合理清偿,维护市场主体安全、平等的交易秩序。

2. 利益衡平的原则遵循

“立法的目的在于公平合理地分配与调节社会利益、不同群体的利益和个人利益以协调社会正常秩序,促使各种利益各得其所,各安所位,避免相互冲突,做到相互协调。”〔1〕“破产法需要高屋建瓴保护各方利益,以达到社会效益与整体效用的最优。”〔2〕因此,利益衡平原则在破产程序的定义应为各方利益分配的衡平。因此,新生税款确定为破产费用或者共益债务进行优先清偿,抑或是与普通债权人位列同一顺位清偿,均是涉及对国家税收利益与债权人利益之间的衡平,但若过分偏倚国家税收利益,不对破产新生税款优先权加以一定程度的“克制”,而是将之与破产费用或共益债务同等享有超级优先权,从债务人财产中随时清偿,则普通债权人很有可能在分配程序中“颗粒无收”,如此既违反了经济法倡导的公平价值理念,也丧失了法律正义的基础。据此,应对破产新生税款清偿顺位认定重新进行思路整理,提供一个较精细化的实体和程序规则体系,并通过这一规则体系的运作补全立法空白。这也体现了对于合理平衡各方正当权益这一价值的追求。

3. 细化落实税收法定原则

税收法定原则是税法领域最重要的原则之一,“税收不法定,意味着政府可以随意开征新税种,或者随意扩大征税范围。政府权力长驱直入的结果,是纳税人财产和自由的直接受损,人民丧失安全感,难以建立对经济和社会的信任”。〔3〕根据现行法律,企业进入破产程序并非进入课税的“禁区”,仍然需承

〔1〕参见梁上上:《利益的层次结构与利益衡量的展开——兼评加藤一郎的利益衡量论》,载《法学研究》2002 年第 1 期。

〔2〕参见徐阳光、韩玥:《重整计划中的债权分组规制研究》,载《法治研究》2022 年第 4 期。

〔3〕参见熊伟:《税法总则立法中的纳税人主义及其制度体现》,载《法律科学(西北政法大学学报)》2023 年第 1 期。

担纳税义务,遵循税收法定原则。司法实践中在拍卖公告里设置税款转嫁条款,将新生税款确定由买受人承担,虽不悖民商事交易意思自治原则,但是该条款设置不具有税法上的效力,买受人依照税法规定仅需缴纳契税和印花税,但是依据公告内容,买受人还须缴纳债务人名义下的增值税、个人所得税等,若买受人拒绝缴纳上述税款,税务机关也不能依照税收法律规定向买受人强制征收,由此也增加了税务机关的执法难度,减少了税收的公共收入。基于上述理由,为协调法律冲突,减少交易争议,可在《企业破产法》修订条文时细化落实税收法定原则,比如,可在"破产财产变价"章节中进一步明确:因管理、变价债务人财产产生的新生税款,应当依法由相应纳税主体承担。而在上位法阙如时,法官及管理人在破产财产处置中尽量避免在拍卖公告中要求买受人概括承担全部税款,并在公告中将破产新生税款条款加粗附上涉及的税种及计算方法,如此也有利于加快破产财产处置进程。

(二)破产新生税款清偿顺位认定的实体规则

《企业破产法》对破产程序中产生的新生税款清偿顺位未予以明确。笔者认为,可根据破产新生税款的形成原因、缴纳期限等因素合理区分清偿顺位,将一般新生税款列为与普通债权同顺位清偿,将因债务人财产发生的新生税款列为与破产费用同顺位清偿,以此应对破产实践过程中不断发展变化的新情况(见图4)。

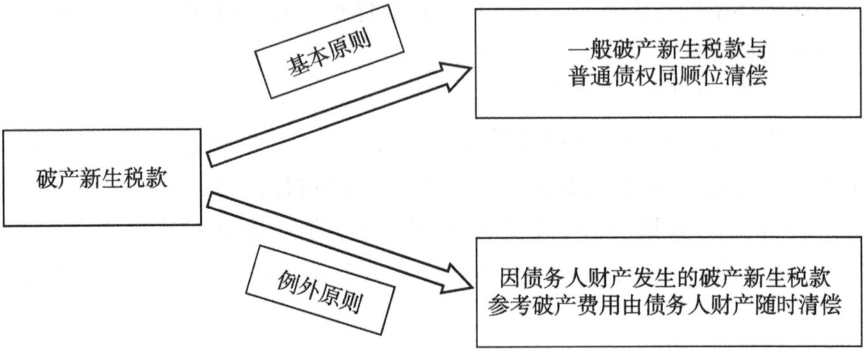

图4　破产新生税款清偿顺位认定思路之实体规则

1. 一般破产新生税款与普通债权同顺位清偿

近年来,有学者提出"课税特区"理论,即破产程序领域应是征税机关慎入、禁入或者原有税法规则应当作出特别调整的领域。[1] 破产程序的“课税特区”理论有助于破产涉税问题的解决,该理论指出,税收优先顺位并不是亘古不变的普遍性准则,在破产程序中应作出特别调整和让步。笔者认为,可借鉴“课税特区”理论,基于“租税之征收,其本身即隐含扼杀个人自由之危险”[2]的思想,尝试做立法的突破,将一般破产新生税款列为普通债权同顺位清偿。首先,考察各国立法趋势,诸如德国、澳大利亚等国家均已取消新生税款优先权,美国在立法中对新生税款优先权也逐步进行限制。根据《美国破产法》的规定,当税务机关征收新生税款时,对于已经纳入债务人还款计划的工资、财产,税务机关不能依据行政权力将其作为征收对象。[3] 上述国家立法趋势与学者提出的“课税特区”理论不谋而合,均是对税收优先权地位予以逐步取消、限制。其次,我国司法实践中,破产财产有限且变现周期长,甚至难以变现,特别是一些债务人财产较多设置了抵押担保,若将所有破产新生税款列为优先受偿地位,将侵犯关乎最低生活需求和生存性的职工权益,极大地降低普通债权的清偿率,影响了社会稳定和市场交易秩序,给人民法院也设置了较大的审理障碍。最后,随着经济发展,我国国家财政能力日益增强,而破产企业的缴税能力已经无法与正常经营企业相媲美,当破产企业处于健康纳税“肌理”时,为国家缴纳了源源不断的税款,当破产企业陷入“生病困境”时,政府也应降低缴税预期,放弃一概优先的特权思维。且国家从破产企业中征收的税款在财政收入中占比也相对较少,若此时再将新生税款纳入优先清偿地位,其实质影响于公共利益来说已是“九牛一毛”“微乎其微”;于私人利益而言,却是“胸口巨石”“压力山大”。

2. 因债务人财产发生的破产新生税款应参考破产费用由债务人财产随时清偿

破产费用,是指破产程序中,为全体债权人的共同利益,以推进破产程序的进行以及管理、处分债务人财产等而必须随时支出的费用。[4] 笔者认为,因债务人财产发生的破产新生税款应参考破产费用由债务人财产随时清偿。首先,因债务人财产发生的破产新生税款符合破产费用的构成要件。若将该部分新生

---

[1] 参见徐阳光:《破产程序中的税法问题研究》,载《中国法学》2018 年第 2 期。

[2] 葛克昌:《税法基本问题(财政宪法篇)》,北京大学出版社 2004 年版,第 5 页。

[3] 参见熊伟:《美国联邦税收程序》,北京大学出版社 2006 年版,第 253 页。

[4] 参见李永军:《破产法——理论与规范研究》,中国政法大学出版社 2013 年版,第 219 页。

税款也纳入普通债权顺位清偿,不仅会造成国家税收的流失,侵害公共利益,也会与现行破产法规定的破产费用相悖。其次,从比较法角度来看,其他国家已有条文先例。例如,《日本破产法》第五章第148条将新生税款列为财团债权范围,并作出了一定的限制,日本虽然将破产财产的管理、变价、分配费用与新生税款清偿顺位都设为优先受偿,但进行了清偿顺位的区分,当破产财产不足以清偿财团债权时,破产财产的管理、变价及分配费用可优先受偿于新生税款,这也是为了保障破产程序的顺利进行。另外,对于新生税款界定为财团债权,也进行了一定的限缩,只有破产财团发生的新生税款,才能属于财团债权。最后,从会计学角度来看,成本是一个重要的会计要素,也是企业利益相关者关注的重点。因破产财产发生的新生税款,是为债权人共同利益必须发生且应承担的成本支出,那么基于利益之所附,成本应支出的朴素会计学理念,因破产财产发生的新生税款理应参考破产费用,由债务人财产随时清偿。基于上述理由,笔者建议,司法实践中并不当然界定所有新生税款为破产费用或者共益债务,使其享有超级优先权,应综合权衡新生税款的形成原因、缴纳期限来确定其性质及清偿顺位,同时我国在《企业破产法》修订时可参考其他国家立法,将破产受理后因债务人财产发生的新生税款清偿顺位列为随时清偿地位,这样既不与我国现行《企业破产法》产生实体上的脱节,保障税款征收的公共利益,同时也有利于提高债权清偿率,进而保障破产程序的顺利推进。

(三)破产新生税款清偿顺位认定的程序保障

破产程序涉及众多利益平衡,新生税款的清偿顺位的认定又会影响各个债权人最后的清偿利益,法官司法审查不严抑或债权人权益表达不够,易造成群体性上访事件,影响社会稳定。为了尽可能减少不利影响,并为人民法院认可分配方案民事裁定提供正当性基础,有必要对新生税款的审查设置程序保障,实现“应然”和“实然”的统一。本文认为,从时间先后来看,主要存在以下3种方式:

1.会前:设置报告—批复—公示程序

破产程序实质上是法院审理监督下的司法程序,各方利益主体的利益平衡和合法权益的保护,离不开法院对破产程序的司法监督,以避免权力滥用。故而,在债权人会议召开前,建立对破产新生税款的会前审查监督程序是极其必要的。本文建议可分为两个层次进行审查监督:第一,破产新生税款即时清偿前进行报告、批复。在实践中,涉及破产程序中的新生税款,税务机关或者海关可能会发函进行催缴,管理人在即时清偿前,缺少报告环节。如在破产重整案件中,在第一次债权人会议召开前,管理人享有继续营业的临时管理权,为了企业继续营业和减少滞纳金损失,管理人往往会在接收到税务机关或者海关的函件后,利用临时管理权径自将该税款作为破产费用或共益债务即时清偿。但是税款金额重大即时清偿将损害债权人利益,为此,本文认为有必要对管理人新生税款即时清偿行为,设置人民法院前置报告—批复程序,由人民法院根据新生税款形成原因、税款金额等批复决定是即时清偿,还是纳入分配方案与其他债权人一并同时清偿,以此既有利于维持企业营运价值,又可平衡全体债权人利益。第二,管理人应将其制作的分配方案涉新生税款草案进行会前公示。当企业处于破产程序中,新生税款的清偿顺位对其他债权人的影响同时也会相应被放大。由于新生税款的税种、形成原因、缴纳金额、缴纳期限等均不能被利害关系人所知晓,缺乏公示公信的效果,对债权人的可期待利益产生不利因素。因此,无论是作为共益债务随时清偿还是与普通债权同顺位清偿,均应设置会前公示环节,如此才不会伤及债权人参与破产的积极性,也是对我国欠税公告制度缺失的补强和完善之举。

2. 会中:全面披露新生税款信息

法律的经济分析理论认为,每个人都是其自身利益的最佳判断者。[1] 对新生税款进行全面披露有利于保障债权人的自治权,从而更理性地维护自身利益。全面披露破产新生税款纳税人、税种、税率、征收金额、形成原因等信息有利于债权人更加理性地对分配方案行使表决权,对债权人积极参与破产程序以及合法权益的维护以及破产程序的有序推进均具有重要作用。在债权人会议中,法官应监督管理人向债权人全面披露有关新生税款的信息,包括纳税人、税种、税率、征收额、形成原因、缴纳期限、清偿顺位等,保障债权人有效行使决策权利,尽可能避免法院或管理人完全直接代为作出决策。

3. 会后:重视异议的表达

哈贝马斯认为,法院判决是为解决事实与规范的内在张力,须符合合理的可接受性。[2] 合理的可接受性要求参与主体通过平等、自由的交往行为,在协商、沟通、对话的环境中达成对法律正当性的共识,增强裁判的可接受性。破产程序

---

〔1〕 参见刘大洪:《法经济学视野中的经济法研究》,中国法制出版社 2008 年版,第 482 页。

〔2〕 参见[德]哈贝马斯:《在事实与规范之间——关于法律和民主法治国的商谈理论》(修订译本),童世骏译,生活·读书·新知三联书店 2014 年版,第 245 页。

通过债权人会议的形式对分配方案进行讨论、表决,就是一个达成共识的过程。然而,既有共识就可能存在异议,但当前的破产程序并未对分配方案所涉新生税款异议规定确定救济途径,这不利于债权人情绪的表达和分配方案民事裁定可接受性的增强。本文认为,应重视异议的表达,确定"债务人、债权人对新生税款清偿顺位有异议的,应当说明理由和法律依据。经管理人解释或调整后,异议人仍然不服的,或者管理人不予解释或调整的,异议人应当请求人民法院予以重新审查"的异议程序,人民法院不可贸然强裁涉及新生税款的分配方案,给分配方案的执行带来难度,应以异议理由是否会成立为思考点对税款承担进行反思与修正,并由管理人进行重新调整,以此来保障债权人、债务人异议的权利。

四、结　语

我国法院在司法实践中对破产新生税款的清偿顺位认定时易产生争议。然而,因国内理论界从事破产法和税法研究的专家学者为数不多,实务界破产审判业务又相对冷门,破产新生税款的清偿顺位问题没有引起理论界和实务界的广泛关注,故愁于应对。本文认为,新生税款清偿顺位的认定,应以程序审查为前提,以实体规范为基准,两者不可偏废;同时,还应立足利益衡平,回应现实矛盾。本文主张要"克制"认定新生税款的优先权地位,并旨在按照类型化方法建构一个较精细化的实体规则、程序运作体系,以期实现不同利益主体之间的平衡。希望借此研究能引起理论界和实务界对破产新生税款清偿的更多关注与研究,为破产涉税问题的司法实践以及《企业破产法》修订提供有益的参考。

附：破产新生税款清偿顺位认定思维导图

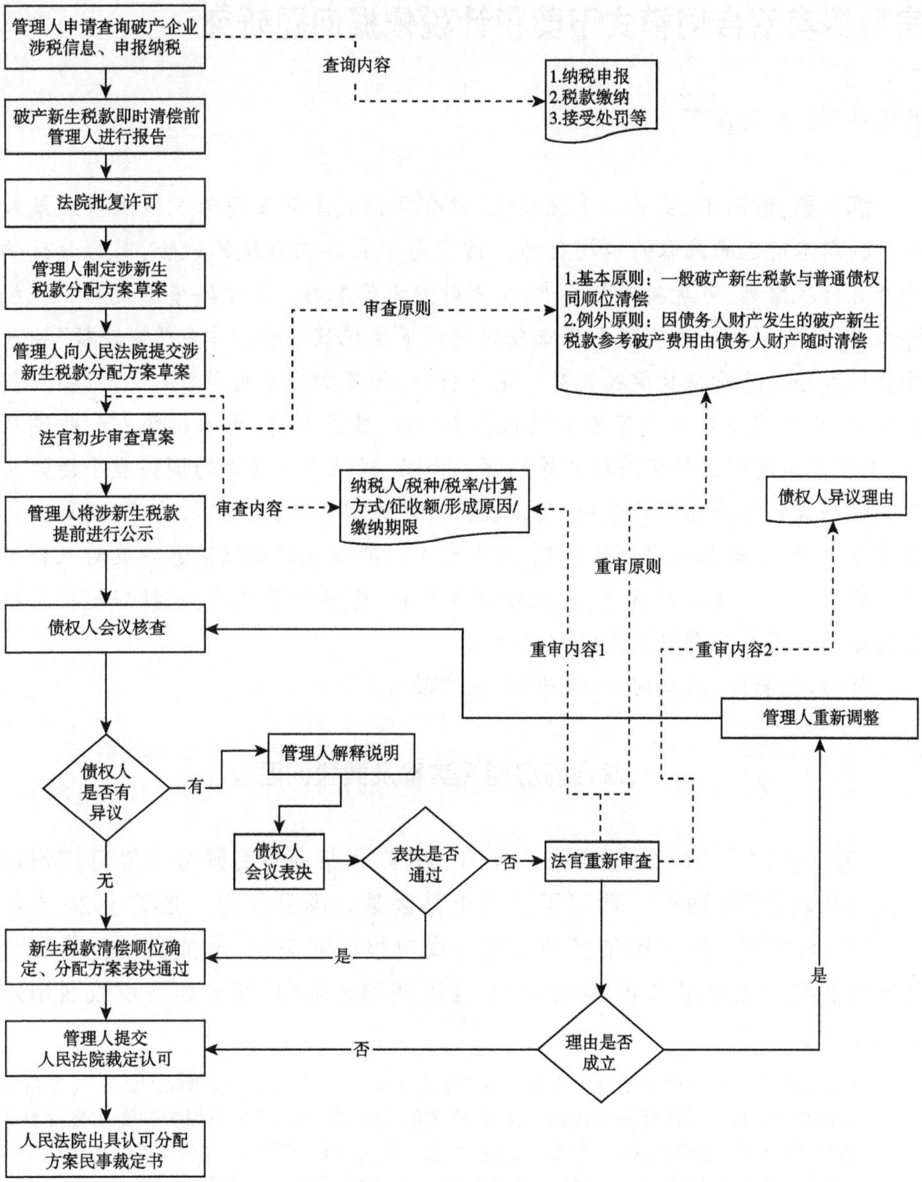

（责任编辑：王婷婷　张成松）

房屋买卖双合同模式下契税计税依据问题研究*

黄振鹏**　史正保***

摘　要：商品房“买卖＋委托装修”双合同模式是开发商为规避限价政策和争取利润不得已而采取的市场行为。该交易模式存在避税的风险，同时导致购房者首付款增加，可贷款资金减少，背离政府限价本质。基于实质课税与稽征经济考量，目前契税征收实践中将双合同模式下委托装修合同中的“装修款”纳入房屋买卖合同总价征收契税具有一定正当性，但不加区分地将“装修费”纳入契税征收，在实践中也产生了违背税收基本法理、重复征税、影响纳税人税收遵从度、不利于绿色环保精装房推广等问题。因而，对双合同模式的调整应平衡好实质课税和税收公平原则的适用，坚持税收法定原则推动契税征收法律化，加大司法审查力度，完善各部门协作机制，并参考个人所得税的税收优惠政策对双合同交易模式给予一定契税优惠，减轻纳税人负担，保障税源稳定，发挥好契税在推动房地产市场高质量发展中的积极作用。

关键词：契税；双合同；计税价格；装修款

一、双合同房屋买卖案及契税问题

2013年12月26日，原告张某与第三人广州某商贸有限公司签订广州市商品房买卖合同（预售），购买了广州市某区某处商品住房。张某于2015年11月17日向被告广州市某区地方税务局申报缴纳契税，申报资料包括房屋建筑面积测绘成果报告书、购房合同、身份证和3张《广东省地方税收通用发

---

* 甘肃省教育厅科技创新项目“‘互联网＋’背景下纳税人涉税信息法律保护研究”（项目编号：2022B－14）、司法部法治建设与法学理研究项目“黄河流域生态保护和高质量发展研究”（项目编号：20SFB2032）、甘肃省教育厅“双一流”科研重点项目“黄河流域生态保护协调治理的法治保障研究”（项目编号：GSSYLXM－07）的阶段性研究成果。

** 甘肃政法大学民商经济法学院教师，中国政法大学民商经济法学院博士研究生。

*** 西安培华学院法学教授。

票(电子)》(行业类别:销售建筑物、构筑物),张某提供的第三人向其开具的3张销售建筑物、构筑物发票中,两张的金额分别为870,565元、870,567元(款项性质均备注为“预收购房款”;另外一张的金额为310,372元(款项性质备注为“装修款”),3张发票合计金额2,051,504元。广州市某区地方税务局纳税服务分局经审核张某提供的申报资料,确认其所购房屋的契税计税价格为购房款和装修款总额2,051,504元,税率为3%,应纳税额为61,545.12元。张某于当日在相关申报资料上签名确认,并随后缴纳契税以及领取了契税完税凭证。后张某认为,广州市某区地方税务局纳税服务分局对其征收的上述契税中违反了我国《契税暂行条例》(已失效)第4条及《契税暂行条例细则》(已失效)第9条之规定,不应对款项性质备注为“装修款”的金额310,372元的款项征收契税,应当退还多征收的契税9311.16元。张某遂向广州市某区地方税务局提出复议申请,要求退还多征的契税。广州市某区地方税务局受理复议申请审查后,认为广州市某区地方税务局纳税服务分局具体行政行为认定事实清楚,证据确凿,适用依据正确,程序合法,并于2016年3月4日作出行政复议决定,对被告广州市某区地方税务局纳税服务分局的契税征收行为予以维持。原告不服,遂起诉。

从该案法院一审、二审判决书来看,[1]该案争议焦点应该是商品房买卖双合同模式下房屋装修款是否要计入契税计税价格征收契税,这也是本文所要研究的重点问题。针对该案的争议焦点,一审法院认为:根据《契税暂行条例细则》(已失效)第9条的规定,“条例所称成交价格,是指土地、房屋权属转移合同确定的价格”。根据国家税务总局《关于承受装修房屋契税计税价格问题的批复》(国税函〔2007〕606号,已失效,以下简称国税函〔2007〕606号文)规定,计税价格应以合同总价款的金额为准,买卖装修的房屋,装修费用包括在内。被告广州市某区地方税务局纳税服务分局根据原告张某提交的契税申报资料,确认其所购房屋的契税应纳税额为61,545.12元,经原告张某在相关申报资料上签名确认,并缴纳契税,上述行政行为符合法律、规章之规定。被告广州市某区地方税务局依法受理了原告的复议申请后,依法作出的行政复议决定适用法律正确,程序合法。原告张某提出其缴纳契税中应不包含装修款的意见,于法不符,不予

〔1〕参见广州铁路运输第一法院行政判决书,(2016)粤7101行初882号;广州铁路运输中级法院行政判决书,(2016)粤71行终1687号。

采纳。后张某上诉,该案二审法院维持了一审裁判结果,认为一审裁判符合法律规定,并无不当,“上诉人认为被上诉人计税价格计算错误,不应包含装修款的上诉意见,法律依据不足,其上诉请求不予支持”。

尽管该案经过二审终审,以司法裁判形式进一步确立了“买卖装修房屋的,装修费应计入契税征收总价”的规定,但细读国税函〔2007〕606 号文,却能发现两点疑问:一是契税计税依据为房屋买卖合同的总价款,现购房者与售房者之间另外单独签订委托装修合同,并对委托装修合同开具有效票据,双合同模式下装修费用根本就没有包含在房屋买卖合同的总价款之中,这种情况也要对装修费用征收契税吗?那么,委托装修合同与房屋买卖合同之间法律关系如何?二是购房者到底购买的是装修房屋,还是购买了毛坯房和另行购买装修劳务?该判决书尽管对实践中大量存在的通过“房屋买卖 + 委托装修”双合同模式契税征收纠纷解决有一定启示,但较遗憾的是,该法院裁判的司法过程并未对该案事实符合法律规范进行涵摄论证,只是较机械地套用大前提规范与小前提事实得出该案裁判结果,继而使“批复在司法证成过程中消失”。二审法院也以一审同样理由驳回上诉,对该案双合同法律关系以及核心问题装修费是否计入契税总价并没有进行充分论证。

二、双合同模式产生的背景及契税计税依据

(一)问题产生的背景

近年来,政府为调控房地产市场,“坚持‘房子是用来住的、不是用来炒的’定位”。[1] 多地房管部门出台限价调控政策对新房成交备案价格严格控制,要求房地产开发企业根据房管部门的指导价格预(销)售商品住宅。系列调控政策都起到了很好的成效,有效遏制了投机性炒房,缓解了房价高企问题。但由于政府指导价与开发商实际成本及市场利润之间存在差距,无形中催生了新房商品房买卖的“双合同”模式。所谓“双合同”,即购房者与销售方或其授意的第三方在购房过程中签署两份合同,其中一份为符合政府指导价的房屋买卖合同,作

〔1〕 习近平:《决胜全面建成小康社会　夺取新时代中国特色社会主义伟大胜利——在中国共产党第十九次全国代表大会上的报告》,载中国政府网,http://www.gov.cn/zhuanti/2017-10/27/content_5234876.htm。

为向住房和城乡建设委员会报送的网签合同价格。另一份为委托装修等名义的相关合同,该份合同留在买卖双方手中,不进行备案报送。而第二份诸如委托装修合同是买卖双方自愿签订,当没有开具发票时,税务机关和其他政府部门较难查证,易引发税收征管问题。司法实践中出现了商品装修房买卖合同中装修合同的3种表现形式:(1)出卖人与买受人签订的商品房买卖合同中的装修条款;(2)出卖人与买受人另行签订的装修合同;(3)经出卖人指示,买受人与第三方装修企业双方或者出卖人、买受人与第三方装修企业三方签订的装修合同等。〔1〕 无论是何种形式,都能看到商品房买卖与装修双合同模式下,两份合同之间存在一定法律或事实上的关联性。

(二)契税的计税依据

契税作为“中国税制中保留并且依然使用传统名称的唯一税种”,〔2〕是因土地、房屋权属发生移转变更而在当事人之间订立契约时,由产权承受人缴纳的一种财产税。〔3〕 它的最初功能是保护产权,而现代功能则在于创设物权,如此既有助于增加地方政府的财政收入,也利于保护合法产权,避免产权纠纷。〔4〕 因此,也流传着“买地(房)不税契,诉讼无凭据”的说法。而从契税产生的历史沿革与发展来看,契税征收涵盖范围较广、税源稳定,只要产生不动产权属的转移,承受人就应缴纳契税,具有筹集调节收入、调控房地产市场的积极功能。契税的计税依据是“为土地、房屋权属转移合同确定的成交价格”。在实践中,因权属转移成交价格形式多样,可能既有市场价格,又有政府指导价,还有机构评估价格或者双方合意价格,可能影响契税计税依据成交价格的判断,因而《契税法》保留了当成交价格异常时税务机关有权对其核定调整的权力,进而确认契税的计税依据。在该案中,销售方按照毛坯房备案的政府指导价与购买方签订商品房买卖合同,同时另行与购买方签订该房屋的委托装修合同。根据契税的计税依据规定,应当首先按照双方达成的房屋买卖合同确定的成交价格来计算契税计税总价,而该案中双方成交价格即为毛坯房买卖合同确定的房屋成交价格,并

---

〔1〕 《江苏省高级人民法院印发〈商品装修房买卖合同装修质量纠纷案件审理指南〉》,载中国法院网,https://www.chinacourt.org/article/detail/2019/12/id/4733873.shtml。

〔2〕 杨大春:《中国近代财税法学史研究》,北京大学出版社2010年版,第210页。

〔3〕 张守文:《税法原理》(第6版),北京大学出版社2012年版,第325页。

〔4〕 叶姗:《房屋土地权属变更税制的整体化考察》,载熊伟主编:《税法解释与判例评注》第5卷,法律出版社2014年版,第14页。

不包括委托装修合同中的装修款。而若税务部门稽查征收过程中发现纳税人存在利用房屋买卖双合同模式避税出现成交价格异常且无正当理由时,根据《契税法》第4条的规定,税务部门有权根据《税收征收管理法》的规定进一步调查核定征收。而当房屋买卖合同成交价格符合市场正常交易区间并能提供相关合法有效票证时,根据《契税法》计税依据之规定,税务部门不宜径行将装修费纳入房屋买卖成交价格作为计税依据总价。

从契税是将土地、房屋权属转移要素作为征收对象来看,“房屋买卖+装修”双合同模式相当于人为附条件的房屋权属转让行为,存在避税侵蚀税基的风险,也给税收征管带来不便。基于反避税和稽征经济的考量,国税函〔2007〕606号文中就规定:“房屋买卖的契税计税价格为房屋买卖合同的总价款,买卖装修的房屋,装修费用应包括在内。”而契税的计税依据就是转让房屋权属的买卖合同成交价,[1]委托装修合同中的房屋装修费是否应包含在买卖合同成交价中本身存在一个解释的空间。实践中至少有两种常见模式,第一种为销售方与购房者买卖已装修的房屋即俗称“精装房”的,可以被认定为批复所称“买卖已装修房屋”,装修费被纳入买卖合同总价计征契税,这种情况所产生的纳税争议较少。第二种也即该案交易类型,为销售方与购房者在签订买卖毛坯房合同之外又签订委托装修合同,此种模式是否属于“买卖已装修房屋”存在一定争议,因为真正意义上的委托装修行为不属于契税征收范围是肯定不被计入契税计税依据的。但较遗憾的是,该文并未对何为“买卖装修房屋”进行解释或者列举,契税征收实践中对这两种交易模式也并未区分,统一认定为“买卖装修房屋”将装修费纳入契税计税总价。此种认定可能存在将装修行为不当纳入了契税征税范围的问题,在实践中因此所产生的争议也并未减少。目前该文已废止,最新发布的财政部、税务总局《关于贯彻实施契税法若干事项执行口径的公告》(财政部、税务总局公告2021年第23号,以下简称2021年第23号文)第2条第7款规定“承受已装修房屋的,应将包括装修费用在内的费用计入承受方应交付的

---

〔1〕《契税法》第4条规定:“契税的计税依据:(一)土地使用权出让、出售,房屋买卖,为土地、房屋权属转移合同确定的成交价格,包括应交付的货币以及实物、其他经济利益对应的价款;(二)土地使用权互换、房屋互换,为所互换的土地使用权、房屋价格的差额;(三)土地使用权赠与、房屋赠与以及其他没有价格的转移土地、房屋权属行为,为税务机关参照土地使用权出售、房屋买卖的市场价格依法核定的价格。纳税人申报的成交价格、互换价格差额明显偏低且无正当理由的,由税务机关依照《中华人民共和国税收征收管理法》的规定核定。”

总价款”。该条款内容承袭了国税函〔2007〕606号文之精神，但也并没有对“承受已装修房屋”这一表述作出进一步解释。该案中，毛坯房交易同时签订委托装修合同是否属于公告所言之“承受已装修房屋”并非不言自明，这就涉及如何理解“承受已装修房屋”。而在二手房交易市场中，因为大部分二手房都为已装修房屋，因而较少会产生对“承受已装修房屋”的理解差异问题，发生的契税纳税争议并不多。对该问题的纳税争议主要集中在新房交易市场中，因此，根据本案事实及实践经验，本文也主要探讨新房交易市场双合同契税征收问题。为深入研究这一问题，应先明确契税计税价格并厘清商品房买卖合同与委托装修合同之间的法律关系，但该案法院裁判并未对此进行说理。

另外，实践中纳税义务发生时计税依据的确定性问题也需要被重视。根据《契税法》第9条的规定，契税的纳税义务发生时间为“签订土地、房屋权属转移合同的当日，或者纳税人取得其他具有土地、房屋权属转移合同性质凭证的当日”。由此可见，在契税构成要件规则层面，税法并未吸纳民法中物权登记行为对于权属的意义，同时也未吸纳民法对于债权行为效力的认定，〔1〕规定其在取得房屋权属转移合同凭证当日即发生纳税义务，并在一定期限内进行纳税申报与缴纳。目前在实际执行中，缴纳契税与立契过户一般是在房屋所在地的房地产交易所同步办理。就该案契税纳税义务发生时间而言，纳税人在取得房屋权属转移合同凭证当日即纳税义务发生时所承受的是房屋买卖合同所约定的毛坯房，而并没有承受已装修房屋。因而这里存在如何理解“承受已装修房屋”纳税义务发生时的契税计税依据问题。

三、房屋买卖与委托装修双合同的法律关系及契税问题分析

（一）是否属于主从合同法律关系分析

在税收关系中，民事行为及其经济效果是税法的课税对象与事实基础，税法是民法的前行法。〔2〕在税款征收过程中必然会涉及对相关应税行为法律性质的识别和判定，该案中双合同的法律性质及其关系虽不必然与契税计税依据直接关联，但该案涉税争议本身就是因为具有关联性交易的双合同模式引起的，厘

〔1〕 郭维真：《契税征税对象与民法之关系》，载《民主与法制时报》2021年9月23日，第6版。

〔2〕 杨小强：《论民法典与税法的关系及协调》，载《政法论丛》2020年第4期。

清双合同法律关系是查清该案事实进行课税对象判断的重要基础。正是因为该案裁判忽视了对双合同模式法律性质和关系的分析说理,也成为其不自觉陷入“司法机械主义”裁判的重要原因。因而,为更加深入、全面、客观分析双合同模式的契税征收问题,先对双合同模式的法律性质与关系进行分析很有必要。从该案事实来看,属于典型的销售方以毛坯房价格备案,对外销售亦符合备案价格范围,但在销售时又单独与购房者签订委托装修合同的情形。而往往委托装修合同内容与买卖合同之间存在一定关联,形成具有关联性的合同。关联性合同,是指不同合同间因具有某种事实上的联系,从而导致这些合同产生互为彼此的履行基础或履行保障关系的合同。[1] 比如,笔者在接受某税务部门对该案类似问题法律咨询时,就遇到销售方与购房者在另行签订的委托装修合同中约定关联性条款“装修合同的成立与解除以买卖合同为前提,并约定装修合同不能解除”。[2] 关联性合同一般分为两种,一种是主从合同,另一种是普通的关联性合同。从主从合同视角判断,购房合同属于买卖合同,委托装修合同属于《民法典》规定的委托合同,虽然该案双合同的签约主体均相同,但两者均为相互独立的有名合同类型,并不属于法律上的主从合同。主合同是不需要其他合同而独立存在的合同,从合同要依赖其他合同而存在,因而又被称为“附属合同”,其附属性又具体表现为合同的发生、效力、消灭等多方面。[3] 通常认为主从合同的判定标准主要为:第一,合同成立从属性。从合同成立以主合同成立为前提,只有在主合同有效成立下,从合同才成立。第二,合同效力从属性。主合同被确认无效或被撤销,从合同亦失效,而从合同成立及效力被否定时,主合同效力一般不受影响。第三,合同转让从属性。主合同权利发生转让,从合同权利不得与主合同分离而单独存在,需一并转让。第四,合同消灭从属性。在一般情形下,主合同因特定原因消灭,从合同亦应消灭。该案委托装修合同与购房合同虽约定了权利义务关联性条款,存在一定的联系,但委托合同的成立、生效、转让、消灭并不必然以房屋购买合同为前提,两份合同的签订主体虽然相同,但主体所享受

---

[1] 参见最高人民法院审判监督庭编:《审判监督指导》(2011 年第 2 辑·总第 36 辑),人民法院出版社 2011 年版,第 187 ~ 188 页。

[2] 笔者跟随团队在接受当地某税务部门对本案类似情形咨询时,发现新房“买卖 + 装修”双合同中约定了大量关联性条款,在实践中税务部门对双合同模式契税如何征收这一问题仍有疑惑。

[3] 王利明:《民法学》(第 2 版),复旦大学出版社 2015 年版,第 454 页。

之权利与承担的义务并不相同,属于意思表示自由下相互独立的两份合同,其交易的实质是买卖合同签订后,销售方与购房者又单独签订了委托装修合同。从主从合同法律关系视角审视,该案要将委托装修合同装修费计入买卖合同总价,缺少法理基础。

(二)是否属于普通关联性合同及连带产生的契税问题

有观点认为,该案不能单纯从民事交易法角度静态观察双合同的类型与性质,根据实质课税原则,应结合两份合同关联性条款从整个交易实质判定合同关系。在实践中,双合同模式下尤其是委托装修合同往往约定了其成立、生效、解除以买卖合同为前提的效力性关联条款,形成了意思自治约定下的"关联合同",以双方意思自治人为建立双合同的关联性。而这样效力捆绑式的关联条款约定又会引起两个连带性问题。一是虽然实践中存在大量关联交易行为,但我国并没有确立"关联合同"这一制度,无法以关联合同制度对该交易模式作出整体判断与调整。该制度是建立在消费合同与借贷合同交易环节的稳定性关联基础之上的,而且消费信贷关联交易具有经济整体性,与本文案例中交易双方人为建立关联性条款绑定合同效力有着本质区别。尽管我国最高人民法院颁布的《关于审理商品房买卖合同纠纷案件适用法律若干问题的解释》第 20 条规定了因商品房买卖合同无效导致的与银行担保合同解除的处理意见,对此问题作出部分回应,但并没有专门制定关联合同制度,因而需要单独观察两份合同内容的关联性。二是当分别观察双合同内容时,最先需要解决的应该是合同效力性问题,实践中请求确认双合同模式下委托装修合同无效的案件也频频发生。一个最直接的问题是,假如税务部门将装修款纳入房屋总价计征契税,后装修合同被法院认定为无效,装修行为也并未发生,那装修费被计入房屋买卖总价作为契税依据所缴纳之契税,是否可以申请退还?如果税务部门认为装修合同无效不影响买卖合同效力,不属于《契税法》第 12 条[1]规定的权属转移合同无效可以申请退税的情形,那就无效装修合同约定的"装修费"所征收的契税是否属于多征应予以退还?目前并未查询到相关案例,但双合同模式下将装修款不加区分地计入买卖合同总价征收契税在委托装修合同无效后所涉契税退还问题,将直接

[1] 《契税法》第 12 条规定:"在依法办理土地、房屋权属登记前,权属转移合同、权属转移合同性质凭证不生效、无效、被撤销或者被解除的,纳税人可以向税务机关申请退还已缴纳的税款,税务机关应当依法办理。"

关系纳税人实质性财产权利,应当值得被重视。

(三)双合同模式下委托装修合同效力司法裁判样态

双合同模式下的合同效力问题也是影响契税征收的一个重要因素。该种模式下频频发生委托装修合同纠纷。[1] 购房者通常以委托装修合同为格式条款、违背真实意思表示,或者违反政府相关限价政策主张委托装修合同无效。针对这两份合同尤其是装修合同效力问题实践裁判结果也是莫衷一是,主要有以下两种裁判观点:

第一种认为,委托装修合同无效或可被撤销。主要观点为购房者签订精装修合同必须是出于真实的、自由的意思表示,否则合同无效或可被撤销。虽然意思表示不真实很难被证实,但双合同模式中一种典型的"意思表示不自由"情形是,有证据表明,销售方将缴纳装修保证金、签署精装修合同作为商品房买卖合同签署的前置条件——若不签署精装修合同,则不能购买该房屋,存在强制性的捆绑销售,并将买卖合同生效失效作为装修合同无效的前置条件。例如,广州市中级人民法院裁判认为,虽然《精装修合同》是购房者与装修公司签订的,但应认为《精装修合同》是由开发商主导签订的,并非购房者的真实意思表示。[2] 还有裁判认为:若"捆绑装修售房"模式违反"政府限价政策",进而被认定违背公序良俗,则精装修合同应属无效。[3] 而对购房者可否行使《民法典》第933条赋予委托合同的"任意解除权",多数法院给出了否定答案。如成都市中级人民法院裁判认为,《委托装修协议》不能独立于《四川省商品房买卖合同(预售)》而存在,刘某庆基于委托合同关系中的任意解除权,要求解除并非独立成立的案涉《委托装修协议》,法院不予支持。[4]

---

[1] 《9房企公开信吁慎重处理精装退差诉讼,江苏高院:走法律途径》,载百家号,https://baijiahao.baidu.com/s?id=1629040159061442731&wfr=spider&for=pc,最后访问日期:2023年6月2日。需要说明的是,因双合同模式下装修合同纠纷案件频发,江苏省高级人民法院罕见地发布了《商品装修房买卖合同装修质量纠纷案件审理指南》回应解决此类问题。

[2] 参见"黄某健、广州广进房地产开发有限公司商品房预售合同纠纷案",广东省广州市中级人民法院民事判决书,(2018)粤01民终15723号。

[3] 参见"王某文、李某江与佛山市裕朗通房地产开发有限公司装饰装修合同纠纷案",广东省佛山市中级人民法院民事判决书,(2021)粤06民终6379号。

[4] 参见"刘某庆与郫县格林实业发展有限公司商品房销售合同纠纷案",四川省成都市中级人民法院民事判决书,(2019)川01民终10580号。

第二种认为,委托装修合同有效。购房者要证明自己的意思表示不真实、不自由的举证难度较高,出于交易稳定的考虑,法院往往不会轻易认定《精装修合同》无效或者判决撤销。如深圳市宝安区人民法院裁判认为,装修公司为开发商指定,契约三方关于统一装修标准的合意是确定的,装修合同由双方当事人协商自愿签署,为真实意思表示,合法有效。[1] 也有不认为违反"政府限价政策"无效的案例,如贵阳市中级人民法院裁判认为,《委托装修合同》是双方真实意思表示,合同没有违反法律、行政法规的效力性强制性规定,属于有效合同。对于是否涉嫌规避限价政策等问题,非法院主管范围,应当由相关行政主管部门依法判定和查处。[2] 其实相当于在现行法律规则基础上认为合同有效。

总体观察,探究法院裁判思路,核心在于:"双合同"安排并不违"法",盖因"法律、行政法规"限定为全国人大及其常委会制定的法律和国务院制定的行政法规,各地土地房管部门出台的限价政策非属法律法规之范畴,因而在认定委托装修合同无效时法院较谨慎。[3] 一般会将意思表示不真实、存在捆绑销售的格式条款等行为作为判断合同无效或者可撤销的重要因素。另外,司法裁判实践中因为双合同权利义务存在事实上的关联,在一定程度上限制了委托装修合同的任意解除权能。而对于委托装修合同无效与契税征退问题,应当客观地看到,合同行为(债法行为)效力问题与税法上应税行为并不全然相同,税法并不必然关注合法非法、有效无效,为防范避税等行为导致国家税款流失的风险,税法更加关注合同无效所带来的经济事实和其他法律效果,强调实质课税,在符合课税要素后,进行税款征缴完全符合税法的逻辑。从税法角度,本文也认为,即使装修合同被认定无效,也并不符合《契税法》第 12 条规定的权属转移合同凭证不生效、无效、被撤销或者被解除可以申请退税的条件。从契税法定可退税情

---

[1] 参见"盛某仪与深圳市润景装饰工程有限公司物权保护纠纷案",广东省深圳市宝安区人民法院民事判决书,(2019)粤 0306 民初 16309 号。

[2] 参见"龚某群与贵阳西南国际商贸城有限公司装饰装修合同纠纷案",贵州省贵阳市中级人民法院民事判决书,(2020)黔 01 民终 4105 号。

[3] 刘文鹏:《实践视角下商品房买卖"双合同"纠纷处理分析》,载《北京仲裁》2020 年第 2 期。

形来看,[1]因委托装修合同无效而导致的多征收契税也并不在可申请退税范围之内,但这里理解的困难就在于委托装修合同无效后基于将“装修费”纳入契税计征总价可能多征税无法退还的问题是真实存在的。

四、双合同模式下装修费是否应计入契税计税依据

根据该案事实,本文语境下的双合同模式,即毛坯房备案、毛坯房预售、毛坯房签订买卖合同,又单独开具装修费发票的行为。在司法裁判实践中,因存在涉税争议复议前置程序,涉及毛坯房装修费契税征收纠纷在司法裁判中并不常见。经查询,只有该案是直接针对装修费是否属于契税征收范围作出判决,其他相关案例均为因解决其他涉税争议而间接对装修费是否计入买卖合同总价征收契税作出裁判。[2] 目前,该案所依据的国税函〔2007〕606 号文已失效,最新 2021 年第 23 号文中规定“承受已装修房屋的,应将包括装修费用在内的费用计入承受方应交付的总价款”。那么,如何解释“承受已装修房屋”,将成为解决本问题的关键。笔者认为,基于实质课税与稽征经济原则将双合同交易行为统一纳入契税征收范围有其合理性,但不加区分地将装修费纳入契税计税总价会产生诸多不利影响,不宜将装修费直接纳入契税计税总价。主要从以下方面论述。

(一)将装修费计入房屋买卖合同总价计税,缺乏基础法理支撑

一是税收征收行为必须遵守税收法定原则。税收法定原则内容包括课税要素法定原则、课税要素明确原则、依法稽征原则。[3] 税收法定主义的意义不仅

---

〔1〕 财政部、税务总局《关于贯彻实施契税法若干事项执行口径的公告》(财政部、税务总局公告 2021 年第 23 号)第 5 条第 4 项规定:“(四)纳税人缴纳契税后发生下列情形,可依照有关法律法规申请退税:1. 因人民法院判决或者仲裁委员会裁决导致土地、房屋权属转移行为无效、被撤销或者被解除,且土地、房屋权属变更至原权利人的;2. 在出让土地使用权交付时,因容积率调整或实际交付面积小于合同约定面积需退还土地出让价款的;3. 在新建商品房交付时,因实际交付面积小于合同约定面积需返还房价款的。”

〔2〕 参见“吴某琴诉北京市朝阳区地方税务局第六税务所契税征收行为上诉案”,北京市第三中级人民法院行政判决书,(2015)三中行终字第 135 号。该案中,法院判决应将装修费纳入契税总价计征。又如,“朱某斌诉安徽省黄山市地方税务局、黄山市人民政府税务行政管理(税务)案”,安徽省黄山市屯溪区人民法院行政判决书,(2016)皖 1002 行初 54 号。该案中,法院同样认为应将装修费纳入契税计税总价计征。

〔3〕 张守文:《论税收法定主义》,载《法学研究》1996 年第 6 期。

在于要求落实纳税人的同意权，实现课税要素法定，还要求税务机关严格在法律限定的权力范围内行政，不得要求纳税人多缴纳税款，也不得擅自决定减免税。[1] 征税对象法定是税收法定的基本内容之一，而作为上位法的《契税法》征税对象是针对房屋权属转移要素，并未明确规定经过权属转移的房屋需要“已装修”，将装修费纳入征税范围不仅存在扩大税基的嫌疑也在无形中增加了纳税人税收负担。另外，该案当时裁判所依据的国税函〔2007〕606号文属于税务规范性文件，其要求将装修费纳入买卖合同总价来计征契税本身就因其可能不当扩大《契税法》计税依据，直接影响纳税人财产权，存在效力位阶的质疑。实践中，部分购房者表示只用一个税务规范性文件就征收装修费的契税，而不是根据法律，这让其很难接受，税收批复文件作为税款征收行为行权和司法裁判的法源正当性依据问题也值得探讨。

二是尽管税收征收行为与民商事法律行为逻辑并不相同，但税收关系是建立在税法事实基础上的行政关系，而税法事实是民法事实经由税法评价后的结果，[2]因而民商事交易的法律行为作为预将被纳入应税行为评价体系的基本前置性要素，应当被重视。两份合同属于不同法律行为，尽管存在关联性，但均具有独立法律性质。前文已分析无论是从主从合同还是普通关联性合同角度观察，在合同双方意思表示真实且无明显不当的情况下，不宜用行政手段强行介入合同契约自治领域，并且当委托合同被认定无效时也会产生契税多征无法退税的连带性问题，这不利于市场交易的稳定性。

三是该案中销售方对装修费用已经单独开票，购房者已取得合法有效的税收凭证。该行为意味着纳税人应当获得税务机关对其已经履行诚实纳税基本义务的信任。有学者提出纳税人应当具有诚实推定权，即指纳税人有被税务行政机关假定为依法诚实纳税的权利，征税机关在税收征管过程中，应推定纳税人在处理纳税事宜时是诚实的。[3] 税务机关在没有相反证据证明纳税人交易价格异常且其有正当理由时，应承认纳税人纳税申报信息及材料的真实性与合法性。

---

〔1〕 熊伟：《重申税收法定主义》，载《法学杂志》2014年第2期。

〔2〕 王霞：《民事行为税务定性中的“形式”与“实质”》，载《山西大学学报（哲学社会科学版）》2022年第1期。

〔3〕 刘剑文：《〈税收征收管理法〉修改的几个基本问题——以纳税人权利保护为中心》，载《法学》2015年第6期。

而实践中因委托装修合同并不需要备案,若在没有开票的情形下,税务部门较难发现该笔交易,此前各地实践中也存在“装修费”未被发现从而没有被计入契税计税总价征收之情形。这就会产生法理悖论,基于合法交易对装修费正常单独开票行为因触发国税函〔2007〕606 号文所规定双合同交易模式被认定为“买卖已装修房屋”需要被纳入契税征收范围缴纳税款,而若无开票行为则可能不会被发现从而少缴税。因开票这样合法的行为进入了法律需额外苛责义务的范畴,而因不开票这样非法的行为反而可能躲避此种义务,这无形中助长了避税等不规范交易行为的滋生。

(二)根据法律解释方法将“装修费”纳入契税计税总价有扩大解释之嫌

因该案当时所依据的国税函〔2007〕606 号文已失效,那么就涉及如何对 2021 年第 23 号文中规定“承受已装修房屋的,应将包括装修费用在内的费用计入承受方应交付的总价款”的理解。结合法律事实进行规范性解释,即寻找案件事实与法律规范意义同一性的过程。而该条款语义内涵的模糊、语境场景的转化需要法律解释。从条文内容来看,重点需要对“承受已装修房屋”和“承受方应交付的总价款”进行解释。根据法律解释基本方法对“承受已装修房屋”应当优先适用文义解释方法。文义解释在平衡价值、规约权力、形式合理、结论正义的功能为司法裁判提供优先方法论依循。[1] 狭义的文义解释主要是指严格按照法律条文字面的通常含义解释法律。[2] 而税法解释方法中一般也认为,应当先进行文义解释,并且所作的解释不应超出可能的文义。[3] 首先,《现代汉语大词典》中“承受”一词的基本文义有两层内涵。一是接受、承担;二是继承。其次,从整个《契税法》的规范体系观察,其实早在《契税暂行条例细则》(已失效)第 3 条规定:“条例所称承受,是指以受让、购买、受赠、交换等方式取得土地、房屋权属的行为。”条款中“以……方式取得土地、房屋权属的行为”,谓语结构核心动词为“取得”一词,而“取得房屋”与“接受房屋”在解释“承受房屋”的语义内涵上具有一致性,即该文义解释在未超出基本语义范畴内完成自检。结合该案事实从文义和体系解释角度理解,这里的“承受”之含义有接受、取得、购买房屋权属行为之意。最后,明确“承受”语义之内涵后,对如何理解“承受已装修房

〔1〕 魏治勋:《法律解释的原理与方法体系》,北京大学出版社 2017 年版,第 172 页。

〔2〕 舒国滢、陶旭:《论法律解释中的文义》,载《湖南师范大学社会科学学报》2018 年第 3 期。

〔3〕 张守文:《税法原理》(第 8 版),北京大学出版社 2018 年版,第 100 页。

屋”一定要注意，“承受已装修房屋”是买卖合同签订时已承受，还是最后物权登记取得房屋权属时已承受，即上文所提到的明确“承受已装修房屋”计税依据的纳税义务发生时间点非常重要。从契税纳税义务的产生时间来看，应该是指纳税人合同签订获得权属转移凭证时判断是否存在承受已装修房屋的行为，而不是从最后交付房屋物权变更时判断是否承受了已装修房屋。从这个角度来看，购房者签订购买房屋合同行为发生纳税义务时所承受的是毛坯房，不属于“承受已装修房屋”。另外，值得注意的是，根据该案事实以及笔者接受上述当地税务部门咨询类案时所提供的双合同内容来看，购房者在签订毛坯房买卖合同时，虽然买卖合同约定的是最后以毛坯房交付，但是在另行签订的委托装修合同中又约定最后不再毛坯交付，比如，在委托合同中约定“甲方（售房者）不再对房屋进行毛坯交接，并授权乙方（购房者）在该房屋达到装修条件时直接安排具有资质的装修单位进场装修”。[1] 因而从房屋“买卖＋委托装修”合同一体化整体性视角来看，签订买卖房屋合同纳税义务发生时纳税人所承受的是已装修房。能够看到的是，因双合同交易方式的多样性和交易内容的复杂性，实践中如何判断“承受已装修房屋”并不容易，这也给税收征管带来极大不便。

而对于“承受方交付的总价款”的理解，在一定程度上可以理解为对契税计税依据的解释。根据《契税法》第4条[2]计税依据的规定是将合同确定的成交价格作为依据，即双方买卖合同的成交价格，并对实践中可能存在利用“阴阳合同”避税的风险作出预防性规定，即“纳税人申报的成交价格、互换价格差额明显偏低且无正当理由的，由税务机关依照《中华人民共和国税收征收管理法》的规定核定”。[3] 当然，实践中影响合同成交价格的因素复杂多样，但双合同模式下若双方存在利用装修合同做低房价以避税，使房屋成交价格不符合市场基本价格时，《契税法》已经保留了税务核定征收的规范路径。而该案中售卖方已开具了相关票据，价格也均符合备案及市场正常价格范围，但仍不加区分地将装修费纳入契税计税总价。当然，立法是一项有目的的行为，对法律条文意思的理解

---

〔1〕 该委托装修合同内容，属于笔者跟随团队接受当地税务部门咨询时所提供的资料内容。

〔2〕 《契税法》第4条第1款第1项规定，“契税的计税依据：（一）土地使用权出让、出售，房屋买卖，为土地、房屋权属转移合同确定的成交价格，包括应交付的货币以及实物、其他经济利益对应的价款”。

〔3〕 《契税法》第4条第2款规定：“纳税人申报的成交价格、互换价格差额明显偏低且无正当理由的，由税务机关依照《中华人民共和国税收征收管理法》的规定核定。”

和说明也应当受“目的律”的支配。[1] 也就是合立法目的原则应当成为衡量和检验解释方法是否适当和正确的重要依据。探寻国税函〔2007〕606号文和2021年第23号文作出如此规定之目的,盖因整个税法体系所遵循实质课税及稽征经济之考量,因而从合目的性检验,对“承受已装修房”将包括装修费在内的费用纳入买卖合同总价计税具有目的正当性基础,但目的正当性也应建立在方法的合理性基础之上。而从税法基本文义解释和体系解释角度来看,无论是将购买毛坯房屋又单独购买委托装修劳务的行为涵摄纳入“承受已装修房屋”,还是将购买毛坯房和购买装修劳务的行为共同解释为“承受已装修房屋”,均已超出“承受已装修房屋”的语义基本范畴与可认知预期。从税法作为“侵权性规范”的角度来看,应强调文义解释,不能随意进行扩大或者类推解释,[2] 不能超越其可能的文义,否则就超越了法律解释的范畴进入另一种意义上的造法活动。[3]

综上,笔者认为,规定“承受已装修房屋”要将装修费纳入契税计税总价,能够在实质课税和稽征经济之目的考量范围内完成正当性证成,但从基本法律解释方法及征管实践来看,强行将签订毛坯房买卖合同与装修合同行为解释为购房者最后承受了“已装修房屋”有超出基本语义范畴的扩大解释之嫌,且不合理地增加了纳税人的税收负担,影响《契税法》内容规范体系的逻辑自洽与稳定。因此需要结合该条款内容在税收征管实践中出现的问题,重新寻找在实质课税、稽征经济、量能负税之间新的平衡。

(三)不当扩大了税基,影响契税体系平衡

契税是一种财产转移税,通过对土地和房屋权属转移征收契税,以实现政府财政筹集和调节财富分配功能。[4] 同时,由于契税是以保证产权名义征收的,长期以来大都是纳税人自动向政府申报纳税,请求发给契证以确保产权,因此,契证就成了产权的象征,具有保障不动产所有人合法权益之目的。从契税的征收范围来看,其针对土地与房屋权属转移的应税行为,核心是不动产权属转移发生变动,在双合同模式下委托装修行为不涉及房屋所有权转移变动,房屋装修服务也主要是通过委托装修合同来约束执行。真正意义上的委托装修行为因其不

〔1〕 刘剑文:《税法学》(第5版),北京大学出版社2017年版,第165页。
〔2〕 张守文:《税法原理》(第8版),北京大学出版社2018年版,第100页。
〔3〕 王泽鉴:《法律思维与民法实例》,中国政法大学出版社2001年版,第220页。
〔4〕 吴笑晗:《中国契税》,中国财政经济出版社2017年版,第2页。

属于契税的课税对象也不可能被纳入契税的征收范围,而当房屋装修通过法律添附行为成为与房屋不可分割的一部分时,即销售方售卖的本身就是精装房,或者常见二手房交易市场中销售已装修房的,即符合2021年第23号文中规定承受已装修房屋的,应将包括装修费用在内的费用计入承受方应交付的总价款。但购买方通过毛坯房"买卖+委托装修"双合同取得房屋时,仅考虑实质课税和稽征便利不加区分地将装修费计入买卖合同总价作为计税依据,在一定程度上相当于不当地扩大了契税的税基,这与契税的设立是针对土地与房屋权属转移所构建起的逻辑体系相互冲突。而在委托合同被认定无效后,现行契税法律规范也并没有提供退税救济渠道,使纳税人权益陷于不利境地。生硬地将装修费嵌入契税征收范围,并未充分考虑《契税法》的运行逻辑与体系。

(四)背离税收公平原则,影响了纳税人税收遵从度

一是不加区分地将"装修费"统一纳入买卖合同总价计征契税,存在重复征税的问题,无形中增加了购房者的税收负担,违背了量能课税原则。因为装修合同一般约定了具体各类家电设备的费用,而双合同模式下是对装修费统一纳入买卖合同总价作为契税计税依据,这意味着销售方要先对这部分含家电设备的装修款缴纳增值税,购房者购买时再次对该部分家电设备缴纳契税,相当于对家电设备等同一课税对象进行重复征税,不符合现行税制的设置,也影响了纳税人税收遵从度。二是根据《契税法》的规定,契税的税率是3%~5%,通常都会对普通住宅和非普通住宅作出区别。虽然根据财政部、国家税务总局、住房城乡建设部《关于调整房地产交易环节契税营业税优惠政策的通知》(财税〔2016〕23号)规定取消了大部分区分普通住宅和非普通住宅的契税优惠税率,但北上广深都还是继续适用原来的规定。比如,在"吴某与北京市朝阳区地方税务局第六税务所二审行政案"中,普通商品住房的认定标准之一是实际成交价低于同区域享受优惠政策住房平均交易价格1.2倍以下。[1] 若以毛坯房为主,那此价格自然就会偏低一些,但如果叠加装修费用后再计算这个平均价格,极有可能会使普通住房变为非普通住房,需以较高的税率缴纳契税,加重了购房者的税收负担。三是尽管基于实质课税和稽征便利考量需要对该类模式进行调整,但如果购房人单独与第三方签订房屋委托装修合同,是不会被纳入契税征收范围的,而

---

〔1〕 参见2008年11月24日北京市建设委员会发布的《关于公布北京市享受优惠政策住房平均交易价格的通知》(京建办〔2008〕732号)。

单独与售房者或者售房者授权的第三方签订装修合同却要被纳入契税征收范围,在同等课税条件下对交易本质基本一致的行为进行差异化征收也有违税收公平原则。四是双合同模式的设计致使购房者只能就买卖房屋合同价款向银行申请贷款,而单独委托装修合同的装修费用却无法申请贷款,购房者只能在支付完购房款后单独支付装修款,此交易模式也变相导致购房首付款增加,加重了消费者的购房负担,也背离了政府限价的本质。自国税函〔2007〕606 号文发布至 2021 年 23 号文发布的十几年间,实践中连续存在大量向各地税务局就该问题契税缴纳的争议咨询,[1]也不乏像该案一样提起行政复议或诉讼的,在很大程度上降低了纳税人的纳税遵从度。五是从买房者的角度看,在双合同模式下由于毛坯房买卖合同网签价格较低,若买房者日后再转让房屋,因实际可抵扣的购买价格低于实际支付的购买价格,则出售房产时会面对更高的税费,也造成负税无形增加,常常引起征纳争议。

(五)将装修费纳入契税征收不利于绿色环保的全屋装修推广

契税作为以土地、房屋权属转移为征税对象的税种,在促进建筑领域减排方面发挥独特的作用。[2] 早在 2002 年建设部发布的《商品住宅装修一次到位实施细则》,就要求加大推行装修一次到位精装房,其根本目的在于逐步取消毛坯房,直接提供精装房,规范装修市场,贯彻低碳、节能、绿色的高质量发展方针。因而全屋装修住宅的普及是未来房地产建筑行业发展的一个必然趋势,近年来各地也逐步推行全屋精装一体化产品。契税制度与房地产建筑行业紧密关联,对符合节能减排的房屋装修与转让行为,设计良好的契税征收制度并给予一定契税优惠有利于绿色环保全屋装修房推广,助力建筑行业绿色低碳高质量发展;反之,则会成为阻力。虽然基于实质课税与稽征经济考量将双合同模式下装修费纳入买卖合同总价计征契税有其必要性,但产生的另一个负外部效应是,不作区分地将装修费统一纳入房屋买卖合同总价无形中增加了纳税人税负负担,因为单独销售(预售)或者购买毛坯房就无须多承担此部分契税,这在一定程度上

〔1〕 连续多年来,湖北省武汉市税务局官网、重庆市税务局官网、北京市税务局官网、广州市税务局官网等多地税务局官网内有大量购房者关于双合同模式下装修费是否需要纳入契税征收的咨询。

〔2〕 缑长艳、唐晓旺:《推进绿色低碳发展的契税优惠制度改革探析》,载《税务研究》2022 年第 12 期。

影响了开发商和购房者对于开发和购买更加低碳环保的全装修住宅的积极性，不利于房屋建筑行业向着低碳经济发展。

综上，根据该案事实和实践中存在的问题，双合同销售商业模式的出现有其特定原因。按照实质课税和稽征便利考虑，有必要对此商业模式根据交易经济实质与法律性质作出调整与限制。但笔者认为，从税收法定原则、税收公平原则、契税计税依据、法律解释方法、纳税人税收遵从度、环保节能等多重角度分析，在实践中将毛坯房"买卖＋委托装修"合同中的装修费直接纳入买卖合同总价计征契税并不是解决该问题的最优选项，且存在潜在风险与隐患。尤其不宜轻易将行政解释权力扩大介入私法自治领域，不能仅凭借双合同之间存在关联性条款内容就随意解释和突破"承受已装修房屋"的规定。因此，笔者认为，双合同模式带来的多重风险，本质是商业模式转变带来的问题，是人为地将买卖装修一体化合同拆分的结果，可考虑从规制商业模式角度也即规制双合同交易拆分行为来解决这一问题，实践中也存在一定经验。

五、启示与建议

（一）遵守税收法定原则，不随意扩张税收行政解释权

应当承认的是，国税函〔2007〕606号文与2021年23号文对我国房地产交易中存在的利用双合同模式避税侵蚀税基问题，以及对实践中部分税务机关处理类似问题认识不统一等方面作出了指引，规范了房地产交易市场秩序，阻止利用交易模式转换逃避纳税导致国家税款流失的风险，保障了国家契税税源的稳定。但目的的正当性也要建立在手段与方法的正当性与合理性基础之上，不作区分地将委托合同中的装修费解释为买卖合同总价，在实践中产生了诸多问题。税收法定原则作为平衡国家税收征收权与纳税人财产权最重要的一个原则，应当作为税收征收行为的基本遵循。而税收法定原则是否导致税法解释中对类推解释及扩大解释之绝对禁止？持肯定回答者如北野弘久教授指出，"如果税法解释中掺杂了法律原意以外的其他目标，税法将成为单纯的行政手段，租税法律主义原则将走向崩溃"。[1] 也有学者提出，基于我国税收现实考量，适度文义扩

〔1〕［日］北野弘久：《日本税法学原论》（第5版），郭美松、陈刚译，中国检察出版社2008年版，第99页。

张的税法解释在很大程度上是一种现实的必然。但是,税收法定原则至少要求对这种解释持有严苛的态度,并配以相应的审查监督机制,以免规范课税权的“笼子”出现明显的“缺口”。[1] 税收法定主义承认税务机关解释税法的权力,但仅仅限于解释税法,不能借解释税法之名行税收立法之实。即便赋予税务机关反避税的权力,权力行使仍然需要受到法律的限制。[2] 尽管国税函〔2007〕606 号文沿用了十几年,但其间对关于该文法律位阶与效力能否作为制定法渊源被司法裁判所引证,是否可能存在违反税收法定原则扩张税收行政解释权的问题等一直存有异议。假如是购房者业主集体委托第三方装修公司进行装修,或存在双合同、三方合同、多方合同等模式,是否还要将装修费纳入买卖合同总价作为契税计税依据?从各地的税收征管实践来看,只要是购房者与销售方或者销售方授意的关联第三方签订委托装修协议,仍要将装修费纳入买卖合同总价计算契税计税依据。因立法调整的滞后性和技术理性的有限性使无法涵盖全部或者潜在的商业模式类型,但无论因何种商业模式的创新,对不断涌现的商业行为要想将其纳入税收征收范围既要根据其经济交易的实质判断,更要遵循基本的税收法定原则,不宜肆意扩大行政权解释力范围。

(二)司法层面应作出合理解释与指引

目前,受到我国纳税争议复议前置程序的机制限制,[3] 加之纳税人纳税知识素养不足以及维权成本较高等因素考量,就该问题直接提起的司法诉讼案件并不多,有限的案例主要是在涉及契税税收优惠政策纠纷时,间接提出装修费不应当征收契税的诉请,但司法裁判无一例外驳回了当事人对装修费不应当纳入总价征收契税的诉求。在与该案类似的案件中,司法机关对税收行政批复往往呈现消极审查的状态。尽管当事人对税务规范性文件提出了司法审查的请求,我国《行政诉讼法》也赋予了法院对规范性文件的合法性审查权,但具体到实践中法院径直认可税务机关执法依据的“一边倒”判决居多,大多数法院都未否定

[1] 刘剑文:《落实税收法定原则的现实路径》,载《政法论坛》2015 年第 3 期。

[2] 熊伟:《重申税收法定主义》,载《法学杂志》2014 年第 2 期。

[3] 我国《税收征收管理法》第 88 条规定,纳税人与税务机关在纳税上发生争议时,必须先缴纳税款或提供担保,才能提起行政复议,是为“纳税前置”。同时,该条规定对行政复议不服的,才可依法起诉,是为“复议前置”。“两个前置”实际上剥夺了经济条件不佳的纳税人寻求救济的机会。

税务机关所指定规则的合法性。[1] 也就是直接预设了司法裁判大前提的合法合理或者选择忽视批复所呈现之结论，这样裁判使司法在阻止售房者想利用双合同模式达到避税目的的同时，也阻却了购房者欲通过司法程序获得因双合同模式导致重复缴税的救济渠道。法院对争议焦点的模糊审查或不作为降低了纳税人对交易行为的预见性，使纳税人权利频繁陷于危险境地。[2] 早在2015年《行政诉讼法》第53条和第64条就正式采用税务规范性文件行政诉讼制度，开启了税务规范性文件的司法审查之门。[3] 对税务规范性文件进行司法监督有利于弥补行政机关自我监督机制的局限性，避免滥用税务行政解释权侵害纳税人之权益。考虑立法层面的成本较高，程序性要求严苛，实践中又亟须对该问题作出司法解释的指导，因而在司法裁判层面应强化说理过程，并着重加强对这类游离于税法体系之外的规范性文件的司法审查力度、强化司法监督。当进入行政诉讼程序时，至少在司法裁判中要体现出司法机关对该批复认可或否定的基本态度，而不能一味地顺从或忽视批复所呈现出的结论。[4]

(三)调整全屋装修住宅中契税计税价格，并给予一定税收优惠

目前，在新房销售中，无论是销售“精装房屋+装修”合同，还是销售“毛坯房屋+装修”合同的模式都是将装修费用包含在买卖合同总价中征收契税，这是非常不合理的。对于销售方来说，需要多承担装修部分的增值税；对于购买方来说，需要多承担该部分的契税，但如果买卖的是毛坯房则可以避免这两个税的发生，这不利于更低碳环保的全屋装修房推广普及。在国家大力推广绿色建筑业发展的趋势下，毛坯房将会逐渐减少，更低碳环保的全屋装修住宅将会成为主流，这就需要对全屋装修住宅契税计税价格进行相应调整。笔者建议，双合同模式将装修费纳入房屋买卖合同总价计算契税时，可以借鉴关于个人住房转让征

---

[1] 董学智：《论税法上的不确定法律概念》，载《交大法学》2018年第2期。

[2] 王婷婷：《尊重与制衡之间：税法裁判中司法对行政解释的尊重》，载熊伟主编：《税法解释与判例评注》第12卷，法律出版社2019年版，第14页。

[3] 叶金育：《税收规范性文件的司法审查——立法检思与技术度衡》，载《经济法论坛》2017年第1期。

[4] 李思思：《税收行政批复的认知、反思与构建》，载《税收经济研究》2020年第5期。

收个人所得税符合条件退还的相关规定,[1]明确规定根据房屋买卖价款和装修价款比例给予一定的契税优惠或者减免,在计算全屋装修住宅的契税计税依据时,允许扣除部分装修费用。当然为避免税款流失风险,在举证责任分配上必须要求纳税人能提供相应有效票据凭证,并对这些凭证作出严格的限制性规定,这样既能避免售房者通过双合同做低房价逃避契税,也能减轻纳税人税收负担,还有利于更低碳节能全屋装修房的推广。

(四)建立多部门协作机制,加强对契税税源的监管

双合同模式产生的征纳问题其实是人为拆分合同改变交易模式而形成的。笔者认为,因拆分合同致使交易模式转变所产生的纳税争议问题并非只能依靠税务部门解决,应建立多部门协同机制,探索多源头治理方式。各地住房保障和房屋管理局等部门可调研并出台相应规定,对双合同交易模式进行一定的限制,并协同税务部门对买卖装修一体化合同进行一定比例的税收优惠或者减免,这也是实践中探索出的对该类问题进行源头性治理较为可行的路径。比如,在2020年5月13日,武汉市住房保障和房屋管理局、市场监督管理局共同发布了《关于启用〈武汉市商品房买卖合同〉的通知》(武房发〔2020〕7号)已经明确,房屋总价款包括毛坯价款和装饰装修价款,新合同明确全装修商品房为一体化产品,禁止出卖人通过补充协议变更免责条款或不合理加重买受人责任。并且合同中对装修在防污染设施、空气质量及建筑隔声标准、建筑节能等方面作出规范。此通知直接规定买卖装修为一体化合同,有利于防止不当避税,保护了买受人权益,也督促出卖人按照国家标准建设环保节能建筑,能较好解决人为拆分双合同产生的一系列问题。再如,2018年10月广州市住房和城乡建设委员会发布的《关于我市进一步规范房地产市场管理的说明》明确指出,“对新建商品住房预售和网签价格指导机制进行优化,严禁开发企业拆分价格报备”。[2] 在规定不得人为拆分双合同进行销售后,应当考虑对买卖与装修整体化合同进行一定契税优惠或者减免,因为无论是拆分还是一体化双合同售卖,本身存在可能重

〔1〕 根据财政部、国家税务总局《关于支持居民换购住房有关个人所得税政策的公告》(财政部、税务总局公告2022年第30号)规定,对居民换购住房符合一定条件的按照全部或者按照比例退还已缴纳的个人所得税。

〔2〕 《关于我市进一步规范房地产市场管理的说明》,载广州市人民政府网2018年10月20日,https://www.gz.gov.cn/xw/tzgg/content/mpost_2846823.html。

复征税问题。再者,银行等金融信贷部门应研究制定相关政策,允许购房者按照房屋买卖与装修一体式合同总价款办理按揭贷款,解决因拆分合同变相导致首付款增加问题。商品房买卖合同本身作为一种政府介入市场干预的指导性合同,在面临实践中人为拆分双合同所产生的问题时,各地住建与房管部门应积极探索制定符合当地政策环境的房屋买卖合同指引规范,同时与税务部门建立高效精准的信息共享平台。税务部门也要进一步加强与房管部门、国土部门、市场监管等部门间的信息共享,通过大数据筛查、专项检查等方式,加大税收征管、购房资金核查和新购住房抵押监管的力度,加强对契税税源的监管,保障纳税人权益,推动房地产行业高质量发展。

(责任编辑:贺燕　胡邵峰)

经营使用权转让的税法属性及适用
——以武汉新润百汇公司地下人防工程商铺经营使用权转让案为例

苏怡雯*

摘　要：武汉新润百汇公司通过合同所转让的人防工程商铺经营使用权，是一种包括占有、使用、收益、处置等权能在内的复合型财产权利。经营使用权本身不具有实物形态，但是能为企业及经营者带来一定的经济效益，属于无形资产的范畴。经营使用权转让应作为独立的转让无形资产行为，以企业取得财产转让收入缴纳企业所得税，并按照"销售无形资产"的税目征收增值税。而现行税收政策的模糊，以及相关课税标准的分歧，导致了税务机关与法院对应税行为适用税法的障碍。对此，应参照会计准则的规定，进一步明确我国税法中无形资产这一概念的内涵与范围，从而将经营使用权这类交易客体恰如其分地纳入无形资产的税法适用范畴。

关键词：经营使用权；转让；无形资产；人防工程

一、问题的提出

（一）案情简要

2009年4月8日，武汉新润百汇公共设施管理有限公司（以下简称新润百汇公司）与武汉市人民防空办公室签订《关于武汉市汉正街地下人防工程项目建设及使用的协议》（以下简称《建设使用协议》）。协议约定，人防工程项目建成后，其所有权归国家所有，新润百汇公司享有40年的经营使用权，期满后无条件无偿将该工程移交给武汉市人民防空办公室。同时，新润百汇公司与受让人（126家商户）签订《武汉地一大道（人和新天地）商铺经营使用权转让合同》（以下简称《转让合同》），将40年的经营使用权予以转让，并按转让资产使用权一

---

* 中国人民银行湖南省分行干部，武汉大学法律硕士。

次性缴纳企业所得税。

2014 年 8 月,由于武汉地铁六号线工程施工致使《转让合同》无法按期履行,新润百汇公司与受让人签订《商铺经营权退回合同》(以下简称《退回合同》),向受让人退回尚未履行的 35 年零 10 个月的资产使用权款项,同时向武汉市硚口区国家税务局(以下简称硚口区税务局)[1]申请退还与退回商铺收入相对应的企业所得税。硚口区税务局对此作出回复,将《转让合同》认定为财产转让合同,所产生的收入属于财产转让收入,应一次性计入确认收入的年度并缴纳相应的企业所得税。因此,对于新润百汇公司与受让人签订《退回合同》且按协商价格支付的相应价款,应计入实际发生的 2014 年度应纳税所得额并计算应纳所得税款,不能调整此前已确认的收入和成本,亦不存在因上述调整形成多缴所得税的问题。新润百汇公司针对上述回复向武汉市国家税务局(以下简称武汉市税务局)[2]申请行政复议,该局维持了不予退税的决定。新润百汇公司就此提起行政诉讼,一审判决认定该合同属财产转让合同,[3]二审判决维持原判,支持不予退税。[4]

2018 年 5 月 14 日,新润百汇公司再次向硚口区税务局提出了退税申请。该公司主张,由于原《营业税暂行条例》及《营业税税目注释(试行稿)》没有将"财产转让收入"列入营业税征收范围,而根据前述判决,《转让合同》属于财产转让合同,则其取得的收入无须缴纳营业税,[5]因此税务局应当退还新润百汇公司多缴纳的营业税及相关税费。硚口区税务局对此作出《退税申请答复告知书》,明确新润百汇公司通过商铺经营使用权转让合同取得的营业收入属于营业税征税范围,依法不予退还营业税。新润百汇公司不服该处理,进而向武汉市税务局申请行政复议,武汉市税务局同样维持了硚口区税务局的答复。由此,新润百汇

---

[1] 2018 年 7 月国税地税征管体制改革,武汉市硚口区国家税务局和武汉市硚口区地方税务局合并为国家税务总局武汉市硚口区税务局。

[2] 2018 年 7 月国税地税征管体制改革,武汉市国家税务局和武汉市地方税务局合并为国家税务总局武汉市税务局。

[3] 参见湖北省武汉市硚口区人民法院行政判决书,(2016)鄂 0104 行初 88 号。

[4] 参见湖北省武汉市中级人民法院行政判决书,(2018)鄂 01 行终 131 号。

[5] 新润百汇公司自 2009 ~ 2013 年共缴纳营业税 68,551,889 元、城建税 16,194.19 元、教育费附加 6940.37 元、地方教育费附加 1,029,435 元、人防费 685,518.89 元。参见湖北省武汉市硚口区人民法院行政判决书,(2018)鄂 0104 行初 136 号。

公司再次向硚口区人民法院提起诉讼。法院判决该《转让合同》确属财产转让，撤销上述《退税申请答复告知书》和行政复议决定书。[1] 硚口区税务局和武汉市税务局不服该判决而提起上诉,二审判决认定其为财产租赁,应征收营业税而不予以退税,并撤销一审判决。[2]

(二)争议焦点:经营使用权转让的涉税处理

该案中,前后两次退税申请答复以及引发的行政复议、行政判决,都涉及对人防工程中的商铺经营使用权转让行为进行定性,但税务机关和法院对同一行为的定性并不一致。

对于新润百汇公司请求退回所纳企业所得税的申请,硚口区税务局从该转让合同的名称(商铺经营权转让合同)、价款(每平方米单价在5万~8万元)、付款方式(首付30%,余款办理银行按揭)、权利期限(40年)、权利处分方式及经营权内容等要素分析,认为合同明显与租赁合同的法律特征不相符。而合同中关于受让方有权转让商铺并可以设定他项权利的约定,根据《企业所得税法实施条例》和国家税务总局《关于企业取得财产转让等所得企业所得税处理问题的公告》(国家税务总局公告2010年第19号)的规定,符合财产转让合同的特征,应一次性计入确认收入的年度并计算缴纳企业所得税。

然而,对于新润百汇公司请求退回相关营业税的申请,硚口区税务局又认为《转让合同》约定的内容和盈利模式,符合《营业税暂行条例》及《营业税税目注释(试行稿)》中对"营业税—服务业—租赁业"的规定,因此,新润百汇公司取得的收入属于营业税的征收范围,不应退还其所纳税款。

由此可见,该案的争议焦点,在于对转让合同性质的认定,即新润百汇公司与受让人签订的《转让合同》是财产转让合同还是财产租赁合同,其收入应以财产转让收入一次性计入确认收入的年度缴纳企业所得税,还是应以租金收入按年度均摊缴纳企业所得税及相应的营业税(增值税)。[3]

---

[1] 参见湖北省武汉市硚口区人民法院行政判决书,(2018)鄂0104行初136号。

[2] 参见湖北省武汉市中级人民法院行政判决书,(2019)鄂01行终351号。

[3] 2016年5月1日起,我国全面推行"营改增",将原缴纳营业税的应税项目改征增值税。为与现行政策、规定接轨,本文除概述案情和引用"营改增"之前的相关规定及文件外,均统一改称"增值税"。

二、经营使用权转让行为的税法定性

(一)人防工程的产权界定

根据《人民防空法》第18条的规定,人民防空工程,是指"保障战时人员与物资掩蔽、人民防空指挥、医疗救护等而单独修建的地下防护建筑,以及结合地面建筑修建的战时可用于防空的地下室"。该法还规定,人民防空应贯彻与经济建设协调发展、与城市建设相结合的原则,要求充分挖掘人防工程的商业价值,实现功能转化。[1]

但在人防工程的权属问题上,目前我国法律层面仅有《人民防空法》第5条第2款规定的"国家鼓励、支持企业事业组织、社会团体和个人,通过多种途径,投资进行人民防空工程建设;人民防空工程平时由投资者使用管理,收益归投资者所有",可被归纳为"谁投资、谁使用、谁受益"原则。而此前的原《物权法》与现行《民法典》均回避了该问题。[2] 在实践中,多数是遵循当事人的约定或依具体情况对产权予以界定。值得注意的是,中共中央、国务院、中央军委《关于加强人民防空工作的决定》(中发〔2001〕9号)提出,要加快推进人防工程的产权分离改革,并在其第17条明确要求:"明晰人民防空设备设施的产权,实行产权与使用权、经营权的分离,把使用权、经营权推向市场,有偿出租、转让,为经济建设服务。"

该案的一个基础事实是:新润百汇公司与武汉市人民防空办公室在双方签订的《建设使用协议》中,约定了人防工程的所有权归属于国家,新润百汇公司

---

〔1〕《人民防空法》第2条第2款规定:"人民防空实行长期准备、重点建设、平战结合的方针,贯彻与经济建设协调发展、与城市建设相结合的原则。"第19条规定:"国家对人民防空工程建设,按照不同的防护要求,实行分类指导。国家根据国防建设的需要,结合城市建设和经济发展水平,制定人民防空工程建设规划。"第20条规定:"建设人民防空工程,应当在保证战时使用效能的前提下,有利于平时的经济建设、群众的生产生活和工程的开发利用。"

〔2〕原《物权法》第52条和《民法典》第254条都规定了属于国家所有的资产和基础设施,但并未明确列举人防工程。原《物权法》第52条规定:"国防资产属于国家所有。铁路、公路、电力设施、电信设施和油气管道等基础设施,依照法律规定为国家所有的,属于国家所有。"《民法典》第254条规定:"国防资产属于国家所有。铁路、公路、电力设施、电信设施和油气管道等基础设施,依照法律规定为国家所有的,属于国家所有。"

享有的是40年经营使用权,包括占有、使用、收益、处置等权利,系在意思自治的基础上对人防工程的产权归属加以明确。

(二)经营使用权的性质探究

《人民防空法》确定了人民防空"长期准备、重点建设、平战结合"的十二字方针。[1] 同时,依据该法第5条第2款的规定,人防工程平时由投资者使用和收益。[2] 这里便引申出了以人防工程作为对象时的独有概念——"平时使用权"。"平时"与"战时"相对,这种权利只是针对人防工程在无战事的非紧急情况下而设立。相对国家享有的人防工程所有权,"平时使用权"是一个更广义的概念,并非单指使用权一项,而是包含占有、使用、收益、处分等多项权能的综合性权利。[3] 涉案合同的标的是作为人防工程的商铺40年的经营使用权。该权利是一种复合型的财产权利,包括商铺的使用权与经营权两个方面,属于上述"平时使用权"的范畴,不宜简单地理解为物权的一种。

首先,物权的客体是物,除某些特别的物权如权利质权外,[4] 这里的物原则上是指独立、单一的有体物,物权关系在性质上是民事主体对物质资料的占有关系。[5] 人防工程的"平时使用权"以及该案中的商铺经营使用权并非某种单一的权利,而是包括了诸如对土地的基地使用权、收益权,以及机器、设备等动产和相关不动产建筑物的所有权等多种不同类型权利的集合体,其所谓的权利"客体"也是由多种不同的物共同构成的集合物,不符合物权的特点。

其次,它与用益物权也有所区别。根据我国《民法典》物权编的规定,用益物权是在他人之物上设定的物权,是在与所有权权能分离的基础上产生的。[6] 作为物权的一种,其具有物权的共同特征,如追及力、排他性等。然而不同的是,

---

〔1〕《人民防空法》第2条第2款规定:"人民防空实行长期准备、重点建设、平战结合的方针,贯彻与经济建设协调发展、与城市建设相结合的原则。"

〔2〕《人民防空法》第5条第2款规定:"国家鼓励、支持企业事业组织、社会团体和个人,通过多种途径,投资进行人民防空工程建设;人民防空工程平时由投资者使用管理,收益归投资者所有。"

〔3〕参见何丽新、池骋:《结建人防车库物权归属法律问题研究》,载《北方法学》2018年第4期。

〔4〕参见梁慧星、陈华彬:《物权法》,法律出版社2020年版,第352～353页。

〔5〕权利质权,是指以所有权以外的可转让的财产权利为标的而设定的质权,是一种不具有实物形态的特殊物权。参见王利明:《物权概念的再探讨》,载《浙江社会科学》2002年第2期。

〔6〕《民法典》第323条规定:"用益物权人对他人所有的不动产或者动产,依法享有占有、使用和收益的权利。"

用益物权主要着眼物的使用价值,核心内容是使用收益权,具体表现为占有、使用和收益,通常不包括法律上的处分权。在特殊情况下的某些处分权,主要是指建设用地使用权的权利人对建设用地使用权有抵押、出租或转让的权利。[1] 物权法定原则要求物权的种类和内容应由法律直接规定,现行《民法典》对用益物权进行了列举,主要包括土地承包经营权、建设用地使用权、宅基地使用权、居住权和地役权,且皆基于土地而设立,并不涉及上述平时使用权。因此,虽然从平时使用权的权能和期限来看,其与用益物权有很大的相同之处,包括占有、使用、收益、处分等权能,但由于平时使用权的对象为结建人防工程,而原《物权法》规定的用益物权之对象为地上权,故不能将二者等而视之。

根据财政部、国家税务总局发布的《营业税改征增值税试点实施办法》(财税〔2016〕36 号,以下简称财税〔2016〕36 号文)中对"销售无形资产"的注释:"销售无形资产,是指转让无形资产所有权或者使用权的业务活动。无形资产,是指不具实物形态,但能带来经济利益的资产,包括技术、商标、著作权、商誉、自然资源使用权和其他权益性无形资产。"其中,其他权益性无形资产包括基础设施资产经营权、公共事业特许权、经营权(包括特许经营权、连锁经营权、其他经营权)、经销权等。[2] 具有防灾避难功能的地下人防工程本质上是国家一项重要的基础设施资产,[3] 新润百汇公司依法取得并有权通过合同转让的商铺经营使用权,作为一种复合型的财产权利,虽有赖人防工程这一实物载体而存在,但本身不具有实物形态。这种能为企业及经营者带来经济利益的非货币性资产,应属于其他权益性无形资产的范畴。

(三)《转让合同》的实质辨析

人防工程中商铺的经营使用权性质,直接影响对该案《转让合同》中经营使用权转让行为的税法定性。

《民法典》合同编第 704 条、705 条对租赁合同进行了规定,如合同主要内容包括租赁物的名称、用途、租赁期限、租金及其支付期限和方式、租赁物的维修等

〔1〕 参见王利明:《物权法研究》(下卷),中国人民大学出版社 2007 年版,第 8 页。

〔2〕 《营业税改征增值税试点实施办法》(财税〔2016〕36 号)规定:"其他权益性无形资产,包括基础设施资产经营权、公共事业特许权、配额、经营权(包括特许经营权、连锁经营权、其他经营权)、经销权、分销权、代理权、会员权、席位权、网络游戏虚拟道具、域名、名称权、肖像权、冠名权、转会费等。"

〔3〕 参见杨延军、李建民、吴涛:《人民防空工程概论》,中国计划出版社 2006 年版,第 105 页。

条款,租赁期限不得超过20年等。[1] 租赁合同所转移的仅为租赁物的使用、收益权,承租人不享有对租赁物的处分权。[2] 涉案合同没有约定租赁物的名称、租赁期限、租金及其支付期限和方式等内容,转让的权利期限亦超过了20年,合同当事人之间也并无租赁的意思表示,显然不能归属于租赁合同的范畴。

在涉案合同形式上,其名称为"商铺经营使用权转让合同",其标的为商铺的经营使用权这一复合型财产权利,且该财产权利是新润百汇公司通过投资建设国家人防工程置换所得,而非租赁取得,政府部门允许其出租或转让。此外,合同约定了商铺经营使用权转让金总额,合同价款的支付方式是首付转让款总额30%,剩余部分可以向银行按揭贷款;约定了受让人对商铺经营使用权的处分权,即在使用期内可以转让或出租等。综合合同双方约定的合同名称、合同价款、付款方式、权利期限、权利处分方式以及有关经营权的内容[3]来看,所转让的是一种非实物形态的财产权利,宜认定为财产权利让渡合同。按照最高人民法院《关于审理买卖合同纠纷案件适用法律问题的解释》(法释〔2020〕17号)第32条的规定,对于权利转让合同,在法律尚未明确的情形下,一般应参照买卖合同的规定执行。[4]

---

〔1〕《民法典》第704条规定:"租赁合同的内容一般包括租赁物的名称、数量、用途、租赁期限、租金及其支付期限和方式、租赁物维修等条款。"第705条规定:"租赁期限不得超过二十年。超过二十年的,超过部分无效。租赁期限届满,当事人可以续订租赁合同;但是,约定的租赁期限自续订之日起不得超过二十年。"

〔2〕参见王利明、房绍坤、王轶:《合同法》(第4版),中国人民大学出版社2013年版,第248页。

〔3〕《转让合同》第21条规定,受让方有权在使用期内依约使用商铺或出租、转让他人。第25条规定,受让方以任何方式将商铺经营权设定他项权利、进行转让或转借的,需经过原告同意。参见湖北省武汉市硚口区人民法院行政判决书,(2016)鄂0104行初88号。

〔4〕最高人民法院《关于审理买卖合同纠纷案件适用法律问题的解释》第32条规定:"法律或者行政法规对债权转让、股权转让等权利转让合同有规定的,依照其规定;没有规定的,人民法院可以根据民法典第四百六十七条和第六百四十六条的规定,参照适用买卖合同的有关规定。权利转让或者其他有偿合同参照适用买卖合同的有关规定的,人民法院应当首先引用民法典第六百四十六条的规定,再引用买卖合同的有关规定。"《民法典》第467条第1款规定:"本法或者其他法律没有明文规定的合同,适用本编通则的规定,并可以参照适用本编或者其他法律最相类似合同的规定。"第646条规定:"法律对其他有偿合同有规定的,依照其规定;没有规定的,参照适用买卖合同的有关规定。"

三、经营使用权转让行为的税法适用

(一)经营使用权转让行为涉税政策的冲突

在实际的税务处理中,税务机关应如何对经营使用权转让行为定性并且予以课税,一直存在争议。具体情况见表1。

表1 对于"经营使用权"及类似权利转让的涉税规定梳理

发文机关	文号	交易客体	交易性质认定	是否征收营业税(增值税)	税目
国家税务总局	国税函〔1996〕636号[1]	饭店资产使用权	租赁行为	是	服务业—租赁业
	国税函〔1997〕573号[2]	酒店经营权	所有权转让	是	销售不动产
	国税函〔1998〕714号[3]	公路使用权	转租行为	是	服务业—租赁业
	国税函〔2002〕700号[4]	林地使用权	未予以说明	是	转让无形资产—转让土地使用权
	国税函〔2005〕1146号[5]	高速公路经营权	未予以说明	是	服务业—租赁业
	国税函〔2008〕916号[6]	成品油管道项目部产权	产权转让	否[7]	—
	国税函〔2009〕5号[8]	高速公路资产及其收费经营权	未予以说明	是	销售不动产
	国税函〔2009〕7号[9]	加油站经营权	未予以说明	否[10]	—
福建省地方税务局	闽地税政一〔2000〕30号[11]	公路、桥梁收费站的收费经营权	未予以说明	是	未明确规定

续表

发文机关	文号	交易客体	交易性质认定	是否征收营业税(增值税)	税目
安徽省地方税务局	皖地税函〔2013〕722号〔12〕	加油站(包括土地使用权、房屋等不动产、机器设备和其他设施)	未予以说明	是	销售不动产

注:〔1〕国家税务总局《关于有偿转让资产使用权的行为征收营业税问题的批复》(国税函〔1996〕636号,已失效)。

〔2〕国家税务总局《关于深圳爱都酒店转让经营权及全部资产征税问题的批复》(国税函〔1997〕573号)。

〔3〕国家税务总局《关于转让公路使用权征收营业税问题的批复》(国税函〔1998〕714号)。

〔4〕国家税务总局《关于林地使用权转让行为征收营业税问题的批复》(国税函〔2002〕700号,已失效)。

〔5〕国家税务总局《关于交通部门有偿转让高速公路收费经营权征收营业税的批复》(国税函〔2005〕1146号,已失效)。

〔6〕国家税务总局《关于中国石化集团销售实业有限公司转让成品油管道项目部产权营业税问题的通知》(国税函〔2008〕916号,已失效)。

〔7〕该文件认为,中国石化集团销售实业有限公司转让成品油管道项目部产权,属于企业产权整体转让行为,不属于营业税征收范围,不应征收营业税。

〔8〕国家税务总局《关于转让高速公路资产及其收费经营权营业税问题的批复》(国税函〔2009〕5号)。

〔9〕国家税务总局《关于中国石油天然气股份有限公司广东销售分公司向中油碧辟石油有限公司转让租赁加油站经营权有关营业税问题的通知》(国税函〔2009〕7号)。

〔10〕该文件认为,按照《营业税税目注释》(试行稿)(国税发〔1993〕149号)的规定,转让经营权行为不属于营业税征税范围,对中国石油天然气股份有限公司广东销售分公司转让其租赁加油站经营权的行为不征收营业税。

〔11〕福建省地方税务局《关于转让公路、桥梁收费站经营权取得的收入征收营业税问题的批复》(闽地税政一〔2000〕30号,已失效)。

〔12〕安徽省地方税务局《关于安庆市通途工贸股份有限公司转让加油站相关税收政策问题的批复》(皖地税函〔2013〕722号)。

从上述规定和个案批复来看,现行有关经营使用权转让的税收政策及规定比较矛盾与模糊,呈现中央规定不一、地方各行其是的局面,从而导致税法定性与适用的困难。

这些文件中,“经营使用权”与“经营权”“使用权”“产权”等概念不够清晰,对于这些权利形态的税法认定与适用也各不相同。如武汉地下人防工程商铺的经营使用权主要表现为经营和使用两个方面,该转让行为不涉及所有权转让的课税问题；深圳爱都酒店的经营权转让则被认定为具有所有权性质的转让；高速公路使用权转让则被认定为使用权转租行为，视同租赁加以课税；而其他如加油站经营权等与“经营使用权”类似的权利性质为何，相关文件并未予以直接说明。

通过比较上述文件可以发现，一方面，对于相同或类似的权利让渡行为，出现了不同的定性和税法待遇。例如，关于加油站经营使用权的转让，国税函〔2009〕7号明确，原公司转让其租赁加油站经营权的行为不属于营业税征税范围，但皖地税函〔2013〕722号确认加油站经营使用权的转让属于销售不动产同时一并销售附着不动产上固定资产的行为，应征收相应的营业税。而这两份文件在对相关交易行为进行定性时，都是直接给出结论，并未对相关权利的性质加以界定，亦未对是否应该课税作出法理性的阐释。此外，即使是同样都征收营业税，但在适用具体税目上也存在差异，国税函〔1997〕573号、皖地税函〔2013〕722号按照“销售不动产”税目征税，国税函〔1998〕714号、国税函〔2005〕1146号按照“服务业—租赁业”税目征税，闽地税政一〔2000〕30号对此则不予规定。另一方面，对于不同的权利让渡行为，出现了同样的税法待遇。比如，同样是按照“销售不动产”这一税目征收，皖地税函〔2013〕722号所涉案件转让的是加油站的土地使用权与相关动产和不动产的所有权，而国税函〔1997〕573号所涉案件形式上只转让了酒店的经营权。

鉴于此，经营使用权的具体指向不明，不同规范性文件的处理方式各异，使相关转让行为的税法认定与适用错综复杂。

（二）路径与障碍：转让无形资产应税行为的独立认定

根据前文所述，具有防灾避难功能的地下人防工程本质上是国家的重要基础设施资产，其商铺经营使用权属于基础设施资产经营权。因此本案新润百汇公司与受让人签订的《转让合同》中所转让的人防工程商铺经营使用权，符合财税〔2016〕36号文规定的“其他权益性无形资产”范畴，这种转让应作为独立的转让无形资产应税行为，以企业取得财产转让收入缴纳企业所得税，[1]并按照“销

---

〔1〕 国家税务总局《关于企业取得财产转让等所得企业所得税处理问题的公告》（国家税务总局公告2021年第19号）规定：“企业取得财产（包括各类资产、股权、债权等）转让收入、债务重组收入、接受捐赠收入、无法偿付的应付款收入等，不论是以货币形式、还是非货币形式体现，除另有规定外，均应一次性计入确认收入的年度计算缴纳企业所得税。”

售无形资产"的税目征收增值税。

然而,确定了经营使用权转让的税法适用路径后还会产生新的问题。例如,对于伴随动产、不动产一并转让(资产整体"打包"转让)的经营使用权转让行为,转让方在此过程中取得的全部收入是否应当统一按照"销售无形资产"税目进行征税?抑或是将其分割为动产、不动产、无形资产转让几类行为分别进行税务处理?如果是分开处理,应如何划分"销售无形资产"所得在其中的具体比例?

对于上述问题,国税函〔1997〕573 号中曾规定,在龙岗镇爱联公司将爱都酒店的经营权及全部资产以 3000 万元价格转让给抚顺市福达商行的交易中,爱都酒店的经营权及全部资产的转让,其实质是酒店的不动产和动产的所有权转让,所谓经营权转让,不过是所有权转让的一种形式。因此,这种转让符合营业税有关销售不动产征税规定和增值税有关销售货物征税的规定。同时,酒店附属的动产,是整个酒店经营必要的条件和有机组成部分,且随不动产的转移而转移。对上述形式的转让,爱都酒店全部资产中的不动产部分,按销售不动产征收营业税;附属爱都酒店并随同酒店转让的动产,并入不动产部分,一并按销售不动产征收营业税。[1]

需要注意的是,在国税函〔1997〕573 号文件发布时,原来营业税中无形资产转让的应税范围并不包括经营使用权的转让,但在目前经营使用权被纳入财税〔2016〕36 号文规定的"其他权益性无形资产"范畴,并按照"销售无形资产"的税目征收增值税的情形下,是否仍按上述模式进行处理存在疑问。此外,国家税务总局公告 2011 年第 47 号[2]中规定,纳税人转让土地使用权或者销售不动产的同时一并销售的附着于土地或者不动产上的固定资产中,凡属于增值税应税货物的,应按照财税〔2009〕9 号[3]第 2 条的有关规定,计算缴纳增值税;凡属于不动产的,应按照原《营业税暂行条例》"销售不动产"税目计算缴纳营业税。纳税人应分别核算增值税应税货物和不动产的销售额,未分别核算或核算不清的,

---

〔1〕 参见国家税务总局《关于深圳爱都酒店转让经营权及全部资产征税问题的批复》(国税函〔1997〕573 号)。

〔2〕 国家税务总局《关于纳税人转让土地使用权或销售不动产同时一并销售附着于土地或者不动产上的固定资产有关税收问题的公告》(国家税务总局公告 2011 年第 47 号)。

〔3〕 财政部、国家税务总局《关于部分货物适用增值税低税率和简易办法征收增值税政策的通知》(财税〔2009〕9 号)。

由主管税务机关核定其增值税应税货物的销售额和不动产的销售额。按照上述规定,对于涉及不同应税项目的资产整体“打包”转让行为,目前税法上逐渐倾向单独分开进行计税。

事实上,经营使用权转让在司法领域中也一直是具有争议性的问题,尚无统一的处理原则。如何对实务中多样的经营使用权转让交易进行税法定性和处理,是税务机关在执法中不得不面临的问题。一方面,税务机关在认定应税交易事实时,不可避免地需要对交易的基本法律关系进行界定,其中必然涉及对民事法律的理解与适用问题;另一方面,就职权而言,现行法律法规并未赋予税务机关直接适用民事法律进行行政执法的权力。虽然财税〔2016〕36号文对无形资产的定义进行了完善,但该定义与其他现行法律法规之间仍存在差异,容易引发税务机关与法院对于交易进行税法定性的分歧。

四、我国税法中无形资产概念的重构

(一)我国现行税法中无形资产的定义

我国现行税法中涉及无形资产定义的文件很多,且并不一致。“营改增”的全面推开,不仅列举范围有所扩大,不同种类无形资产交易的税率和计税方法也发生了变化,直接影响了对无形资产的涉税处理。具体情况见表2。

表2 我国税法中有关无形资产的定义

名称	内容	效力级别
《企业所得税法实施条例》	第65条 企业所得税法第十二条所称无形资产,是指企业为生产产品、提供劳务、出租或者经营管理而持有的、没有实物形态的非货币性长期资产,包括专利权、商标权、著作权、土地使用权、非专利技术、商誉等	行政法规
国家税务总局《关于研发费用税前加计扣除归集范围有关问题的公告》(国家税务总局公告2017年第40号)	四、无形资产摊销费用 指用于研发活动的软件、专利权、非专利技术(包括许可证、专有技术、设计和计算方法等)的摊销费用	部门规范性文件

续表

名称	内容	效力级别
国家税务总局《关于发布〈特别纳税调查调整及相互协商程序管理办法〉的公告》(国家税务总局公告 2017 年第 6 号)	认定的关联交易类型为“无形资产所有权转让”或者“无形资产所有权受让”或者“无形资产使用权转让”或者“无形资产使用权受让”的应当分别填写:“专利”“非专利技术”“商业秘密”“商标”“品牌”“客户名单”“销售渠道”“市场调查成果”“特许经营权”“政府许可”“土地使用权”“商誉”“著作权”“其他无形资产”(附件 3《关联交易认定表》)	部门规范性文件
国家税务总局《关于完善关联申报和同期资料管理有关事项的公告》(国家税务总局公告 2016 年第 42 号)	无形资产包括专利权、非专利技术、商业秘密、商标权、品牌、客户名单、销售渠道、特许经营权、政府许可、著作权等	部门规范性文件
财政部、国家税务总局《关于全面推开营业税改征增值税试点的通知》(财税〔2016〕36 号)	无形资产,是指不具实物形态,但能带来经济利益的资产,包括技术、商标、著作权、商誉、自然资源使用权和其他权益性无形资产。 技术,包括专利技术和非专利技术。 自然资源使用权,包括土地使用权、海域使用权、探矿权、采矿权、取水权和其他自然资源使用权 其他权益性无形资产,包括基础设施资产经营权、公共事业特许权、配额、经营权(包括特许经营权、连锁经营权、其他经营权)、经销权、分销权、代理权、会员权、席位权、网络游戏虚拟道具、域名、名称权、肖像权、冠名权、转会费等。(《营业税改征增值税试点实施办法》附则《销售服务、无形资产、不动产注释》)	部门规范性文件
国家税务总局《关于许可使用权技术转让所得企业所得税有关问题的公告》(国家税务总局公告 2015 年第 82 号)	无形资产摊销费用是指该无形资产按税法规定当年计算摊销的费用。 所称技术包括专利(含国防专利)、计算机软件著作权、集成电路布图设计专有权、植物新品种权、生物医药新品种,以及财政部和国家税务总局确定的其他技术	部门规范性文件

通过对比可知,不同文件中对无形资产的定义,无论是其内涵还是其范围,

都存在出入。从内涵来看,《企业所得税法实施条例》中要求无形资产是企业基于生产产品、提供劳务、出租或者经营管理等商业目的而长期持有的资产;但在《营业税改增值税试点实施办法》中,对无形资产的定义并未涉及持有目的及时间,而是强调能带来经济利益。从范围来看,《企业所得税法实施条例》所列举的无形资产包括“专利权、商标权、著作权、土地使用权、非专利技术、商誉等”;而《营业税改增值税试点实施办法》对无形资产的范围界定为“技术、商标、著作权、商誉、自然资源使用权和其他权益性无形资产”。细察之,二者并不完全重合。企业所得税中的专利权在增值税中未被规定,而企业所得税中的土地使用权和非专利技术,在增值税中扩大为技术和自然资源使用权,同时增值税还增加了其他权益性无形资产这一兜底项。即便都是针对企业所得税这同一税种,在无形资产摊销费用的扣除问题上,国家税务总局2015年第82号和2017年第40号公告中可加计扣除的无形资产范围显然比《企业所得税法实施条例》中规定的范围更小。此外,各法律文件在对无形资产的范围进行列举时,采用的概念也有所不同,比如,企业所得税中的“商标权”,在增值税中则表示为“商标”。[1]这也从侧面反映出各税种根据自己的需要,对无形资产有不同的关注重点——企业所得税更关注是否需纳入征收范围,因此采取直接列举的方式,对于取得收入的无形资产类别,并不太在意;增值税则因为不同类别的无形资产适用不同税率和减免税政策,更注重对无形资产的类别加以区分。

概言之,我国目前的税法仍欠缺一个内涵明确、范围清晰,可普遍适用于不同税种的无形资产定义。而一个统一且明确的定义是对无形资产进行税法认定和适用的基础,更是解决无形资产征税难点的关键所在。[2] 同时,即使我国税法对“无形资产”有一个统一定义,不同的税种之间如何调和,在实践中具体应如何操作,也是构建规范性无形资产定义无法回避的问题。[3]

(二)无形资产概念的重构逻辑

“无形资产”这一概念首先出现于会计学中,纵观与之相关的法定文件,

---

〔1〕《商标法》并未直接界定“商标权”这一概念,本身即存在模糊之处。《商标法》第3条第1款规定:“经商标局核准注册的商标为注册商标,包括商品商标、服务商标和集体商标、证明商标;商标注册人享有商标专用权,受法律保护。”

〔2〕参见苑泽明、刘冠辰等:《新中国成立70年无形资产研究回顾与展望》,载《会计研究》2019年第11期。

〔3〕参见郑伊:《税收法律中无形资产的定义问题研究》,载《国际税收》2019年第1期。

1992 年《企业会计准则》[1]、2001 年《企业会计准则——无形资产》[2]都对无形资产进行了定义。现行有效的是财政部于 2006 年发布的《企业会计准则第 6 号——无形资产》(财会〔2006〕3 号),其第 3 条规定:"无形资产,是指企业拥有或者控制的没有实物形态的可辨认非货币性资产。资产满足下列条件之一的,符合无形资产定义中的可辨认性标准:(一)能够从企业中分离或者划分出来,并能单独或者与相关合同、资产或负债一起,用于出售、转移、授予许可、租赁或者交换。(二)源自合同性权利或其他法定权利,无论这些权利是否可以从企业或其他权利和义务中转移或者分离。"同时,第 4 条还明确了无形资产的确认标准:(1)与该无形资产有关的经济利益很可能流入企业;(2)该无形资产的成本能够可靠地计量。

我国会计准则有关无形资产的定义,与国际上的会计准则基本一致。如英国会计准则委员会将无形资产定义为:"无形资产指无实物形态、性质上属于非货币性的固定资产。"[3]1998 年国际会计准则委员会发布的《国际会计准则第 38 号——无形资产》规定:"无形资产,指为用于商品或劳务的生产或供应、出租给其他单位、或管理目的而持有的、没有实物形态的、可辨认非货币资产。""资产,是指由于过去事项而由企业控制的、预期会导致未来经济利益流入企业的资源。"[4]《国际评估准则》中的《评估指南四——无形资产》对无形资产的定义为:"无形资产是以其经济特性而显示其存在的一种资产,无形资产无具体的物理形态,但为其拥有者获取了权益和特权,而且通常为其拥有者带来收益。"[5]

通过上述规定,可归纳出会计准则中"无形资产"这一概念的特征:(1)不具

---

〔1〕《企业会计准则》(财政部令〔1992〕第 5 号,已失效)第 31 条第 1 款规定:"无形资产是指企业长期使用而没有实物形态的资产,包括专利权、非专利技术、商标权、著作权、土地使用权、商誉等。"

〔2〕财政部《关于印发〈企业会计准则——无形资产〉等 8 项准则的通知》(财会〔2001〕7 号,已失效)规定:"无形资产,指企业为生产商品、提供劳务、出租给他人,或为管理目的而持有的、没有实物形态的非货币性长期资产。无形资产可分为可辨认无形资产和不可辨认无形资产。可辨认无形资产包括专利权、非专利技术、商标权、著作权、土地使用权、特许权等;不可辨认无形资产是指商誉。"

〔3〕财政部会计司编:《具体会计准则(征求意见稿)》(第 1 辑),中国财政经济出版社 1995 年版,第 29 页。

〔4〕财政部会计司:《国际会计准则第 38 号——无形资产》,载《会计研究》1999 年第 8 期。

〔5〕《国际评估准则》,中国资产评估协会译,中国财政经济出版社 1999 年版,第 57 页。

有实物形态;(2)是一种可辨认的非货币性资产[1];(3)为一定主体(如企业、单位等)拥有或控制;(4)其成本可被计量;(5)预期会带来经济效益。将会计准则与税法对无形资产的定义进行对照,可发现二者之间的区别:其一,会计准则对土地使用权按土地用途分别归类为无形资产和投资性房地产;[2]而税法对此不作区分,统一归为无形资产。其二,由于商誉的存在无法与企业自身分离,不具有可辨认性,所以在会计中不作无形资产处理;而在税法中,将商誉归属于没有实物形态的非货币性长期资产,作为无形资产处理。从现实的经济活动来看,商誉能为企业带来一定的商业效益,因此,无须以可辨认性来区别是否属于无形资产,可辨认的如专利权、商标权等是无形资产,不可辨认的商誉也应是无形资产。

诚然,会计准则不能直接套用至税法中,但仍然能够以此为参照,进一步明确和完善我国税法对无形资产的定义。针对目前我国税法中“无形资产”概念存在的主要问题,可以采取以下思路进行重构:

首先,界定无形资产的内涵与范围,在能够涵盖和调和不同税种的同时,提供在实务中具有可行性的认定标准。我国现行税法对无形资产的界定采取了列举法,超出列举范围的项目则难以判定,而无论是会计准则还是国际上对无形资产的界定范围都更宽泛。[3] 整体而言,我国税法可从四个方面定义无形资产:一是具有可衡量的价值;二是其价值的衡量标准是无形因素而非其物理属性;三是可进行商事交易被使用或转让;四是能够产生经济效益。立足于上述方面,各分税种法律规范中对无形资产的定义应保持一致。在此基础之上,进一步列举常见的无形资产,以便理解和把握。同时,采取《营业税改征增值税试点实施办法》的做法,增加“其他权益性无形资产”这一兜底项。此外,在未来编纂税法典时,也应对这一问题加以关注,尽可能地进行统一的规定。

---

〔1〕《企业会计准则第7号——非货币性资产交换》(财会〔2019〕8号)第2条第2款、第3款规定:“货币性资产,是指企业持有的货币资金和收取固定或可确定金额的货币资金的权利。非货币性资产,是指货币性资产以外的资产。”

〔2〕为了规范投资性房地产的确认和计量,会计准则中把已出租的土地使用权、持有并准备增值后转让的土地使用权作为投资性房地产处理。参见《企业会计准则第3号——投资性房地产》(财会〔2006〕3号)。

〔3〕例如,美国税法对无形资产定义的范围很广,除专利、商标、著作权、商业秘密等传统的知识产权外,还包括各种权益性的权利、客户或供应商等合作关系,以及一切广义上可以带来经济利益的智力成果。See Merck & Co. Inc. v. United States, 24 Cl. Ct. 73(1991), p. 80.

其次,廓清无形资产本身的边界。在对无形资产进行税法认定和适用时,仅考量商事交易中作为交易标的的特定无形资产,既不包括由该无形资产延伸出来或与之相关联的其他资产,亦不包括因后续经营、利用而新产生的资产。对此,可在税法中加入不被认定为无形资产的“排除性特点”,如不存在商业价值和经济效益,或者具备一定的实物形态等,从而更加明晰我国税法中的无形资产之边界。[1] 在对无形资产进行事实判断时,还应对类推适用加以规制。类推适用只是一种法律的补充手段,不能取代明确的法律定义及规范。[2] 对于将税务机关业已作出的行政行为,或者法院的生效判决及裁定,直接作为某项资产税法定性之依据的做法,应慎之又慎。

通过厘清税法中无形资产的概念及其边界,对于这类具备源于非实物形态的价值,且能够产生经济效益的交易客体,无论是该案中的商铺经营使用权,还是现有规范性文件所涉的公路、加油站等“经营权”或“使用权”,都能恰如其分地纳入“无形资产”的适用范畴,实现对商事交易的税法定性与其经济实质相统一。

(责任编辑:胡邵峰　叶金育)

---

〔1〕 参见郑伊:《税收法律中无形资产的定义问题研究》,载《国际税收》2019 年第 1 期。

〔2〕 参见屈茂辉:《类推适用的私法价值与司法适用》,载《法学研究》2005 年第 1 期。

国际税法

税收协定动态解释:应对数字经济税收挑战的新路径

陈浩达* 陈镜先**

摘　要:数字经济的迅猛发展给传统的国际税收法律体系带来了诸多挑战。除通过制定或修改税收协定和国内税法的方式进行立法回应外,法国、俄罗斯等国家的法院还通过采用动态解释的方法吸收《OECD 范本注释》的最新成果,从而在具体案件的审判中对数字经济带来的税收挑战作出司法回应。相比成本较高的立法路径,动态解释能够以更加简便灵活的方式应对数字经济税收挑战,但同时亦有可能会损害税法的确定性和纳税人的合法权益。在数字经济背景下,我国应当明确《OECD 范本注释》的法律地位,有限度地采用动态解释方法应对数字经济发展带来的新问题。我国"走出去"数字企业亦应当采取有效措施防范和化解东道国法院采用动态解释所引发的税务风险。

关键词:数字经济;税收协定;常设机构;条约解释;动态解释

数字经济的迅猛发展,给传统的国际税收法律体系带来了挑战,引发了国际社会的高度关注。面对数字经济带来的税收挑战,已经有许多国家通过修改税收协定和国内税法以及参与"双支柱"等国际税改的方式进行了应对。与此同时,一些国家的法院还在司法实践中通过条约解释的方式作出了司法回应。具体而言,这些法院运用动态解释的方法,在适用缔结时间较为久远、规则表述较落后的税收协定时,参考了由经济合作与发展组织(OECD)发布的最新或较新版本的《对所得和财产避免双重征税的协定范本的注释》(Commentaries on the Articles of the Model Tax Convention on Income and Capital,以下简称《OECD 范

---

* 武汉大学国际税法研究中心成员。
** 武汉大学国际法治研究院讲师。

本注释》),[1]进而将国际税收规则的最新标准纳入司法审判,为反避税提供协定依据。相比成本较高的立法路径,司法机关解释的路径能够以更低的成本、更灵活的方式应对数字经济税收挑战。然而,在国际税法理论和实践中,对于动态解释的适用仍然不乏争议,通过动态解释方法来应对数字经济税收挑战的正当性与合理性仍有待于探讨。为此,本文首先梳理了数字经济带来的税收挑战及应对路径,其次介绍了动态解释的基本方法及其合理性,并对外国法院对动态解释的具体运用进行了评析,最后为中国完善税收协定解释机制和"走出去"企业防范相关税收风险提出了建议。

一、应对数字经济税收挑战的新路径:税收协定动态解释

运行近百年的国际税收规则体系是建立在传统经济模式的基础上的,而数字化转型在推动全球经济发展、促进产业变革的同时,也给传统的税收协定规则带来了诸多挑战,其中常设机构规则首当其冲。例如,数字企业可以通过佣金代理人等方式人为规避构成常设机构。根据2014年《OECD范本》的定义,代理型常设机构,是指代理人"在缔约一方代表缔约另一方的企业进行活动,有权并经常行使这种权利以该企业的名义签订合同"。[2] 这意味着如果代理人是以自身的名义进行销售(佣金代理人的情形),则不符合代理型常设机构的定义。此时,由于销售利润并不归属于设在该国的常设机构,该国无法就销售利润进行征税。[3] 在数字经济背景下,以跨境在线销售为主要义务的跨国公司为了避税,会在市场国设置子公司,由其履行识别潜在客户、协商谈判等主要职能,而

---

[1] 由经济合作与发展组织发布并不断更新版本的《所得和财产避免双重征税的协定范本》(Model Tax Convention on Income and on Capital,以下简称《OECD范本》)是各国谈签税收协定的重要参考文件。《OECD范本注释》是针对《OECD范本》中各条款的解释性文件,会根据国际税收理论和实践的发展不断更新迭代。本文中,"最新或较新版本"是指在涉案税收协定缔结后出台的《OECD范本注释》版本。例如,本文讨论的法国"Conversant案"所涉税收协定缔结于1968年,而法院所引用的《OECD范本注释》是2003年、2005年的版本。

[2] OECD, *Model Convention for the Avoidance of Double Taxation with Respect to Taxation Income and on Capital* 2014, Article 5.5(October 30, 2015), https://www.oecd-ilibrary.org/taxation/model-tax-convention-on-income-and-on-capital-2015-full-version_9789264239081-en.

[3] OECD, *Addressing the Tax Challenges of the Digital Economy*, Action 1 - 2015 Final Report (October 5, 2015), https://doi.org/10.1787/9789264241046-en.

又避免以子公司自己的名义与客户正式签订合同,从而规避构成代理型常设机构。

为了应对数字经济带来的税收挑战,各国采取了不同的应对措施,从应对方式来看,这些措施大致可以被归入“立法论”和“解释论”两种不同的路径。在“立法论”的进路下,各国通过制定或修改国内税法、税收协定的方式应对数字经济带来的税收挑战。根据立法变化幅度的不同,又可以进一步分为“变革式”的立法和“修补式”的立法。前者是指各国采取的立法措施对现行的国际税收法律制度进行了大幅调整,包括“双支柱”方案等国际税改方案以及部分国家单边开设的数字服务税等新税种。后者则是指对现行国际税收法律制度进行小幅度的修改和完善,如一些国家根据 BEPS 行动计划和 2017 年更新的《OECD 范本》的建议,对税收协定中常设机构的定义进行了完善。而所谓“解释论”,是指各国在维持和遵循现行国际税收法律规范的情况下,由执法机关或司法机关通过对国际税法规则进行解释的方式应对数字经济带来的税收挑战。面对数字经济带来的税收挑战,“立法论”的路径固然可以在更深层次解决问题,但立法过程往往面临诸多障碍,耗费较多的时间和成本。在实践中,一国的税收协定可能尚未被修改,而相关的税收争议就已经被诉诸法院。此时,法院对税收协定的解释将对案件的处理结果产生决定性影响,也将反映出一国司法机关对于数字经济税收问题的态度。

在实践中,法国、俄罗斯等国家的法院在审理数字经济税收案件时,已经开始采用协定解释的“司法路径”,在具体案件的审判中对数字经济带来的税收挑战作出司法回应。具体而言,2020 年法国“Conversant(康文森)案”和 2015 年俄罗斯“Oriflame(欧瑞莲)案”,就分别在认定代理型常设机构和非独立代理人时,运用动态解释吸收了《OECD 范本注释》的最新成果,进而为税务机关打击数字企业避税提供了支持。

二、税收协定动态解释的正当性争议及价值平衡

动态解释(dynamic interpretation)并非《维也纳条约法公约》明文规定的条约解释方法,而是基于条约有效性原则(ut res mogis valeat quam perea)等国际

法理论所延伸出来的条约解释工具[1],即要求条约用语应按其在案件审理时所具有的新意义进行解释,而不必拘泥于其原始意义。在实践中,动态解释被广泛运用于不同的国际法领域,国际法院、WTO 上诉机构、欧洲人权法院等国际争端解决机构都曾运用动态解释对相关条约进行解释。[2] 有的学者还认为,动态解释"似乎显示了当今国际争端解决机构在条约解释方法上的最新趋势"。[3]

在国际法中,静态解释(static interpretation)是与动态解释相对应的概念,即要求条约用语应按其在缔约时所固有的原始意义进行解释。可见,二者的区别在于解释条约时究竟应当"静止不变",还是可以"与时俱进"。[4] 具体到国际税法领域,动态解释和静态解释的争议集中表现为应当适用哪一版本的《OECD 范本注释》对税收协定进行解释。从法律性质上看,《OECD 范本注释》属于国际软法的范畴,并不具有法律约束力,但因为其内容具有较高的权威性,反映了各国税务机关在国际税收新发展上的国际共识,故仍然具有相当重要的法律意义和价值。因此,许多国家的法院在适用税收协定时,时常会引用《OECD 范本注释》作为解释资料。然而,由于《OECD 范本注释》的版本更新频率很高,不同国家的法院对应将哪一版本的《OECD 范本注释》作为解释资料往往存在立场差异:持静态解释立场的法院认为,只能以税收协定缔结时已经发布的《OECD 范本注释》作为解释资料,因为其构成缔约国谈签协定时的基础和共识;持动态解释立场的法院则认为,应当以法院审理案件时最新版本的《OECD 范本注释》作为解释资料,因为其符合案件审理时协定用语的最新内涵。在司法实践中,不同国家的法院,甚至同一国家的不同法院在处理有关案件时,既有支持运用动态解释方法的案例,也有反对该做法的案例。因此,有必要对动态解释的正当性进行深入分析。

(一)基于确定性价值的否定说

否定税收协定动态解释的意见,主要基于其对协定确定性的损害。其一,动态解释可能会影响纳税人对税法规则形成稳定的预期,有损于纳税人的信赖利

---

[1] 姜世波、张雪莹:《条约的动态解释方法研究——兼及法律修辞在法律方法体系中的定位》,载《法律方法》2013 年第 2 期。

[2] 吴卡:《条约解释的新动向:当代意义解释对当时意义解释》,载《法学评论》2013 年第 2 期。

[3] 曾令良:《从"中美出版物市场准入案"上诉机构裁决看条约解释的新趋势》,载《法学》2010 年第 8 期。

[4] 吴卡:《国际条约演化解释理论与实践》,法律出版社 2016 年版,第 15 页。

益和税法的确定性,对税收法定产生影响。其二,动态解释可能会违背缔约方之间在缔结协定时形成的共识,单方面地改变协定条文的内涵。[1] 其三,在税收协定内容没有改变的情况下,运用动态解释可能导致纳税人在不同的纳税年度中承担不同的税收负担,违背了法律适用的一致性和稳定性。[2] 在域外司法实践中,不乏对动态解释的反对声音,例如,德国联邦税务法院曾指出,"《OECD范本注释》是在协定签署后20年后才发布的,不能够反映两国在缔结协定时的目的"。[3] 因此,如果不加限制地适用动态解释,可能会面临一国税法体系的稳定性、确定性、可预测性下降等问题,影响企业对税收协定的信赖利益,不合理地,甚至于不合法地侵害了数字企业的权益,不利于营造良好的税收法治营商环境。

(二)基于灵活性价值的肯定说

肯定税收协定动态解释的意见,主要基于其灵活性的优势。在当前数字经济背景下,传统的国际税收协定规则往往难以适应企业交易模式和税收筹划方式的日新月异。而由于税收协定的缔结和修订成本较高,一般而言修订频率较低,常常会出现税收协定缔结时未考虑的新问题。在无法及时修订税收协定的情况下,法院通过动态解释将国际税法的新标准融入审判,有助于实现税收协定的与时俱进。在下文将详述的法国"Conversant 案"和俄罗斯"Oriflame 案"中,法院就是通过动态解释方法,灵活地将较新版本《OECD 范本注释》中对常设机构认定标准的新发展融入案件审理过程中,弥补税收协定陈旧条文的缺憾,为税务机关打击跨境电商企业避税提供了有力支撑。此外,甚至有部分国家在缔结税收协定时,直接在立法层面明确了动态解释的立场。[4] 例如,2010 年《阿尔巴尼亚—西班牙税收协定》议定书第 1 条规定,缔约双方在适用税收协定时,应

---

[1] Peter J. Wattel & Otto Marres, *The Legal Status of the OECD Commentary and Static or Ambulatory Interpretation of Tax Treaties*, European Taxation, p. 222 – 226 (2003).

[2] Michael Lang, *Later Commentaries of the OECD Committee on Fiscal Affairs not to Affect the Interpretation of Previously Concluded Tax Treaties*, Intertax, p. 7 – 8 (1997).

[3] Bundesfinanzhof (German Federal Tax Court), IR 30/12, 01/16/2014, IBFD.

[4] Craig West, *References to the OECD Commentaries in Tax Treaties: A Steady March from "Soft" Law to "Hard" Law?*, World Tax Journal, p. 117 – 159 (2017).

将不断更新的《OECD 范本注释》作为持续性的解释工具。[1]

(三)确定性与灵活性的平衡兼顾:折中说的提出

笔者认为,在面临税收协定动态解释和静态解释的立场选择时,应当充分进行利弊权衡与价值衡量。考虑动态解释同时具有的优势与局限性,笔者认为,采取"折中说"最适宜,即应采用有限度、附条件的动态解释立场。

首先,"折中说"实现了"确定性"和"灵活性"的价值平衡。一方面,税收协定修订所耗费的时间和成本极高是不争的事实,而法院又必须对国际税收实践中的新问题予以回应,动态解释在一定程度上解决了这一难题,而坚持绝对的静态解释立场会导致协定解释过于机械,无法应对未来的发展,不利于维护税收协定在新时期的有效性。另一方面,动态解释若不辅以一定的条件限制,将使税收协定的解释权产生滥用之虞,必然会影响一国税法规则的确定性和一致性,甚至有可能违反税收法定原则,严重影响一国的税收法治营商环境。因此,采取"折中说"的做法,可以在灵活应对国际税收新问题的同时,兼顾税法规则的确定性、稳定性和可预测性。

其次,"折中说"与《OECD 范本注释》本身的观点相一致,也得到了部分国家司法实践的遵循。《OECD 范本注释》的文本明确了其有限度的动态解释立场,指出"现有的税收协定应尽可能根据修订后的范本注释进行解释。若范本的修改以及其所引起的范本注释的修改与之前版本规定有实质意义上的差别,则对协定的解释和适用没有意义。但范本注释中其他类型的修改或补充则可以适用于其发布以前缔结的协定,因为其反映了 OECD 成员国对现有规定的正确理解和具体情形的正确适用上所达成的共识"。[2] 部分国家的司法实践亦遵循了此种理念,如西班牙最高法院曾认为,法院在适用税收协定时可以运用动态解释,但必须符合一定的限制条件,包括以"非实质性修订"为限、不可导致双重征

---

〔1〕 Protocol of the Agreement Between the Kingdom of Spain And the Government of the Republic of Albania for the Avoidance of Double Taxation and the Prevention of Fiscal Evasion with Respect to Taxes on Income (2010), Article I.

〔2〕 OECD, *Model Convention for the Avoidance of Double Taxation with Respect to Taxation Income and on Capital* 2017, Introduction, para 35 (April 25, 2019), https://www.oecd.org/ctp/model-tax-convention-on-income-and-on-capital-full-version-9a5b369e-en.htm.

税的结果等。[1]

最后，"折中说"符合税法作为一个部门法的性质和特征，契合税收法定原则的要求。由于不同的部门法有着不同的调整对象和法律特征，并遵循不同的基本原则，因此动态解释的立场，应当结合各个部门法的性质和特征进行具体分析。例如，动态解释在国际刑法领域就不存在适用的空间。国际刑事法院在"检察官诉巴沙尔案"中曾认为，根据《国际刑事法院罗马规约》第22条（法无明文不为罪）第2款规定，"犯罪定义应予严格解释，不得类推延伸"，应遵守罪刑法定原则，严格按照该规约的文本进行解释，坚持了静态解释的立场。[2] 笔者认为，税法与刑法在一定程度上具有相似性，二者的调整对象均是国家与相对人之间的不平等关系，因而特别强调法定主义，以防止国家公权力的滥用。罪刑法定原则之于刑法，相当税收法定原则之于税法，前者追求犯罪嫌疑人、被告人的人权保障，而后者则是为了保护纳税人的合法权利。但同时，在法定主义之下，刑法重在对人民生命自由权的保障，而税法主要捍卫人民的财产权。相较人身自由权而言，财产权是更低位阶的基本权利，因此税法和刑法中的法定主义亦不可等量齐观，税法不必如刑法一般，严守法定主义之约束。[3] 因此，有限度地适用税收协定动态解释并不违背税收法定原则的精神。

三、数字经济背景下税收协定动态解释的具体应用：基于法国和俄罗斯的司法实践

法国"Conversant案"和俄罗斯"Oriflame案"都是典型的新型交易模式所引起的常设机构认定争议，两案法院都通过税收协定动态解释回应了数字企业的避税行为，为研究税收协定动态解释的具体方法论提供了借鉴。

（一）法国"Conversant案"

法国最高行政法院于2020年12月对"Conversant案"作出终审判决，推翻了在先判例中坚持静态解释的立场，首次在适用税收协定的过程中运用了动态

[1] Súnchez de Castro Martín-Luengo, *Spanish Supreme Court Limits the Use of Dynamic Interpretation of Tax Treaties*, Bulletin for International Taxation, p. 1 – 9 (2021).

[2] 吴卡：《国际条约演化解释理论与实践》，法律出版社2016年版，第15页。

[3] 叶金育：《论"类推适用"在税法中的运用》，载《经济法论坛》2008年第1卷。

解释方法,在税收协定解释方法上有里程碑意义上的突破。[1] 为此,本文将对该案展开详述。

1. 基本事实

Conversant International 公司(以下简称爱尔兰公司)的注册地位于爱尔兰,这家由美国公司 Conversant Inc. 100% 控股的爱尔兰公司,通过姊妹公司的中介服务在欧洲进行数字营销活动,即搭建一个数字平台,将希望推销其产品的广告商与愿意展示这些广告的网站联系起来,而平台则向广告发布者收取一定的佣金。其中,在法国为爱尔兰公司提供中介服务的姊妹公司为 Conversant France (以下简称法国公司)。根据 2008 年 7 月 1 日签订的集团公司协议,法国公司必须向爱尔兰公司提供以下服务:营销协助,包括担任爱尔兰公司的营销代表,其工作内容包括但不仅限于识别、探寻潜在客户并将其报告给爱尔兰公司;持续管理和后台支持服务;行政协助,包括会计、人力资源、信息技术和库存管理。作为回报,法国公司进行上述活动的费用可以得到爱尔兰公司的报销,并可获得相当于这些费用金额 8% 的报酬。

在进行税务稽查后,法国税务机关发现:法国公司拥有与目标客户协商、起草某些合同条款的权利,而且爱尔兰公司在合同上签字确认的程序仅仅是"自动化"的简单确认,此时法国公司员工在客户面前扮演了类似爱尔兰公司雇员的角色,两家公司及其雇员的角色彼此混淆。税务机关据此认为法国公司属于爱尔兰公司在法国境内的非独立代理人,构成代理型常设机构,故爱尔兰公司需要缴纳 2009 年度、2010 年度和 2011 年度的企业所得税。基于同样理由,法国税务机关同时向爱尔兰公司发出了缴纳 2008 年 4 月 10 日至 2012 年 4 月 30 日的增值税的通知。爱尔兰公司不服,向巴黎行政法院起诉,要求撤销法国税务机关的征税决定。

2. 争议焦点及法院判决

该案的争议焦点在于,法国公司是否构成爱尔兰公司在法国的代理型常设机构。这一认定将对法国税务机关的征税范围产生重要影响:如果法国公司构成常设机构,则税务机关可以对爱尔兰公司通过该常设机构创造的全部利润进行征税;如果不构成,则税务机关只能将法国公司作为普通居民企业,对其所获得的佣金,即中介服务所需费用的 8% 进行征税,数额将远远小于前者。

---

[1] Conseil d'Etat (French Supreme Administrative Court), No. 420174, 11/12/2020, Légifrance.

对此,爱尔兰公司主张,根据《法国税法典》第 209 条以及《法国—爱尔兰税收协定》第 4 条的规定,法国税务机关只能对爱尔兰公司通过常设机构在法国营业取得的利润征税,而法国公司并不构成爱尔兰公司在法国的代理型常设机构,故法国税务机关无权对爱尔兰公司这一非居民企业征税。法国税务机关则认为,现有证据足以认定法国公司构成爱尔兰公司在法国的代理型常设机构,法国行使征税权于法有据。

根据《法国—爱尔兰税收协定》第 2.9 条第 c 款的规定,构成代理型常设机构要求代理人被授权在来源国以非居民企业的名义订立合同,并且经常行使该权利。该案中,二审法院巴黎上诉行政法院和终审法院法国最高行政法院基于不同的协定解释方法,对该条的适用产生了分歧,并由此作出了截然相反的判决:巴黎上诉行政法院支持了纳税人的主张,认定法国公司不构成常设机构;而法国最高行政法院则支持了税务机关的主张,并推翻了二审判决。

3. 该案中法国最高行政法院对动态解释的运用

该案中,两级法院作出截然相反判决的原因在于,是否对税收协定进行了动态解释:巴黎上诉行政法院严格遵循《法国—爱尔兰税收协定》第 9 条中代理型常设机构条款的文义,直接排除了"代理人以非居民企业的名义正式订立合同"以外的其他情形;法国最高行政法院则引用 2003 年版和 2005 年版《OECD 范本注释》,对 1968 年缔结的《法国—爱尔兰税收协定》进行了动态解释,支持了税务机关的征税权。具体而言:根据 2003 年版《OECD 范本注释》对代理型常设机构的解释,"被授权订立合同(the authority to conclude contracts)"的表述不仅包括"字面意义上(literally)以非居民企业的名义订立合同的代理人",同时也包括"虽然未以非居民企业的名义,但其所订立合同对非居民企业具有约束力的代理人"。同时,根据 2005 年版《OECD 范本注释》,若代理人被授权协商(negotiate)合同的所有要素和细节,可以认为其行使了"订立合同的权利",即使合同是被处于非居民企业所在国的另一人所订立,或者前者并没有被正式赋予代表权限。据此,法国最高行政法院认定,该案中法国公司虽然没有与客户正式签订合同,但其参与了合同的协商环节,由其所决定的交易会被爱尔兰公司惯常性地批准,并且爱尔兰公司受这些交易约束,足以认定法国公司构成爱尔兰公司在法国的代理型常设机构。

值得注意的是,本次判决虽然不是法国最高行政法院首次引用《OECD 范本注释》的内容解释税收协定,但在以往判例中,法国最高行政法院只会引用涉案双边税收协定缔结以前已经发布的《OECD 范本注释》解释税收协定,并且自2003 年起多次对税收协定动态解释表示了明确的反对意见。例如,在最早的2003 年"Andritz(安德里茨)案"中,法国最高行政法院认为:"法院没有必要依据经合组织税收委员会对《OECD 范本》第 9 条第 1 款所作出的注释对《法国—奥地利税收协定》进行解释,因为该注释的发布时间晚于双边税收协定缔结的时间。"[1] 由于法国的行政法院体系实行与英美法系类似的判例法制度,法国最高行政法院的判决将作为具有法律约束力的先例,适用于该院和下级法院之后的判决。[2] 因此,在随后的一系列判决中,法国法院都几乎一字不变地援引了 2003 年"Andritz(安德里茨)案"判决中的表述。[3] 又如,在与"Conversant案"有高度相似性的另一起数字经济案件,即 2019 年"谷歌案"[4] 中,法院同样面临认定法国境内的谷歌(法国)公司是否构成谷歌(爱尔兰)公司的代理型常设机构的问题。在谷歌案中,巴黎上诉行政法院同样未对《OECD 范本注释》进行引用,而是严格遵循了《法国—爱尔兰税收协定》的原文,以谷歌(法国)公司没有以谷歌(爱尔兰)公司的名义订立合同的权利为由,认定谷歌(法国)公司不构成代理型常设机构。然而,在此后的"Conversant 案"中,法国最高行政法院却推翻了以往静态解释的判例,首次采取动态解释的立场,在税收协定解释方法上具有里程碑意义的突破。如果该案最终形成具有法律约束力的判例,那么法国最高行政法院在本案中的立场将会被推广沿用,适用于其他跨境电商企业以佣金代理人形式规避构成常设机构的数字经济案件。

(二)俄罗斯"Oriflame 案"

法国"Conversant 案"并非国际税收领域法院运用动态解释的孤例,其他国家的法院也不乏对动态解释的尝试。以俄罗斯为例,俄罗斯法院对于《OECD 范本注释》的态度是相当"实用主义"的,并不在意所参考的《OECD 范本注释》的版本以及相关税收协定缔结的时间,也不说明适用特定版本的理由及分析不同

---

[1] Conseil d'Etat (French Supreme Administrative Court), No. 233894, 30/12/2003, Légifrance.

[2] 周佑勇、尚海龙:《论法国行政法的基本原则》,载《法国研究》2004 年第 1 期。

[3] Conseil d'Etat (French Supreme Administrative Court), No. 344990, 11/04/2014; No. 370974, 09/11/2015; No. 369722, 17/06/2015, Légifrance.

[4] Cour Administrative d'Appel Paris (Paris Administrative Court of Appeal), No. 17PA03067, 25/04/2019, Légifrance.

版本之间的差异。[1] 在2015年的"Oriflame案"中,莫斯科联邦仲裁法院就通过动态解释的方法,援引了2010年版《OECD范本注释》对1996年缔结的《俄罗斯—荷兰税收协定》进行解释,回应了纳税人Oriflame Russia公司人为规避构成常设机构的避税行为。

该案中,原告Oriflame Russia公司是瑞典跨国集团Oriflame在俄罗斯境内的一家子公司,主要通过荷兰中间公司Oriflame Netherlands,为其母公司Oriflame Luxembourg公司提供销售中介服务,包括通过销售顾问进行直销和通过网上商店完成电子商务销售,其中电子渠道是其营业模式的重要组成部分,超过90%的订单也是通过互联网完成的。该案的争议焦点在于,原告Oriflame Russia公司是否具有1996年《俄罗斯—荷兰税收协定》第5条第5款规定的"独立代理人"地位。税务机关主要提出了以下事实,证明原告不具有独立地位:(1)Oriflame网站俄罗斯页面是由母公司注册、运营和维护的全球性网站的一部分;(2)原告的宣传资料上印制的是其母公司的名称即Oriflame Luxembourg,而不是原告的名称;(3)原告所管理的销售顾问可享受Oriflame作为一个集团公司的福利待遇,而不是原告的福利待遇;(4)原告的高级管理人员同时也担任了母公司的高级管理人员;(5)原告的大部分决策需要征得母公司批准。[2]

在审理过程中,莫斯科联邦仲裁法院在判断"非独立代理人"的标准时,援引了2010年版《OECD范本注释》的第37段和第38.3段,认为只有当代理人在法律上和经济上都独立于被代理人,以正常经营模式进行活动时才属于独立代理人,并且独立代理人通常仅以工作的最终成果对被代理人负责,而在具体工作中不必依赖被代理人的详细指令。据此,法院认定,根据税务机关提供的证据,原告虽然在公司法上是独立于荷兰中间公司和卢森堡母公司的实体,但卢森堡母公司以荷兰中间公司为媒介,控制了原告的日常运营和重大决策,因此原告并不具备经济上的独立性,不构成独立代理人。[3]

---

[1] D. V. Vinnitskiy, *Thin Capitalization Rules and Non-Discrimination Clause in the light of the NaryanmarNefteGaz Case*, Tax Treaty Case Law around the Globe 2013, IBFD, p. 81 - 88 (2014).

[2] 崔晓静:《跨境电商交易中代理型常设机构的认定》,载《法学》2018年第11期。

[3] Federal Arbitration Court (Moscow District), A40 - 138879/14, 11 June 2015, IBFD.

(三)小结

法国“Conversant 案”与俄罗斯“Oriflame 案”的共同之处有三:第一,两个案件的当事人都是跨境电商企业,且都试图通过在来源国人为规避构成常设机构的方式进行避税;第二,两个案件的法院在适用税收协定的过程中,都将《OECD 范本注释》作为解释资料,且所引用版本的发布时间都要晚于双边税收协定的缔结时间。第三,两个案件法院都通过对较新版本的《OECD 范本注释》的引用,认定纳税人在来源国的子公司或姊妹公司构成代理型常设机构,从而支持了税务机关行使征税权。可见,这两起案件中的法院都运用了动态解释的方法,对跨境电商企业人为规避常设机构进行了回应。

此外,两案对动态解释的运用亦存在区别,集中体现为动态解释是否对税收协定本身进行了“实质性修订”。在西班牙等国,不存在“实质性修订”,是法院对案件适用动态解释的必要前提。[1] 一项修订是否具备“实质性”,除判断范本注释与协定原文在文义上的一致性外,还应考量其是否影响缔约国双方的征税权分配关系,以及是否严重改变了纳税人所承担的义务、严重加重其税务负担。[2] 若根据上述标准,法国“Conversant 案”引用的《OECD 范本注释》内容将代理型常设机构的范围作了扩大解释,甚至有偏离协定本义、扩大法国征税权之嫌,严重加重了 Conversant 公司的纳税负担,属于实质性修订;而俄罗斯 Oriflame 案引用的《OECD 范本注释》内容未改变税收协定中表述的含义,只是起到辅助法官理解协定条款的作用,属于非实质性修订。[3]

四、数字经济背景下税收协定动态解释对中国的启示与借鉴

有关税收协定动态解释的司法实践,既可以为中国法院完善税收协定解释机制提供参考借鉴,也提示中国“走出去”数字企业在东道国经营过程中应注意防范和化解税收协定动态解释所引发的税收法律风险。

---

〔1〕 Sánchez de Castro Martín-Luengo, *Spanish Supreme Court Limits the Use of Dynamic Interpretation of Tax Treaties*, Bulletin for International Taxation, p. 1 – 9 (2021).

〔2〕 陈延忠:《OECD 范本注释在税收协定解释中的国际法地位》,载《月旦财经法杂志》2007 年第 8 期。

〔3〕 Sánchez de Castro Martín-Luengo, *Spanish Supreme Court Limits the Use of Dynamic Interpretation of Tax Treaties*, Bulletin for International Taxation, p. 1 – 9 (2021).

(一)数字经济背景下中国税收协定解释机制的完善建议

1. 明确《OECD 范本注释》的法律地位

在探讨动态解释方法对中国的借鉴意义之前,首先有必要明确《OECD 范本注释》在中国的法律地位。目前,国家税务总局在制定相关税务规范性文件时,已经积极主动地对《OECD 范本注释》和《UN 范本注释》的内容进行了参考。例如,国家税务总局《关于税收协定执行若干问题的公告》(国家税务总局公告 2018 年第 11 号,以下简称 11 号公告)在对税收协定中常设机构、海运和空运、演艺人员和运动员条款,以及合伙企业适用税收协定等有关事项进行解释时,就参考了 2014 年版《OECD 范本注释》和 2011 年版《UN 范本注释》。[1] 然而,在司法实践中,法院和税务机关却对《OECD 范本注释》的运用表现出了较消极的态度。例如,在"东和实业案"中,法院和税务机关均以中国不是 OECD 成员国,《OECD 范本注释》对中国没有约束力为由,拒绝将其作为税收协定解释资料。相比之下,法院在实践中往往倾向依赖国家税务总局就税收协定适用问题颁布的规范性文件,如国家税务总局《关于印发〈《中华人民共和国政府和新加坡共和国政府关于对所得避免双重征税和防止偷漏税的协定》及议定书条文解释〉的通知》(国税发〔2010〕75 号,以下简称 75 号解释)和前述 11 号公告。

笔者认为,这一做法值得商榷。首先,国家税务总局目前对于税收协定的解释机制仍然存在一定的局限性。例如,75 号解释以《中华人民共和国政府和新加坡共和国政府关于对所得避免双重征税和防止偷漏税的协定》及议定书(以下简称《中国—新加坡税收协定》)作为其解释基础,而该协定是在 2007 年签署的,已经无法反映税收协定领域的许多最新进展。同时,75 号解释只能适用于与《中国—新加坡税收协定》相同或相近的税收协定条款,而对于该协定不同的税收协定条款则无法顾及。[2] 其次,司法权对税收行政权的过度依赖,会使税收司法权受到税收行政权的侵蚀,导致税收司法缺乏独立性,无法保障纳税人的权利并提供有效的救济措施,进而影响税收法治的实现。[3] 法院如果不加分析

〔1〕 国家税务总局办公厅:《关于〈国家税务总局关于税收协定执行若干问题的公告〉的解读》,载国家税务总局网站 2018 年 2 月 12 日,http://www.chinatax.gov.cn/chinatax/n810341/n810760/c3285711/content.html。

〔2〕 Chen Jingxian, *Tax Treaties: Past, Present and Future*, Asia-Pacific Tax Bulletin, p. 1 – 9 (2019).

〔3〕 崔晓静:《论中国特色国际税收法治体系之建构》,载《中国法学》2020 年第 5 期。

地援用税务规范性文件,可能会致使本有违法之虞的规范性文件成为裁判依据。[1] 最后,虽然《OECD 范本注释》没有严格意义上的法律约束力,但这并不影响法院将其作为解释税收协定的参考资料。《OECD 范本注释》作为各国在缔结税收协定和审理税法案件时广泛参考的文件,在一定程度上反映了各国在国际税法领域达成的最新共识,具有较强的先进性、专业性和权威性。因此,将《OECD 范本注释》作为税收协定解释的参考资料,有利于改善法院目前解释资料匮乏的局面。

综上所述,法院应当改变完全依赖国家税务总局行政解释的局面,不应仅因《OECD 范本注释》没有法律约束力,就一概拒绝参考。事实上,根据 2004 年最高人民法院《关于审理行政案件适用法律规范问题的座谈会纪要》第 1 条的规定,作为规章以下规范性文件,国家税务总局发布的税收协定解释文件对法院亦无法律约束力,法院若认为其规定不合法或不适当,有权对税收协定作出不同的解释。因此,法院对于是否适用税务规范性文件以及参考《OECD 范本注释》均具有审查权和裁量权,关键在于税务规范性文件或《OECD 范本注释》对税收协定的解释是否合法、适当。如果税务规范性文件对税收协定的适用问题未作出解释或解释不正确,而《OECD 范本注释》对税收协定作出了正确解释,则法院可以在裁判文书的说理部分参考《OECD 范本注释》。

2. 有限度地采用动态解释方法回应数字经济税收问题

在明确《OECD 范本注释》法律地位的基础上,中国还有必要进一步厘清对于动态解释的立场。笔者认为,法院和税务机关应当采用有限度的动态解释方法,进而在对税收协定进行与时俱进的解释的同时,确保税法体系的稳定性和可预测性不被损害。具体而言,在运用动态解释时,应满足以下限制条件:

第一,动态解释必须要在《维也纳条约法公约》所规定的条约解释规则的框架下进行。《维也纳条约法公约》第 31 条规定:“条约应依其用语按其上下文并参照条约之目的及宗旨所具有之通常意义,善意解释之。”因此,动态解释必须与文义解释、目的解释、体系解释和善意解释等条约解释方法保持和谐统一。首先,动态解释无论如何都不能超出税收协定原文可能的文义范围。其次,动态解释不能违背税收协定的目的,具体表现为动态解释在任何情况下都不应导致国际重复征税的后果,否则将违背税收协定避免双重征税的基本目的。最后,动态

---

[1] 侯卓:《税法裁判中法律适用的特征及不足》,载《法学》2020 年第 10 期。

解释必须符合税收协定的上下文,避免造成税收协定条款之间的冲突。

第二,动态解释需以《OECD 范本注释》中的非实质性修订为限。《OECD 范本注释》中经过实质性修订的内容不能被援引为动态解释的对象,否则将有损纳税人的信赖利益,有违税收法定原则,甚至可能构成对税收协定本身的违反。以法国"Conversant 案"中代理型常设机构的认定标准为例,由于范本注释对代理型常设机构的范围进行了扩大解释,构成了实质性修订,因此法官不应适用动态解释,而应遵循协定的文义。此时,应回归"立法论"的路径,通过协商修订税收协定予以应对。例如,2018 年签署的《中国—阿根廷税收协定》的第 5 条第 5 款,就以 2017 年《OECD 范本》中有关代理型常设机构的新内容为蓝本,将"对于按惯例订立的合同,经常在合同订立过程中发挥主要作用,该企业不对合同进行实质性修改"这一新情形增加到代理型常设机构的认定标准中,为税务机关打击避税提供协定依据。

在遵循以上限制条件的前提下,法院和税务机关有权自由裁量决定是否采用动态解释。在具体案件中,当涉案税收协定的缔结时间较早、文本规则较落后时,法院和税务机关可以适时地将与涉案争议相关的《OECD 范本注释》段落作为协定解释的参考,将国际税收规则的新发展运用于实践,弥补中国当前税收协定解释机制的不足。此外,在有关动态解释的实践经验逐渐成熟后,建议通过税收协定议定书、国家税务总局公告、最高人民法院司法解释等载体,以书面形式确定"有限度的动态解释"立场,并规范税收协定动态解释的适用条件、具体方法论等,从而提高税收协定动态解释机制的确定性和透明度,为纳税人提供更明确的税法适用指引。

(二)中国"走出去"数字企业应注意防范和化解动态解释引发的税务风险

随着中国"走出去"战略的逐步推进,越来越多的中国企业走出国门,参与国际市场的竞争,而跨境电商等数字企业恰恰是其中的"主力军"。在这一过程中,税收筹划在数字企业的战略规划中占据了越发重要的地位,企业在进行商业决策时,往往会通过对东道国的国内税法和税收协定进行分析,设法获得优惠的税收待遇,减少税收负担。然而,在越来越多国家法院选择采用动态解释方法解释税收协定的大趋势下,中国"走出去"数字企业在税收筹划方面将面临更大的挑战。例如,前述法国"Conversant 案"在未来可能会成为具有约束力的判例。而在《中国—法国税收协定》中,有关代理型常设机构的内容与"Conversant 案"中《法国—爱尔兰税收协定》相近,如果在法国的中国企业在进行税收筹划时,未能考虑法国最高行政法院对于动态解释的最新立场,则其在法国设立的子公司很可能也会被法国法院运用动态解释方法认定为常设机构,进而承担大额的税收负担。可见,中国“走出去”数字企业应当采取有效措施防范和化解东道国法院采用动态解释引发的税务风险。

第一,密切关注东道国法院的税收协定解释实践和《OECD 范本注释》的最新发展。中国“走出去”企业在进行税收筹划时,不能单纯地考虑东道国国内税法和双边税收协定的条文本身,还必须了解最新版本的《OECD 范本注释》中的相关内容,并关注东道国法院是否存在运用税收协定动态解释方法的实践。在此基础上,“走出去”企业应当对可能面临的税务风险进行全面分析,对税收筹划方案进行合理规划,以防范法院或税务机关采用动态解释方法时可能遭遇的风险。

第二,申请税收事先裁定以防范税务风险。目前,澳大利亚、加拿大、法国、德国和美国等国家的税务机关已为纳税人提供了事先裁定服务。[1] 税收事先裁定是就纳税人预期交易中的特有税务问题所涉及的税法适用进行解释的事前管理机制,并对税务机关产生拘束力。该制度赋予纳税人就特定预期交易的税法适用获得正式解释的法定请求权,意在避免法律的不确定性。当纳税人要求税务机关适用事先裁定进行税务处理时,税务机关不得随意拒绝、撤销或变更事先裁定。[2] 为了防范东道国税务机关和法院事后适用动态解释带来的风险,中国“走出去”企业可以变被动为主动,通过申请税收事先裁定的方式,提前明确自身交易所涉及的税收协定解释问题,寻求税收协定解释的确定性和可预测性。

第三,在遭遇东道国法院或税务机关运用动态解释的情况下,中国“走出去”企业应当寻求有效的救济手段。一方面,企业可以在诉讼过程中寻求针对动态解释的抗辩事由。例如,动态解释的相关内容属于实质性修订,超出了法院解释的范畴,违反了信赖保护原则;再如,以东道国既往的司法实践中存在反对适用动态解释的判例,在本案中采用动态解释违反了先例等。另一方面,企业还可以根据双边税收协定的规定,不考虑东道国的国内救济手段,直接请求中国税务机关启动相互协商程序,借助中国税务机关的力量解决纠纷。

(责任编辑:王宗涛　聂森)

[1] 李凯、李捷、孙金山:《税务事先裁定的国际经验及借鉴》,载《国际税收》2016 年第 4 期。

[2] 虞青松、张剀:《税收事先裁定的组织建构初探》,载《税务研究》2016 年第 6 期。

学 位 论 文

税务规范性文件的司法审查标准研究
——基于司法实务的观察

黄子威*

摘　要:目前我国税法领域存在大量的规范性文件,其中缺乏授权依据、违背上位法规定、超越上位法等问题普遍存在,并直接或间接地对纳税人的合法权利造成了损害。2014年《行政诉讼法》修正引入了"附带审查制度",明确将司法审查作为解决规范性文件乱象的重要制度工具。基于司法实践的观察发现,这一制度运行存在不足,其中一个核心问题即为缺乏可操作性的司法审查标准,由此致使司法审查制度难以充分发挥应有的职能。本文通过大量司法判例的分析并结合相关理论,尝试提炼一套法院司法审查的标准体系,对可审查标准、形式合法性标准和实质合法性标准等关键问题进行针对性的回应,旨在构建一套完整的税务规范性文件司法审查标准及适用体系。

关键词:税务规范性文件;司法审查标准;可审查标准;形式合法性标准;实质合法性标准

行政诉讼制度的创设,体现了司法权对于行政权的监督职能,亦隐含公民对于行政权力行使的审慎态度。长期以来,我国行政诉讼制度仅对具体行政行为进行评价而不审查其援引的依据,忽略了行政行为系由具体行政行为及其依据共同构成的客观事实。自2014年《行政诉讼法》突破性地实施"附带审查制度"后,规范性文件有了一定条件下的"可诉性"。但目前我国税务规范性文件冗杂,相关管理工作尚不成熟,缺乏具体的审查标准,使司法审查制度难以充分发挥应有的监督职能。故亟待建立一套完善的税务规范文件司法审查标准,以有效保护纳税人的合法权益,落实税收法定原则。

* 上海正策律师事务所律师,注册税务师、中级经济师、知识产权师,毕业于厦门大学法学院。

一、案例检索梳理及司法审查标准分析

(一)案例检索梳理及司法审查的总体分析

1. 案例检索梳理

本文研究的对象为税务规范性文件的司法审查标准,其直接依据是2014年修正的《行政诉讼法》第53条,该条规定:"公民、法人或者其他组织认为行政行为所依据的国务院部门和地方人民政府及其部门制定的规范性文件不合法,在对行政行为提起诉讼时,可以一并请求对该规范性文件进行审查。前款规定的规范性文件不含规章。"笔者通过"裁判文书网""威科先行""北大法宝"等公开案例检索渠道,收集了全国(除我国港澳台地区外)各地法院从2014年至2023年6月30日审结的、有关税务规范性文件的司法审查判例71个。[1] 基于对71个案例的梳理研读,从以下方面对所涉案例进行类型化提炼:

(1)当事人性质、诉争文件涉及税种(见表1、表2)

表1　当事人性质所涉案例统计

当事人性质	数量/个	占比/%
自然人	33	46.48
法人(包括营利法人与非营利法人)	36	50.70
非法人组织	1	1.41
特别法人	1	1.41

---

[1] 本文检索案例的标准如下:其一,系行政诉讼案件;其二,诉争行政行为由税务机关作出(笔者在检索过程中发现,涉税案件中被告主体并不只包括税务机关,甚至包括了就业服务中心、人力资源和社会保障局以及规划和自然资源局等其他行政主体,诉争文件也并非税务规范性文件,其之所以出现在相关检索网站的联系目录中则一般是因为原告起诉对象错误或确实存在涉税问题。故笔者设定诉争行政行为由税务机关作出、诉争文件应为税务规范性文件的检索标准);其三,符合以下条件之一:纳税人明确或变相提出对相关文件的审查要求、法院主动对相关文件进行了审查、法院对于是否审查文件给予了回应。

表2　诉争文件涉及税种统计

种类	数量/个	占比/%
增值税	13	13.83
营业税	7	7.45
个人所得税	7	7.45
企业所得税	2	2.13
消费税	11	11.70
车辆购置税	5	5.32
契税	7	7.45
土地增值税	5	5.32
城市维护建设税	1	1.06
城镇土地使用税	4	4.26
耕地占用税	1	1.06
印花税	1	1.06
房地产相关税种	8	8.51
社保相关	3	3.19
其他涉税问题	19	20.21

注:因存在样本案例中一案涉及多个种类税种的情况,故表格统计数量超过样本案例总量。

(2)审级、当事人提出审查的时间(见表3、表4)

表3　案件审级统计

审级	数量/个	占比/%
一审	19	26.76
二审	46	64.79
再审	6	8.45

表4　当事人申请审查或法院主动审查的时间统计

原告提出审查时间	数量/个	占比/%
一审	48	67.60
二审	9	12.68
再审	3	4.23
法院主动审查或主动适用	11	15.49

(3)法院司法审查标准

该分类是指法院在涉税案件中的规范性文件审查标准,除去不予审查与未予审查的案例,其他案例大致分为形式合法性审查(包含一般形式审查与程序审查)与实质合法性审查[1]两种标准,具体分类如表5所示。[2]

表5　法院司法审查标准统计

审查形式	数量/个	占比/%
形式合法性(不含程序合法性审查)审查	21	29.58
形式合法性(仅程序合法性审查)审查	2	2.82
形式合法性(含程序合法性审查)审查	2	2.82
仅实质合法性审查	3	4.22
兼具形式合法性(不含程序合法性审查)与实质合法性审查	10	14.08
兼具形式合法性(仅程序合法性审查)与实质合法性审查	1	1.41
兼具形式合法性(含程序合法性审查)与实质合法性审查	1	1.41
不予审查或未予审查	31	43.66

(4)法院是否进行合法性评价及裁判理由(见表6、表7)

---

〔1〕 学界对于规范性文件审查标准常分为二元论(形式合法性兼具实质合法性或程序合法性兼具实质合法性)与三元论(形式合法性、程序合法性、实质合法性),本文采形式合法性兼具实质合法性的二元论观点。

〔2〕 笔者认为,程序合法性是形式合法性中较特殊的一部分,其更多关注于文件文本以外的合法性问题(如制定、颁布和废止等)。但其具有单独的研究价值,因此笔者将程序合法性单独作为分类项。

表6 法院是否对诉争文件进行合法性评价统计

是否进行合法性评价、论证	数量/个	占比/%
进行合法性评价、论证	12	16.90
进行合法性评价但未予论证	11	15.49
未经合法性评价、论证直接得出结论	16	22.54
论证但未予合法与否的结论	1	1.41
不予审查或未予审查	31	43.66

表7 法院裁判理由统计

裁判理由	数量/个	占比/%
规范性文件是上位法的具体规定、细化解释	13	15.85
规范性文件有合法批准或授权	12	14.63
规范性文件与上位法不冲突	12	14.63
与上位法规定内容、范围不同,并非冲突	1	1.22
与其他规范性文件不冲突	3	3.66
规范性文件精神可以参考	2	2.44
仅表示规范性文件程序合法	1	1.22
审查合法,但与本案无关	1	1.22
一审未提出,不予审查	3	3.66
未经复议,驳回起诉,不予审查	2	2.44
不符起诉条件,驳回起诉,不予审查	4	4.88
非诉争行政行为依据,不予审查	13	15.85
不属于诉争审查客体,不予审查	1	1.22
未明确其主张审查的具体行政行为,不符合附带规范性文件复议审查的要件,不予审查	3	3.66
非规范性文件,不予审查	1	1.22
重复起诉,不予审查	1	1.22
无权起诉,不予审查	1	1.22
未进入实体审理,不予审查	1	1.22

续表

裁判理由	数量/个	占比/%
超出审理范围,不予审查	1	1.22
涉及刑事案件,不予审查	1	1.22
法院未直接回应审查结果	5	6.10

注:因存在样本案例中一案涉及多种裁判理由组合的情况,故表格统计数量超过样本案例总量。

(5)法院裁判结果(见表8)

表8　法院裁判结果统计

裁判结果	数量/个	占比/%
规范性文件合法(无程序瑕疵或未提及程序问题)	33	46.48
规范性文件违法	0	0.00
援引的规范性文件存在程序瑕疵,但不影响整体判决	4	5.63
不予审查或未予审查	34	47.89

2. 样本案例中有关司法审查的总体分析

(1)案件数量相对较少、覆盖面广泛

经裁判文书网检索,笔者发现,与《行政诉讼法》第53条相关联的案例达4000余件,[1]远超过了对税务规范性文件进行司法审查的案件数量(71件),这在一定程度上显示纳税人在提起涉税行政诉讼时,往往忽略或不愿提出对诉争税务规范性文件司法审查的要求。究其原因:一方面,《行政诉讼法》在2014年才落地附带审查制度,在配套制度未完善的情况下,广大纳税人对该规则了解相对不充分;另一方面,法院相对保守的态度也往往使纳税人怠于对诉争文件提起审查。

尽管案件数量较少,但案件覆盖面相当广泛。首先,涉及税收问题广。案件不仅涉及多种税费,更涉及征税的多个环节,包括但不限于税务机关稽征职责问

〔1〕 参见中国裁判文书网,https://wenshu.court.gov.cn/website/wenshu/181029CR4M5A62CH/index.html,最后访问日期:2022年12月31日。

题、[1]发票凭证问题、[2]征收范围问题[3]以及纳税义务发生时间问题[4]等。其次，覆盖地域广。上述案件具有地域上的广泛性，基本覆盖了全国各个区域。最后，诉争文件层级广。案例中涉案文件的层级包括了行政法规、部门规章、中央出台的规范性文件以及地方规范性文件。

(2)不同法院的司法审查态度各异

在所涉案例中，不同法院所采取的司法审查态度不同，大致有积极审查、消极审查和回避审查3种做法。

一是积极审查。是指法院对诉争税务规范性文件的审查采积极主动的态度，在审查过程中对审查的法律依据进行引述并阐述裁判理由，并尽可能在审查过程中兼顾了形式合法性标准与实质合法性标准。如"武汉某公司诉武汉市国家税务局第四稽查局案"[5]中，湖北省武汉市中级人民法院便明确表示对于诉争文件审查是人民法院的职责所在。[6]

二是消极审查。主要表现为以下情形：其一，坚持"不告不理"的审查原则，即当事人未要求审查诉争文件的，法院不予审查。其二，根据《行政诉讼法》第53条的规定，法院不予审查的情形还包括当事人提出了对于非审查范围的文件进行审查的主张；[7]对当事人未按照相关规定在有效时限提出审查主张的，法院不予支持；[8]对当事人未对具体行政行为提出诉求而直接要求审查诉争文件的，法院不予审查。[9] 其三，其他法院裁定不予审查的情形。

三是回避审查。是指纳税人依法提出了对税务规范性文件的审查要求后，

[1] 如上海市黄浦区人民法院行政判决书，(2015)黄浦行初字第256号。

[2] 如福建省莆田市中级人民法院行政判决书，(2020)闽03行终42号。

[3] 如江苏省常州市中级人民法院行政判决书，(2017)苏04行终6号。

[4] 如天津市北辰区人民法院行政判决书，(2015)辰行初字第0178号。

[5] 如湖北省武汉市中级人民法院行政判决书，(2015)鄂武汉中行终字第00098号。

[6] 目前，在笔者所搜集案例中法院采积极审查态度的仅此一例，其余法院均采消极审查态度。

[7] 如重庆市第一中级人民法院行政判决书，(2014)渝一中法行终字第00311号。

[8] 如北京市第三中级人民法院行政判决书，(2015)三中行终字第00538号；福建省泉州市中级人民法院行政判决书，(2017)闽05行终334号；江苏省南京市中级人民法院行政判决书，(2017)苏01行终1120号。

[9] 如辽宁省沈阳市中级人民法院行政判决书，(2018)辽01行终2360号；湖北省武汉市中级人民法院行政判决书，(2019)鄂01行终52号；广东省肇庆市中级人民法院行政判决书，(2018)粤12行终101号。

法院以直接或间接的方式进行回避的审查态度,[1]体现为对审查主张仅作模糊回应或不予回应等情况。[2]

(3)不同法院的司法审查范围各异

在法院对诉争文件决定审查后,不同法院的审查范围不相一致,[3]其区别在于审查范围是否全面。此处所称"全面审查",是指法院对诉争文件进行审查时,采用包括形式合法性审查以及实质合法性审查等审查标准在内的较全面的审查态度。在实践中,法院往往根据案件实际情况和自身审查经验在不同的审查范围里进行审查,但仍存在下述问题:一方面,"审查标准"问题并未得到相关法律的明文确认,法院享有自由裁量权;另一方面,为保护当事人的处分权,法院坚持"不告不理"的原则,[4]当事人是否提出主张、提出主张的范围以及其他相关请求都会在不同程度上影响法官对诉争文件的审查态度及范围选择。

比如,在"姚某某诉辽源市国家税务局车辆购置税收管理分局、辽源市国家税务局案"[5]中,当事人在再审申请中提出"二审中,被申请人向法庭提供未向社会公布的国税发〔2015〕176号文件……未经公布的规范性文件没有法律效力,不能成为行政行为依据"。该表述是典型的变相要求法院审查诉争文件合法性。吉林省高级人民法院以"对于国税函〔2015〕176号文件是否属于依职权公开的政府信息,因该通知内容涉及商业秘密,国家税务总局已在该文件上标明属于依申请公开的文件,并且车辆最低计税价格在纳税人办理申报业务时可以在税务机关窗口查询,不存在纳税人无法获取该信息的情况"进行回应。可见,由于该案中当事人仅针对于程序问题提出审查,法院也仅采取部分审查标准(程序标准)予以审查。又如,在"张某某诉武汉市江岸区地方税务局案"中,当事人对于诉争文件的审查主张明确为"对国税发〔2007〕38号、国税函〔2007〕1145号两份文件进行合法性审查",但并未明确具体条文以及审查的目的(如其

---

〔1〕如辽宁省大连市中级人民法院行政判决书,(2018)辽02行终741号;海南省三亚市中级人民法院行政判决书,(2018)琼02行终152号;广东省江门市中级人民法院行政判决书,(2019)粤07行终302号。

〔2〕参见许国祥、李劲:《规范性文件附带审查制度研究》,载《行政与法》2019年第6期。

〔3〕参见孙海涛、张志祥:《行政规范性文件司法审查的适应性变革》,载《行政与法》2020年第1期。

〔4〕参见吴宇龙:《论规范性文件审查的相对独立性》,载《人民司法(应用)》2016年第10期。

〔5〕参见吉林省高级人民法院行政裁定书,(2017)吉行申307号。

是否超越权限、内容违法以及程序违法等)。湖北省武汉市江岸区人民法院在判决书中表示,经本院对上述两份规范性文件的制定背景、制定目的、制定依据,以及制定程序等方面进行审查后认为,上述两份规范性文件符合法律规定,不存在违反上位法的情形。虽然判决书中并无详细的审查标准可循,但该法院事实上采取了"全面审查"的态度。

而在"陈某某诉上海市国家税务局车辆购置税周浦征收所、上海市国家税务局案"[1]中,当事人明确申请"审查国税函〔2005〕131 号文件的合法性与合理性",而上海市浦东新区人民法院认为:"国家税务总局核定的第 64 版车辆购置税最低计税价格符合相关法律法规规章的规定,本院认定国税函〔2005〕131 号文件合法有效。"该案中,法院明知当事人提出"合法性及合理性"的全面审查要求,却也只是对其形式合法性(授权情况)进行了审查,存在明显的遗漏审查情况。

总体来说,法院在实践中的审查意愿不强,较少坚持"全面审查",而倾向"部分审查"。甚至,"部分审查"标准成为法院对于税务规范性文件审查问题的主流态度。[2]

(二)案例中的司法审查标准及其评析

一方面,通过对上述案例的分析,可总结出一般的司法审查有如下标准:可审查标准、形式合法性标准以及实质合法性标准。实践中法院司法审查按如下思路展开:是否受理审查(可审查性标准)—确定审查标准(形式合法性标准、实质合法性标准)—得出审查结论。另一方面,由现行法律规定得出,司法审查最直接的依据便是《行政诉讼法》第 53 条、第 64 条[3]以及最高人民法院《关于适用〈中华人民共和国行政诉讼法〉的解释》(以下简称《行诉讼法司法解释》)第

[1] 参见上海市浦东新区人民法院行政判决书,(2018)沪 0115 行初 123 号。

[2] 参见江国华、易清清:《行政规范性文件附带审查的实证分析——以 947 份裁判文书为样本》,载《法治现代化研究》2019 年第 5 期。

[3] 《行政诉讼法》第 64 条规定:"人民法院在审理行政案件中,经审查认为本法第五十三条规定的规范性文件不合法的,不作为认定行政行为合法的依据,并向制定机关提出处理建议。"

148 条、[1]第 149 条,上述规定强调了对规范性文件的审查首先应确定所审文件系“行政行为所依据的”,进而围绕“超越职权”“违反上位法”“违法增加公民义务或减损公民合法权利”“实施程序违法”等标准进行审查。[2] 诸多学理研究也基本围绕上述 3 个分类展开。

1. 可审查标准及评析

可审查标准关系司法审查程序是否启动的问题。[3] 法院在这一问题上,着重考虑了以下标准:

(1)位阶标准

位阶标准,是指从文件位阶出发考察税务规范性文件是否可以审查。法院一般以《行政诉讼法》第 53 条所称“规范性文件”的范围作为标准,即规范性文件的制定主体分为中央与地方,中央仅包括国务院部门,地方则包括地方人民政

---

[1] 《行政诉讼法司法解释》第 148 条规定:“人民法院对规范性文件进行一并审查时,可以从规范性文件制定机关是否超越权限或者违反法定程序、作出行政行为所依据的条款以及相关条款等方面进行。有下列情形之一的,属于行政诉讼法第六十四条规定的‘规范性文件不合法’:(一)超越制定机关的法定职权或者超越法律、法规、规章的授权范围的;(二)与法律、法规、规章等上位法的规定相抵触的;(三)没有法律、法规、规章依据,违法增加公民、法人和其他组织义务或者减损公民、法人和其他组织合法权益的;(四)未履行法定批准程序、公开发布程序,严重违反制定程序的;(五)其他违反法律、法规以及规章规定的情形。”

[2] 《行政诉讼法司法解释》第 149 条规定:“人民法院经审查认为行政行为所依据的规范性文件合法的,应当作为认定行政行为合法的依据;经审查认为规范性文件不合法的,不作为人民法院认定行政行为合法的依据,并在裁判理由中予以阐明。作出生效裁判的人民法院应当向规范性文件的制定机关提出处理建议,并可以抄送制定机关的同级人民政府、上一级行政机关、监察机关以及规范性文件的备案机关。规范性文件不合法的,人民法院可以在裁判生效之日起三个月内,向规范性文件制定机关提出修改或者废止该规范性文件的司法建议。规范性文件由多个部门联合制定的,人民法院可以向该规范性文件的主办机关或者共同上一级行政机关发送司法建议。接收司法建议的行政机关应当在收到司法建议之日起六十日内予以书面答复。情况紧急的,人民法院可以建议制定机关或者其上一级行政机关立即停止执行该规范性文件。”

[3] 参见陈运生:《行政规范性文件的司法审查标准——基于 538 份裁判文书的实证分析》,载《浙江社会科学》2018 年第 2 期。

府及其部门,并且规章排除在审查的范围之外。《税务行政复议规则》[1]与《税务规范性文件制定管理办法》对此作了更具体的规定。[2] 对于不符合上述规定的文件,不属于可审查文件,法院不予审查。[3]

如在“郭某某诉国家税务总局江西省税务局案”中,纳税人主张“请求一并审查规章及规范性文件《检举纳税人税收违法行为奖励暂行办法》”。法院认为:“该办法系由国家税务总局、财政部审议通过,由时任税务总局局长、财政部部长署名公布,属于依照《规章制定程序条例》制定的规章。申请人请求一并审查《奖励暂行办法》的主张不能成立。”在“陈某诉国家税务总局遵义市播州区税务局案”[4]中,当事人提出对税总函〔2018〕46 号文件进行审查,一审法院认为,该文件属于规章并裁定不予审查,[5]而二审法院则认定该文件为规范性文件,应当予以审查,[6]并对一审法院的认定错误予以了纠正。另外,在“河南某大学

---

〔1〕《税务行政复议规则》第 15 条规定:“申请人……可以一并向行政复议机关提出对有关规定的审查申请……(一)国家税务总局和国务院其他部门的规定。(二)其他各级税务机关的规定。(三)地方各级人民政府的规定。(四)地方人民政府工作部门的规定。前款中的规定不包括规章。”

〔2〕《税务规范性文件制定管理办法》第 2 条规定:“本办法所称税务规范性文件,是指县以上税务机关依照法定职权和规定程序制定并发布的,影响纳税人、缴费人、扣缴义务人等税务行政相对人权利、义务,在本辖区内具有普遍约束力并在一定期限内反复适用的文件。国家税务总局制定的税务部门规章,不属于本办法所称的税务规范性文件。”

〔3〕参见王春业:《论附带审查中行政规范性文件的司法识别》,载《法治现代化研究》2019 年第 2 期。

〔4〕参见贵州省遵义市中级人民法院行政判决书,(2019)黔 03 行终 83 号。

〔5〕该案一审法院认为:“《立法法》第八十条第一款规定:国务院各部、委员会、中国人民银行、审计署和具有管理职能的直属机构,可以根据法律和国务院的行政法规、决定、命令,在本部门的权限范围内,制定规章。故国家税务总局有规章制定权。同时《税收征收管理法》第三十五条第二款规定:税务机关核定应纳税额的具体程序和方法,由国务院税务主管部门规定。即税总函〔2018〕46 号《国家税务总局关于核定第 67 版车辆购置税最低计税价格的通知》属于国家税务总局根据法律的授权制定的部门规章范畴,不属于规范性文件。”

〔6〕该案二审法院认为:“需要指出的是,上诉人主张税总函〔2018〕46 号文件并非属于行政规章范畴,应属于国家税局总局制定的部门规范性文件成立。理由为:首先,上述文件并未按照行政规章的制定程序制作;其次,国家税务总局 2018 年 6 月 19 日转交国家税务总局贵州省税务局《国家税务总局行政复议规范性文件审查决定书》(税复审字〔2018〕1 号)明确表示,该文件的起草、审核、签发系按照‘党政机关公文处理工作条例’的规定,且国家税务总局亦是按照规范性文件的性质予以效力审查。故一审法院将该文件认定为规章错误,本院予以纠正。”

诉河南省焦作市地方税务局案”[1]中,当事人甚至提出对行政法规的审查要求,但法院以当事人起诉不符合条件而驳回起诉,并没有直接回应审查问题。

(2)附带性标准

“附带性标准”即要求当事人在提出对诉争文件的审查要求时,必须以先提出对诉争具体行政行为的诉讼请求为前提,其“附带性”的本意即在于“附带”于该具体行政行为之上,当事人不得直接要求审查规范性文件。[2]

例如,在“刘某某诉国家税务总局辽宁省税务局、国家税务局盘锦市税务局案”中,审理法院认为“上诉人的四、五、六项上诉请求,不属于本案审查客体,不予审理”;又如,在“李某等诉国家税务总局武汉市税务局案”中,审理法院认为:该案被告市税务局或原武汉市地方税务局并未对原告李某等人作出任何属于法院司法审查范围的行政行为,原告李某等人提出的规范性文件审查要求不符合《行政诉讼法》第53条的规定,原审依法不予处理。再如,在“肇庆某公司诉肇庆市国土资源局、肇庆市端州区地方税务局等案”[3]中,审理法院认为:“上诉人在一审提出一并审查肇庆市端州区地方税务局委托肇庆市国土资源局行使涉税行政行为规范性文件合法性的请求不符合附带审查的法定条件,故本院不予审查。”

(3)关联性标准

关联性标准,是指受审查的规范性文件必须为诉争具体行政行为作出的依据,否则法院不予审查。[4] 例如,在“江西某公司诉国家税务总局江西赣江新区税务局稽查局案”[5]中,审理法院认为,“本案诉争《处罚决定书》未引用《47号公告》作为处罚依据,原告请求对《47号公告》进行审查不符合法律规定”;又如,在“张某诉国家税务总局案”[6]中,审理法院认为“国税发〔2012〕112号《职责规定》并非作出诉争行政行为的依据,不符合行政诉讼法第五十三条规定中

---

〔1〕 参见河南省焦作市中级人民法院行政判决书,(2016)豫08行终121号。

〔2〕 参见杨士林:《试论行政诉讼中规范性文件合法性审查的限度》,载《法学论坛》2015年第5期。

〔3〕 参见广东省肇庆市中级人民法院行政判决书,(2018)粤12行终101号。

〔4〕 参见丁宁:《规范性文件司法审查的逻辑与适用——以新行政诉讼法实施后的案例为分析样本》,载《人民司法》2019年第10期。

〔5〕 参见南昌铁路运输中级法院行政判决书,(2020)赣71行终189号。

〔6〕 参见福建省厦门市中级人民法院行政判决书,(2017)闽02行终123号。

一并审查规范性文件的情形，张某要求对其进行合法性审查，于法无据”；再如，在“福州某公司诉福州市国家税务局稽查局案”[1]中，法院提出：“本院认为，上述文件非被告作出行政行为的依据。故根据上述规定，原告该请求，本院不予支持。”

（4）时效性标准

《行政诉讼法司法解释》第146条对当事人提出规范性文件司法审查的主张进行了时间上的要求，即原则应当在“第一审开庭审理前”提出，但也规定了例外情况，即“有正当理由的”也可以在“法庭调查中”提出，理论上如何理解这一规定存在争议。[2] 但从实践看，当事人关于诉争文件的审查主张也一般符合“不应当超过第一审（包括二审发回重审及再审适用第一审程序）诉讼阶段”的要求。例如，在“冯某某诉北京市通州区地方税务局第一税务所案”[3]中，审理法院认为，关于对京地税地（2011）44号通知的合法性进行审查的上诉请求，因冯某某在一审中没有提出，故本院不予评述；又如，在“黄某某诉泉州市地方税务局直属税务分局、泉州市地方税务局案”[4]中，审理法院认为，黄某某二审中才请求对财税〔2016〕23号文件及泉建房〔2012〕25号文件进行审查，不符合最高人民法院《关于适用〈中华人民共和国行政诉讼法〉若干问题的解释》（法释〔2015〕9号，已失效）第20条的规定，本院不予支持；再如，在“南京某公司诉南京市人民政府、江苏省南京地方税务局稽查局、江苏省南京地方税务局案”中，审理法院认为，该案中，上诉人南京某公司在二审期间提出对规范性文件进行审查的请求已超出了法定期限，对其该项诉讼主张法院不予支持。上述案例的主要共同点在于纳税人主动要求审查的时间非第一审期间。值得注意的是，部分法院认为，有必要在纳税人二审初次提出对诉争文件审查的主张时决定启动审查，其原因主要有以下几点：其一，纳税人二审时变相提出了审查要求，法院认为确有必要；[5]其二，法院认为其本身具有主动审查的义务；[6]其三，税务机关在

---

〔1〕 参见福建省福州市鼓楼区人民法院行政判决书，（2015）鼓行初字第35号。

〔2〕 参见陈磊：《规范性文件附带审查之实务问题探析》，载《山东审判》2015年第4期。

〔3〕 参见北京市第三中级人民法院行政判决书，（2015）三中行终字第00538号。

〔4〕 参见福建省泉州市中级人民法院行政判决书，（2017）闽05行终334号。

〔5〕 如江苏省淮安市中级人民法院行政判决书，（2020）苏08行终202号。

〔6〕 如湖北省武汉市中级人民法院行政判决书，（2015）鄂武汉中行终字第00098号。

一审阶段才援引规范性文件。[1]

(5)复议前置标准

复议前置标准,是指在涉税案件中,法院基于《税收征收管理法》第88条[2]的规定仅当纳税人按规定完成行政复议的,法院才有可能启动诉讼程序和审查程序;若当事人应完成而未完成行政复议便直接向法院起诉,法院不予审查。例如,在"高某、熊某某诉南京市江宁地方税务局案"[3]中,纳税人主张"请求附带对《关于加强房地产税收管理的通知》及《关于调整个人住房转让营业税政策的通知》规范性文件的合法性予以审查",法院认为,该案原告高某、熊某某对被告江宁地税局征收的营业税等税款有争议,应当先向税务机关申请复议,原告在未复议的情况下即向法院提起行政诉讼,不符合法律规定;又如,在"柴某某诉虎林市地方税务局税务处理案"[4]中,纳税人主张"请求一并审查计税依据(包括不限于规范性文件)的合法性与正确性",对此,法院认为,该案中,原告柴某某不服被告税务处理决定的行为,属于征税行为,应依法先复议,对复议决定不服,再依法向人民法院起诉。

2. 形式合法性标准及评析

笔者认为,形式合法性标准与实质合法性标准之关键区别在于,形式合法性标准着眼考量税务规范性文件的制定过程及实施过程是否合法,而实质合法性标准则从税务规范性文件的规定内容及逻辑出发,审查在对纳税人增加义务与减损权利时是否合法。据此,引导出如下具体标准:

(1)权限标准

权限标准,是指法院通过判断诉争文件是否有合法授权而得出文件是否合法,强调税务规范性文件在制定过程中的权限来源合法问题。[5] 相关案例信息如表9所示。

---

〔1〕 如广东省佛山市中级人民法院行政判决书,(2018)粤06行终557号等。

〔2〕 《税收征收管理法》第88条第1款规定:"纳税人、扣缴义务人、纳税担保人同税务机关在纳税上发生争议时,必须先依照税务机关的纳税决定缴纳或者解缴税款及滞纳金或者提供相应的担保,然后可以依法申请行政复议;对行政复议决定不服的,可以依法向人民法院起诉。"

〔3〕 参见南京铁路运输法院行政判决书,(2016)苏8602行初1182号。

〔4〕 参见黑龙江省虎林市人民法院行政判决书,(2015)虎行初字第18号。

〔5〕 参见蒋盼:《论行政规范性文件的司法审查标准——基于最高人民法院公布的案例(1989—2018)》,载《公法研究》2020年第1期。

表9　诉争文件的权限标准案例

案号	权限类型	权源
(2016)苏04行终30号	上位法授权	行政法规
(2019)黔03行终83号	上位法授权	法律
(2018)沪0115行初123号	上位法授权	法律、行政法规
(2016)闽06行终89号	上级机关授权	国家税务总局文件
(2015)黄浦行初字第256号	上位法授权	行政法规
(2017)苏04行终6号	上位法授权	规章
(2017)鄂10行终59号	上位法授权	规章
(2015)鄂武汉中行终字第00098号	上位法授权	法律、行政法规、规章
(2014)渝一中法行终字第00311号	上级机关授权	国务院
(2015)美行初字第51号	上级机关授权	国务院
(2015)辰行初字第0178号	上级机关授权	国务院办公厅文件
(2015)安中行终字第104号	上位法授权	行政法规

(2)内容标准

第一,与上位法相冲突。与上位法是否冲突是法院审查的重要内容标准。权限标准所审查的是涉审文件"是否有权作出规定";功能标准所审查的是涉审文件"有无制定必要";而内容标准则考虑的是涉审文件"内容上是否实质突破了上位法的规定",三者层层递进,形成了一个税务规范性文件的指定逻辑:权限—目的—适当。

在实践中,与上位法相冲突具体情形如下:其一,上位法无规定,而诉争文件作出了规定;其二,上位法有规定,而诉争文件作出了限缩规定;其三,上位法有规定,而诉争文件作出了扩大规定;其四,上位法有规定,而诉争文件作出了相反规定;其五,其他有可能与上位法发生冲突的情况。例如,在"重庆某公司诉重庆市大足区地税局棠香税务所案"[1]中,法院认为"该具体规定与上位法即《契税暂行条例》、《契税暂行条例细则》的规定并不相冲突";又如,在"海南某林业局诉海南省地方税务局第五稽查局案"[2]中,法院认为,"170号《通知》中'优惠

〔1〕 参见重庆市大足区人民法院行政判决书,(2014)足法行初字第00156号。

〔2〕 参见海南省第二中级人民法院行政判决书,(2016)琼97行终71号。

政策仅适用于房改房,对集资房、保障性住房不适用'的规定与财政部、国家税务总局《关于职业教育等营业税若干政策问题的通知》(财税〔2013〕62号)的规定并不冲突,经审查也未与其他法律法规相冲突";再如,在"广东某公司诉佛山市顺德区地方税务局稽查局案"中,法院认为,"财税〔2006〕186号通知关于'以出让或转让方式有偿取得土地使用权的,应由受让方从合同约定交付土地时间的次月起缴纳城镇土地使用税'的规定与《城镇土地使用税暂行条例》第3条关于计税依据的规定,两者指向对象不同且并不冲突"。

第二,同类文件相冲突。在司法实践中,不仅存在诉争文件与上位法间的冲突问题,更存在与同类文件的冲突问题,而法院常常以诉争文件与其他规范性文件"不冲突"得出诉争文件审查合法的理由。例如,在"虞某某诉国家税务总局岱山县税务局第一税务所案"[1]中,审理法院认为,"根据浙财农税字〔2008〕13号文件内容,虽是对按份共有房屋土地权属份额转移时,征收契税如何认定房产性质所作出的规定,但其实质是对按份共有房屋土地权属份额转移时如何适用税率的标准的明确,即应按房产证记载的面积进行判定并适用相应的税率,该规定精神与财税〔2016〕23号文件并不冲突";又如,在"海南某林业局诉海南省地方税务局第五稽查局案"中,法院认为,"170号《通知》……经审查也未与其他法律法规相冲突"。

笔者认为,考虑税务规范性文件是否合法,其参考的依据应当是上位法,而非其他规范性文件。如果法院以其他规范性文件作为冲突审查标准,则是对"合法性"本身的限缩理解,更是颠覆了既有的法律效力位阶体系,甚至有可能排除法律、行政法规等上位法的适用,实际是进行"合'规'性审查",而非"合法性审查"。

(3)程序标准

诉争规范性文件制定、发布及实施是否符合法定程序,是审查其是否符合形式合法性标准的重要一环。相关案例信息如表10所示。

---

〔1〕参见浙江省舟山市中级人民法院行政判决书,(2018)浙09行终86号。

表 10　程序标准案例

案号	裁判要旨	审查形式
(2017)吉行申307号	(再审)对于国家税务总局《关于核定第50版车辆购置税最低计税价格的通知》是否属于依职权公开的政府信息,因该通知内容涉及商业秘密,国家税务总局已在该文件上标明属于依申请公开的文件,并且车辆最低计税价格在纳税人办理申报业务时可以在税务机关窗口查询,不存在纳税人无法获取该信息的情况	仅程序审查
(2019)苏0508行初211号	(一审)该文在国家税务总局等网站均可查询,已向社会公布,不存在原告所称未对外公开的情况,故该规范性文件不存在明显违法情形,在本案中具有可适用性	兼具一般形式合法性审查与程序审查
(2015)思行初字第225号	(一审)被告市地税稽查局在作出案涉处理决定时,对于股票转让买入价的确认涉及适用上述规范性意见,但未在文书中载明,仅在个案内部审理报告中体现,实属适用瑕疵,法院对此予以指出	兼具程序审查与实质审查
(2017)鄂0102行初131号	(一审)经法院对上述两份规范性文件的制定背景、制定目的、制定依据以及制定程序等方面进行审查后认为,上述两份规范性文件符合法律规定,不存在违反上位法的情形	兼具三种审查形式

在实践中,对于某个法律文件的程序审查,主要是围绕其“起草、审批、公开、实施”等一系列的活动展开。从实践案例看,部分法院审查发现诉争文件存在一定的程序问题,但目前并无任何法律文件规定法院是否可以对诉争文件的相关程序问题进行审查以及如何进行审查。[1] 总体而言,一方面,法院指出了这些程序瑕疵,但又无一例外地认为其对整体裁判不产生影响;另一方面,如此的程序审查实际上并非仅仅针对税务规范性文件本身,而是结合诉争的具体行政行为来进行整体评价。

对于程序问题,一方面,是关于其是否可以作为审查标准的问题。有学者认

〔1〕 参见王春业:《从全国首案看行政规范性文件附带审查制度完善》,载《行政法学研究》2018年第2期。

为,对其审查是无意义的,对程序问题进行审查,其仅能评价诉争行政行为的合法性,却不能够作为审查规范性文件的要件。因为具体行政行为的程序问题与规范性文件的合法性并无直接的联系,[1]毕竟,"作为依据的规范性文件程序违法,行政行为违法"这一观点不能成立。[2] 但该观点站在了行政机关的角度,仅关注政府公信力与行政效率,较少地考虑纳税人的合法权益。事实上,规范性文件从制定到实施的每一环节都很重要,可以说,其制定的程序与权限、内容以及适用等问题是浑然一体的,[3]行政行为所援引的依据之合法性与该行政行为的合法性本身也系一体。虽然二者从表面上看仅是作出时间先后的问题,但如依据的程序违法,反而必然阻却了根据依据作出的行政行为的合法性。

另一方面,是关于程序问题作为审查标准的定位问题。有观点认为,司法审查的标准应当坚持实体审查与程序审查的二元分离;也有观点认为,应当坚持以形式合法性、程序合法性和实质合法性为内容的三元递进的审查体系,[4]更有观点在二元论上讨论应当是形式合法与实质合法的二元化抑或是程序合法与实质合法的二元化。[5] 本文采形式合法性与实质合法性的二元标准体系,两者区别在于行政机关职权的内外部表现,即实质合法性主要关注的是行政机关行使职权的内部化表现,包括如何在规范性文件中具体设定规则、对行政相对人具体权利义务的影响程度等;而形式合法性主要审查的是行政机关行使职权的外部化表现,包括授权、时效以及在整个法律体系中的设置等。程序问题是行政职权外化的一种表现,关于规范性文件的制定程序等事宜,其合法与否更关系规范性文件是否能进入实际实施阶段。

---

[1] 参见王红卫、廖希飞:《行政诉讼中规范性文件附带审查制度研究》,载《行政法学研究》2015年第6期。该文指出的相关理由是:(1)程序规定缺失;(2)实践中的程序规定执行情况较差;(3)附带审查有别于备案机关的全面审查;(4)程序审查会消耗大量司法资源;(5)可能无法在审限内结案;(6)不同法院可能有不同结论;(7)法院难以把握证据;(8)域外也未对程序进行审查。

[2] 参见徐肖东:《行政诉讼规范性文件附带审查的认知及其实现机制——以陈爱华案与华源公司案为主的分析》,载《行政法学研究》2016年第6期。

[3] 参见袁勇:《规范性文件合法性审查的准确对象探析》,载《政治与法律》2019年第7期。

[4] 参见洪小东:《税收规范性文件司法审查的标准和方法》,载《大连海事大学学报(社会科学版)》2016年第2期。

[5] 参见张成松:《税收规范性文件的正当性研究:以司法审查为中心》,载《云南大学学报(法学版)》2016年第3期。

3. 实质合法性标准及其评析

(1)权利义务增损

权利义务增损标准,是指法院通过审查税务规范性文件,判断其规定的内容对纳税人权利义务的增损影响是否具有正当性,从而得出合法或违法结论的标准。例如,在"舟山某公司诉舟山市地方税务局稽查局案"[1]中,审理法院认为,"该条款强调的是扣缴义务人应当履行其本应承担的法定扣缴义务,并未加重扣缴义务人的法定义务,亦未减损其权利,且未免除税务机关向纳税人追缴税款的义务,符合《税收征收管理法》第六十九条的立法目的和授权范围";又如,在"周某某诉国家税务总局宜兴市税务局案"[2]中,法院认为,"《国家税务总局批复》在内容上与《税收征收管理法》第五十二条、第六十四条第二款等上位法不抵触,亦未违法增加作为该规范性文件规定对象的、超过最长追征期未进行纳税申报造成不缴或少缴应纳税款的纳税人义务或减损其合法权益,符合'法无明文规定不可为'的合法行政原则要求";再如,在"韩某某诉天津市北辰区地方税务局、天津市地方税务局案"中,法院认为"国家税务总局制发国税发〔2015〕89号文件将购买房屋时间确定为契税完税证明注明的时间是依法行使行政管理职权的行为,没有侵害购房人(即纳税人)的合法权益,不违反法律法规的规定"。

(2)文件制定背景、目的与精神

除权利义务增损外,法院的审查更从文本以外的因素加以综合考量,如着眼诉争文件制定的客观背景、制定目的作为审查标准。例如,在"武汉某公司诉武汉市国家税务局第四稽查局案"[3]中,法院认为,"'国税函969号文'发布的背景是2006年国家税务总局下发的《国家税务总局关于发布已失效或废止的税收规范性文件目录的通知》(国税发〔2006〕62号)将《国家税务总局关于金税工程发现的涉嫌违规增值税专用发票处理问题的通知》第一条、第二条废止。各地税务行政机关反映在'国税函730号文'的有关内容废止后,对金税工程发现的涉嫌违规增值税专用发票的处理缺乏依据,为解决增值税征收过程中遇到的涉嫌违规发票的依法依规处理的现实问题,国家税务总局经研究后以国税函的规范性文件形式下发了'国税函969号文'";又如,在"韩某某诉天津市北辰区地

---

〔1〕 参见浙江省舟山市中级人民法院行政判决书,(2016)浙09行终37号。

〔2〕 参见江苏省宜兴市人民法院行政判决书,(2018)苏0282行初53号。

〔3〕 参见湖北省武汉市中级人民法院行政判决书,(2015)鄂武汉中行终字第00098号。

方税务局、天津市地方税务局案”中,法院认为,“该文件确认了同时出具房屋产权证和契税完税证明且二者所注明的时间不一致按照‘孰先’原则确定购房时间的标准,该标准的制定从客观实际出发,最大限度地保护了当事人的合法权益,符合客观事实,内容合法、有效,不违反法律、行政法规的强制性规定,对其合法性本院予以确认”;再如,在“张某某诉武汉市江岸区地方税务局案”中,法院认为,经本院对上述两份规范性文件的制定背景、制定目的、制定依据,以及制定程序等方面进行审查后认为,上述两份规范性文件符合法律规定,不存在违反上位法的情形。

此外,诉争文件的“精神”也作为法院审查标准。例如,在“广州某公司诉广东省广州市地方税务局第一稽查局案”[1]中,法院认为,“该规范性文件虽然在本案税收征管行为发生后施行,但文件中对拍卖价格本身即构成正当理由的精神,本案可以参考”;又如,在“虞某某诉国家税务总局岱山县税务局第一税务所案”中,法院也在判决说理中明确提及“该规定精神与财税〔2016〕23 号文件并不冲突”。笔者认为,法院利用“精神”作为实质合法性标准,在一定程度上脱离了文本,走向了抽象概念。“精神”一词常出现在政策性文件和党内文件中,而若要运用在税务规范性文件的审查问题上,其不能被简单归于“形式合法性标准”中,若认为其属于“实质合法性标准”,却又很难被把握。因此,在司法实践中法院将“精神”在审查中进行运用,其本身的合法性和合理性有待商榷。

(3)小结:实质合法性标准的不足

一是标准适用数量少。法院进行实质合法性审查的频率显著低于形式合法性审查的频率,更倾向仅通过对文件进行形式合法性审查来回应审查问题;或将形式合法性审查和实质合法性审查的关系进行递进式的,抑或是二阶层式的认定,当形式合法性审查存在问题时便不再评价实质合法性。

二是标准适用不全面。部分法院虽然在实践中采用了实质合法性标准,但在运用上呈现不系统、不全面的现象。就单个案件而言,不能从文件的实质内容上进行全面合法性判断,存在以偏概全的问题;就类案而言,不同法院采用不同的实质合法性标准,易产生不公允、具有倾向性的审查结论。

三是标准适用缺乏与税法基本原则的贯通。在涉税案件中,如果说形式合法性审查主要解决外部性问题,那么实质合法性审查便要着眼税务规范性文件

---

〔1〕 参见最高人民法院行政判决书,(2015)行提字第 13 号。

的内在性问题，即着眼规定的实质内容，应贯通税法的基本原则，将税法规则与原则相结合。一方面，从法律规定上来看，实质合法性标准已有初步的规定。如在《行政诉讼法司法解释》第148条第2款第3项中指出“规范性文件不合法”的情况包含“没有法律、法规、规章依据，违法增加公民、法人和其他组织义务或者减损公民、法人和其他组织合法权益的”，而判断税务规范性文件是否对纳税人的合法权益产生损害，或增加纳税人的义务，正是需要从“量能课税原则”“实质课税原则”“比例原则”等基本原则进行考量。另一方面，就学理角度而言，税务规范性文件制定的背景、目的与宗旨，以及法院在相关案例中的援引与说理，本身即是对上述基本原则和理念的外化，但由于实质合法性标准缺乏明确的制度建设以及运用的不足，导致法院在说理和适用时缺乏对“实质合法性”深度的衍射，无法从容把握个中尺度。进言之，充分的实质合法性审查，正是对纳税人宪法基本权利保障的基础。税务规范性文件的制定，不能“为了制定而制定”，而应当是为了更好地调整税收关系以及保护纳税人基本权利等而制定，每一个环节都必须回应如何在稳定国家税收的同时兼顾纳税人宪法基本权利的问题。

在实践中，部分法院在进行实质合法性审查时，仍是以规范性文件本身内容进行说理，并未从更全面的角度论证其实质合法性，即使是以“未减损纳税人权利、未增设义务”等进行说理的案件，也存在着裁判理由不充分问题。

二、税务规范性文件司法审查的可审查标准之问题与完善

（一）位阶标准的适用困难与完善

税务规范性文件的位阶是法院审查的一个重要内容，即回应可审查文件的范围问题。虽然《行政诉讼法》第53条采用了正面定义与明确排除并举的方式对可审查范围进行界定，同时《税务行政复议规则》与《税务规范性文件制定管理办法》也对此加以细化，但仍无法彻底明确可审查的范围，有必要予以进一步明确。

其一，关于诉争文件的定性识别。如在“陈某诉国家税务总局遵义市播州区税务局案”中，对于诉争的税总函〔2018〕46号文件的定性问题，二审法院得出相反的结论，一审法院仅以《税收征收管理法》第35条的授权条款便认定诉争文件为规章，而二审法院则从制定程序及其依据两方面认定诉争文件系税务规范性文件。可见，实践中对税务规范性文件性质的判断的确非“肉眼可见”，虽

然目前已就各层级文件出台制定办法,但仍然存在个别人民法院对相关规定的理解存在出入的情况,从而导致了制定规范在个案中适用不一的问题。

其二,关于一些特殊文件的判定。在实践中,国务院办公厅非属国务院部门,其作为国务院的内部行政机构亦具有规范性文件的发布权,其文号常为“国办发”。国务院办公厅系超出国务院部门和地方人民政府及其部门之外的主体,因此,法院并无任何依据对其发布的文件进行审查。在“钱某某诉南通市公安局案”[1]中,江苏省南通市港闸区人民法院便依诉请对国办发〔2010〕5号文件进行了审查;但在“陆某诉长沙市开福区人民政府、长沙市人民政府案”[2]中,湖南省高级人民法院则以该文非属可审查范围而拒绝审查,得出了完全相反的结论。[3] 最高人民法院曾以批复的形式将国务院办公厅所发布的规范性文件界定为介于行政法规与规章之间的位阶。[4] 笔者认为,对于《行政诉讼法》第53条国务院部门应采扩大解释(或广义理解),附带性审查制度意在借司法力量对规范性文件进行控制,同时给予行政机关一定尊重(将规章与行政法规等排除在审查范围之外)。从立法本意来看,如机械地将国务院办公厅文件排除在规范性文件的审查之外,则是刻意规避法律的规定。因为作为内设机构,其制定的文件一旦具有规范性,也应当受到司法的监督与审查。[5] 因此,国务院部门的范围应当覆盖国务院办公厅,学界亦有学者采用此观点。[6]

(二)附带性审查的适用困境与完善

1. 附带性审查作为可审查标准

将行政行为划为抽象行政行为与具体行政行为的二元方法,是司法实践中常见的分类方法。[7] 两者最重要的区分标准为“行政行为是否能对特定相对人产生直接影响”。抽象行政行为之所以不可诉,其原因大致有以下两点:其一,

---

〔1〕 参见江苏省南通市港闸区人民法院行政判决书,(2016)苏0611行初24号。

〔2〕 参见湖南省高级人民法院行政判决书,(2016)湘行终203号。

〔3〕 参见李成:《行政规范性文件附带审查进路的司法建构》,载《法学家》2018年第2期。

〔4〕 蔡小雪、郭修江、耿宝建:《行政诉讼中的法律适用——最高人民法院行政诉讼批复答复解析》,人民法院出版社2011年版,第251页。

〔5〕 参见穆美丽:《行政规范性文件司法审查制度研究——以司法审查强度为论域》,载《法大研究生》2017年第2期。

〔6〕 参见李成:《行政规范性文件附带审查进路的司法建构》,载《法学家》2018年第2期。

〔7〕 参见李成:《行政规范性文件附带审查进路的司法建构》,载《法学家》2018年第2期。

减少诉累。抽象行政行为因其对不特定相对人造成影响而形成其“规范性”，如可诉，则所有“不特定”人均可对其提出诉讼请求。其二，行政尊重。抽象行政行为代表制定机关的意志，法院虽作为纠纷解决的司法屏障，但若“直接审查”，则可能造成司法过度干预行政甚至司法机关与行政机关间的对抗。具体而言，如坚持“附带性审查”（间接审查）的观点，则意味着行政机关先行对相对人的行为进行调整，而后产生纠纷，再由法院裁判；如坚持“直接审查”的观点，则可以预见在行政机关颁布某项规定时，公众将不是先行遵循，而是直接要求司法审查，待法院对相关规定审查合法后，公众才将遵守。其后果是，法院将变相成为行政命令颁布实施的最后一道程序，以司法解释代替行政解释。此外，鉴于审查行为的滞后性，若某项抽象行政行为是为了解决某项紧迫的问题而实施，则法院的审查程序将在很大程度上影响该问题的及时解决，进而影响社会安定性。[1]

在我国现行制度框架下，对于抽象行政行为，尤其是对税收规范文件进行审查，其具体标准如下：其一，坚持附带性审查。此所称“附带性审查”，是指行政相对人不得直接对税务规范性文件提出诉讼请求，如行政相对人有上述或类似请求的，法院将不予审查。其二，坚持严格区分具体行政行为与抽象行政行为，如所审查的税务规范性文件系为特定对象所适用，则应认定该文件为具体行政行为而不予审查，如一些针对特定个人或群体的税收政策或规范等。其三，坚持所审查的抽象行政行为与具体行政行为的强关联性，要求当且仅当诉争税务规范性文件系税收行政行为的作出依据时，才能对该税务规范性文件进行审查。

2. 附带标准和附带主体的适用

首先，附带性审查对象既包括税收行政行为的直接依据，也包括其间接依据。依照“合法行政”的原则，行政机关必须就该具体行政行为援引依据，否则行政相对人可主张其违法。但实践中，行政机关也常因援引问题而遭到质疑。如在“韩某某诉天津市北辰区地方税务局、天津市地方税务局案”中，天津市北辰区地方税务局以国税发〔2005〕172 号文件为依据对原告征税，在原告提出对该文件的审查主张后，天津市北辰区人民法院却在审查理由中表示，“国税发

---

〔1〕 参见王霞：《税收规范性文件的异化：根源及矫正——从海南三正公司税务行政纠纷说起》，载《湖南社会科学》2016 年第 2 期。

〔2005〕172 号文件合法的前提是国税发〔2015〕89 号文件合法。因此首先应对国税发〔2015〕89 号文件的合法性进行确认”。也即,北辰区人民法院并未先对北辰区地方税务局作出征税行为的直接依据进行审查,而是对诉争文件的依据进行了审查,并最终再回归到国税发〔2005〕172 号文件审查合法的结论。虽然司法实践中类似情况尚属少数,但的确存在法院审查诉争具体行政行为的间接依据的情况。对于税务规范性文件的审查,其目的在于考察诉争文件的合法性,而考察的方式则未予限定,其中就包含依据的合法性问题。若依据违法,则所衍生的规范性文件自然也因此违法,故显然有必要对间接依据进行审查,以便全面考察诉争文件的合法性。但与此同时,间接依据的审查可能导致超出《行政诉讼法》第 53 条规定的可审查文件范围(如间接依据为规章等),学界部分学者对此持否定态度,即对于间接依据应不予审查。〔1〕 但笔者认为,应遵循《行政诉讼法》第 53 条的相关规定,如同样符合可审查的条件,则可以对直接依据与间接依据一并进行审查。〔2〕 从这一点上,“附带性审查”中“附带性”理应作扩大化理解,在符合相关规定且有必要审查间接依据的情况下,尽可能全面地对诉争文件进行考察。若法院以“依法仅可审查直接依据”的理由进行相对片面的审查工作,则有违保护纳税人合法权益的司法精神,对此应当持否定态度。〔3〕

其次,“附带性审查”中诉争文件的适用主体可以是税务机关,也可以是纳税人甚至是法院。在司法实践中,“附带性审查”的适用者未予以明确,即由谁来决定规范性文件的适用?一般而言,司法审查的目标是考量行政机关所援引的依据(包括直接依据和间接依据)是否合法,而司法实践中存在部分纳税人主张税务机关应当适用另外的规范性文件,甚至个别法院替税务机关援引规范性文件来支持诉争具体行政行为的情况。如在“江苏某公司诉常州市国家税务局稽查局、常州市国家税务局案以及荆州某公司诉荆州市沙市区国家税务局西区税务分局案”中,为了论证纳税人所生产销售的产品属于应税消费品(论证征税行为合法),法院在税务机关未提供或未明确提供征税行为依据的情况下分别

〔1〕 参见吕楠:《行政规范性文件附带审查制度的理论与实践——基于浙江省司法实践的考察》,载《浙江万里学院学报》2020 年第 2 期。

〔2〕 参见廖元洪:《规范性文件的司法审查制度研究——以司法与行政的关系为视角》,载《法律与伦理》2019 年第 2 期。

〔3〕 参见薛小蕙:《行政规范性文件附带审查制度实施困境的解决之道——基于最高人民法院典型案例的观察》,载《山东科技大学学报(社会科学版)》2020 年第 6 期。

主动适用财税〔2010〕118 号与财税〔2012〕47 号两份文件，最终认为税务机关的行为合法。法院的上述行为存在如下问题：在司法裁判中，法院的主要工作便是根据双方所提供的证据材料来进行裁判，但在双方均未提供充分的材料时主动援引相关依据来为行政机关的具体行政行为说理，是否有违客观审判的原则？另外，笔者还发现，存在纳税人主张适用未被税务机关援引的税务规范性文件，法院也予以审查的情况，如在"常州某公司诉常州市国家税务局稽查局、江苏省常州市国家税务局案"〔1〕中，纳税人认为自己的行为应当适用国家税务总局《关于〈出口货物劳务增值税和消费税管理办法〉有关问题的公告》（国家税务总局公告 2013 年第 12 号）文件，江苏省常州市中级人民法院则经审查后认为其主张不能得到支持。该案中，法院将"附带性"的主体外延拓宽至了纳税人，是否合理？笔者认为，答案是肯定的。为了尽可能达到充分审查案件事实、保障纳税人合法权益的目的，应当允许法院对无论是税务机关、纳税人，抑或是法院自身所提出的规范性文件进行审查并阐述裁判理由。

（三）关联性审查的适用困境与完善

关联性标准，是指受审查的规范性文件必须为诉争具体行政行为作出的依据，否则法院不予审查。从司法实践看，纳税人主张审查有以下情形：其一，要求审查全部依据（皆为诉争具体行政行为依据）；其二，要求审查部分依据（皆为诉争具体行政行为依据）；其三，要求审查的依据均非诉争具体行政行为的依据；其四，要求审查的依据部分系诉争具体行政行为的依据，剩余非属其依据。

对于上述情况，法院可能因此产生以下审查思路：第一种情况下，常见的表述为纳税人要求对某份税务规范性文件进行"合法性"或"合法性与合理性"审查。对此，法院有两种选择：一是依纳税人请求直接对全部依据及其全文（在仅有单份依据的情况下，即指该依据全文）进行审查；二是根据案情需要，仅对其中有必要审查的部分依据进行审查。诚然，前者乃严格尊重了纳税人在诉讼中的处分权，但明显可能造成诉讼"失焦"，浪费司法资源，而后者则避免了浪费的问题，却有可能因审判人员与纳税人在各个诉讼阶段沟通不充分，而未充分实现纳税人诉权的情况。在第二种情况下，纳税人主张审查部分依据，随即衍生了下列疑问：该部分依据是否全部为诉争具体行政行为依据（更有学者指出，"依据"

〔1〕 参见江苏省常州市中级人民法院行政判决书，(2016)苏 04 行终 30 号。

更存在“行政行为作出之依据”与“行政行为事实之根据”的区别)?[1]或是否遗漏其他必要依据?若是,法院是否应当纠正或补充?在司法实践中,纳税人有可能因多种情况而进行主张(包括但不限于对剩余依据无争议、疏忽及税务机关未予明确),法院又应如何在照顾纳税人诉权的同时平衡案件事实与依据的关联性?第三种情况与第四种情况更对法院的审查标准提出了疑问,即法院是否应当对纳税人的主张进行勘误后再进行审查?如在“江苏某公司诉国家税务总局金湖县税务局戴楼税务分局、国家税务总局金湖县税务局案”中,江苏省淮安市中级人民法院(2020)苏08行终202号行政判决书中,纳税人以效力问题主张税务机关应当适用国办发〔2005〕26号、苏政办发〔2005〕55号、财税〔2006〕21号、财税〔2006〕141号文件,而非苏地税发〔1995〕103号文件,而江苏省淮安市中级人民法院则经对上述文件的审查后对纳税人的该项主张不予支持。

综上,法院可能持3种态度:激进、保守与折中。所谓激进,即指法院先以案件事实为准,再考虑或者不考虑纳税人所要求审查的文件范围。所谓保守,则指法院仅以纳税人主张为准,如纳税人所要求审查的文件确系案情相关且有必要,则进行正常的审查工作;如否,则以非案件依据或无必要得出审查结论,而无论其他依据是否确系与案件有关,若纳税人未主张审查则均不予审查。所谓折中,则是先综合考量案件情况与客观依据后,再根据纳税人主张情况进行选择,就纳税人正确主张(与案件相关且必要)进行正常的审查工作,而对于纳税人错误主张(或无关或无必要)或遗漏主张的,法院予以提醒,如纳税人同意,则法院就纠正后的文件范围进行审查;如纳税人不同意修改,则仅就原范围进行审查。笔者倾向采取折中态度,该审查态度的优点在于既尊重案件事实,将司法资源集中于案件焦点,又尊重纳税人诉讼意愿,同时更体现法院对案件居中裁判之态度。

(四)时效性、复议前置标准的适用困境及完善

1.时效性标准的适用问题及完善

《行政诉讼法司法解释》第146条规定,纳税人提出审查要求的时间需为“第一审开庭审理前提出;有正当理由的,也可以在法庭调查中提出”,但在实践中存在适用不一的诸多情况。

在司法实践中,存在纳税人在一审、二审阶段均未明确或变相提出审查要

---

〔1〕 参见宫凡舒:《关于行政案件中规范性文件附带审查方式的调研》,载《山东法官培训学院学报(山东审判)》2018年第2期。

求,而在再审阶段提出了相关请求的情况,[1]其中部分案件法院于再审阶段应纳税人要求进行了审查工作,[2]也存在法院不予审查的情况。[3] 例如,在“昆山某公司诉苏州市昆山地方税务局案”[4]中,再审法院以二审阶段时纳税人提出的要求超出二审的审理范围为由不予审查。又如,在“卢某某、王某某等诉化州市地方税务局案”中,再审法院以被诉行政行为是否系行政诉讼受案范围仍未明确,案件尚未进入实体阶段为由拒绝审查诉争文件。可见,并非所有法院都以期限问题拒绝审查要求,法院对于“第一审”进行诉争文件司法审查的态度是开放的,纳税人在再审阶段(适用一审程序)所提出的审查要求一般也会得到支持。

此外,实践中也存在纳税人在二审阶段提出审查要求后法院予以受理审查的情况(诉争文件均以X代替):例如,在“孙某某诉国家税务总局上海市虹口区税务局案”[5]中,纳税人的主张为“X不是执法的依据,被上诉人适用法律错误”;又如,在“谢某某诉安阳市地方税务局契税税务分局案”[6]中,纳税人认为,“被上诉人于2014年6月30日对我新购的房屋征税契税,所依据的却是X,该文件在2012年12月16日已废止,征税行为缺乏合法性”;再如,在“江苏某公司诉国家税务总局金湖县税务局戴楼税务分局、国家税务总局金湖县税务局案”[7]中,纳税人提出“一审法院判决引用法规文件错误”。可见,纳税人非直接“要求审查X文件”,而是以变相的主张或表述便可绕过《行政诉讼法司法解释》关于期限规定的情况。针对这一情况,笔者认为,应当对纳税人的诉请区别对待。纳税人既然在一审中未提出审查要求,因此上诉时提出便是新增独立诉求。根据最高人民法院《关于适用〈中华人民共和国民事诉讼法〉的解释》(以下

---

[1] 如江西省高级人民法院行政裁定书,(2019)赣行申291号;江苏省高级人民法院行政裁定书,(2016)苏行申1566号;广东省茂名市中级人民法院行政判决书,(2016)粤09行再1号;吉林省高级人民法院行政裁定书,(2017)吉行申307号。

[2] 如江西省高级人民法院行政裁决书,(2019)赣行申291号;吉林省高级人民法院行政裁定书,(2017)吉行申307号。

[3] 如江苏省高级人民法院行政裁定书,(2016)苏行申1566号;广东省茂名市中级人民法院行政判决书,(2016)粤09行再1号。

[4] 参见江苏省高级人民法院行政裁定书,(2016)苏行申1566号。

[5] 参见上海市第三中级人民法院行政判决书,(2020)沪03行终87号。

[6] 参见河南省安阳市中级人民法院行政判决书,(2015)安中行终字第104号。

[7] 参见江苏省淮安市中级人民法院行政判决书,(2020)苏08行终202号。

简称《民事诉讼法司法解释》)的规定,对此应先行调解,调解不成的,告知另行起诉。[1] 而在行政诉讼中,虽无相关规定,[2]但既然有"全面审查"的原则在先,且诉争规范性文件也确系被诉行政行为的一部分,则在二审中法院应当依职权对相关诉请进行处理和审查。

诚然,《行政诉讼法司法解释》关于严格限制提出审查请求期限的规定或许是出于效率考虑,同时也是"法律不保护躺在权利上睡觉的人"精神的体现,但行政诉讼"调整不平等主体间的权利义务关系"这一职能决定了法院应对行政机关提出更高的应诉要求,更何况诉争依据本身便与被诉行政行为融为一体,其虽非新事实、新情况,但纳税人对被诉行政行为不满,则在很大程度上也隐含其对于被诉行政行为依据的质疑。[3] 基于行政相对人合法权益保护理念,应允许纳税人在任何必要时提出对于诉争税务规范性文件的审查。

2. 复议前置标准的适用问题及完善

复议前置标准,是指在涉税案件中,法院基于《税收征收管理法》第88条的规定仅当纳税人按规定完成行政复议时,法院才有可能启动诉讼程序和审查程序,若当事人应完成而未完成行政复议便直接向法院起诉,则法院不予审查。如在"高某、熊某某诉南京市江宁地方税务局案"中,纳税人主张"请求附带对《关于加强房地产税收管理的通知》及《关于调整个人住房转让营业税政策的通知》规范性文件的合法性予以审查",法院认为,案件原告高某、熊某某对被告江宁地税局征收的营业税等税款有争议,应当先向税务机关申请复议,原告在未复议的情况下即向法院提起行政诉讼,不符合法律规定。笔者认为,《税收征收管理

---

[1] 《民事诉讼法司法解释》第326条:"在第二审程序中,原审原告增加独立的诉讼请求或者原审被告提出反诉的,第二审人民法院可以根据当事人自愿的原则就新增加的诉讼请求或者反诉进行调解;调解不成的,告知当事人另行起诉。双方当事人同意由第二审人民法院一并审理的,第二审人民法院可以一并裁判。"

[2] 《行政诉讼法》第101条规定:"人民法院审理行政案件,关于期间、送达、财产保全、开庭审理、调解、中止诉讼、终结诉讼、简易程序、执行等,以及人民检察院对行政案件受理、审理、裁判、执行的监督,本法没有规定的,适用《中华人民共和国民事诉讼法》的相关规定。"但笔者认为,《行政诉讼法》已对司法审查相关问题进行了规定,不属于参照《民事诉讼法》适用的情况。

[3] 当然此处的疑问并非指对相关依据本身直接的否认。笔者认为,纳税人即使是对依据无争议,仅对具体行政行为有争议,认为其存在适用错误的情况,人民法院也应当完成相应审查的动作来进行考量和论证。

法》的复议前置程序限制了纳税人寻求救济的权利；同时，在实践中，纳税争议正在逐年增加，尤其是自2016年起，税务行政诉讼的案件量每年都呈现显著增长。纳税争议复议前置的争议解决方法并未达到降低纳税人诉讼成本、减少诉累的效果。因此，纳税争议的复议前置在未来存在被废止的必要，此更有利于纳税人维护自身合法权益的发展趋势，在诉争文件的附带司法审查中，也应当否定法院以"纳税争议未经复议"为由驳回相关文件审查诉求的相关做法。

三、税务规范性文件司法审查的形式合法性标准之问题与完善

（一）权限标准的类型化分析及适用对策

1. 权限标准适用的司法实践：类型化分析

一是规范性文件未获得授权。根据《税务规范性文件制定管理办法》的规定，税务规范性文件的制定应当明确依据。而诸多案例中，诉争的规范性文件却未遵守这一规定。例如，在"冯某某诉北京市通州区地方税务局第一税务所案"[1]中，涉及的京地税地〔2011〕44号文件只表述"近期部分区县局反映，要求明确法院判决执行房地产权属转移相关涉税问题。经研究，现将有关问题明确如下……"又如，在"江西某公司诉国家税务总局江西赣江新区税务局稽查局案"中，诉争的国家税务总局公告2012年第47号文件，立法目的仅表述为"现将消费税有关政策公告如下"，也未明确其制定依据。再如，在"王某某诉国家税务总局大连市普兰店区税务局、国家税务总局大连市税务局案"中，诉争的财税〔2001〕157号文件表述为"现……免征个人所得税的有关问题通知如下……"已经明确了税务规范性文件制定程序，尤其是在明确了文件在颁布前应当经部门负责人签署以及政策法规部门审查[2]的前提下，仍出现了违法情况。在实践中，法院并未对该问题加以考虑，这也是司法审查标准模糊所导致的结果。

二是规范性文件的授权依据合法性存疑。在表11所示的文件中，文件授权依据表述大致为"根据……制定""依据……制定""贯彻落实……"均体现相关税务规范性文件系由其他规范性文件授权而出台。虽然《税务规范性文件制定

---

〔1〕 参见北京市第三中级人民法院行政判决书，(2015)三中行终字第00538号。

〔2〕 参见《税务规范性文件制定管理办法》第19条、第22条。

管理办法》对税收规范文件间相互授权进行了规定,[1]但在实践中,对于所谓"细化具体操作规定"的定义早已模糊,或从未明确过,这就造成了税务规范性文件授权合法,但可能权源本身不合法的情况。这种在税务规范性文件间建立其内部层级有违法之嫌,可能对《立法法》规定的法律位阶体系造成侵蚀,更有实质上取而代之的隐患。此外,也存在税务规范性文件系政策性文件授权的情形。在"牛某某诉国家税务总局拉萨市税务局第一税务分局案"[2]中,诉争的国税发〔2010〕54 号文件的依据之一系《中共中央关于制定国民经济和社会发展第十二个五年规划的建议》,反映出税务规范性文件的政策化倾向及其授权依据的多元化问题。"法政一体"是否符合"税收法定"的基本原则?对于作为上位法依据的党内法规又是否可审?[3]对此笔者认为,应当严格依照税收法定的要求,坚持法律作为税收法治体系真正权源的态度。

表 11 授权依据为其他规范性文件及政策文件统计

文件名	权源
国家税务总局、财政部、建设部《关于加强房地产税收管理的通知》(国税发〔2005〕89 号)	国务院办公厅转发建设部等部门《关于做好稳定住房价格工作意见的通知》(国办发〔2005〕26 号)
北京市地方税务局、市财政局、市建设委员会《关于个人销售已购住房有关税收征管问题的补充通知》(京地税营(2005)345 号)	国家税务总局、财政部、建设部《关于加强房地产税收管理的通知》(国税发〔2005〕89 号)、北京市地方税务局转发国家税务总局财政部建设部《关于加强房地产税收管理的通知》(京地税营〔2005〕279 号)
海南省地方税务局《关于土地增值税有关问题的通知》(琼地税发〔2009〕104 号)	国家税务总局《关于印发〈土地增值税清算管理规程〉的通知》(国税发〔2009〕91 号)

---

〔1〕《税务规范性文件制定管理办法》第 11 条规定:"上级税务机关需要下级税务机关对规章和税务规范性文件细化具体操作规定的,可以授权下级税务机关制定具体的实施办法。被授权税务机关不得将被授予的权力转授给其他机关。"

〔2〕参见西藏自治区高级人民法院行政判决书,(2020)藏行终 7 号。

〔3〕参见贾圣真:《行政诉讼规范性文件审查的现状与问题——以"中国裁判文书网"案例为素材》,载姜明安主编:《行政法论丛》第 20 卷,法律出版社 2017 年版。

2. 权限标准的具体适用

有观点认为，权限标准应具体分为事务、地域和级别3种管辖权限，均应在权限标准的审查工作中予以区别考量。[1] 此外，也有学者认为，违反权限标准体现在规范性文件制定主体的事务权限和规范性权限均存在瑕疵，[2]其应该严格遵守合法行政原则中关于法律保留和法律优先的精神。基于此，法院遵循如下的权限标准予以审查适用：

一是制定主体须具备合法的资格。该标准旨在回应实践中税务规范性文件不具备合法权源和未取得合法授权的问题。即税务规范性文件的制定主体应具有法律法规所给予的权限，其制定的文件才具备合法的效力。《行政诉讼法司法解释》第148条第2款第1条规定，"有下列情形之一的，属于行政诉讼法第六十四条规定的'规范性文件不合法'：(一)超越制定机关的法定职权或者超越法律、法规、规章的授权范围的"，即对此作出明确规定。

二是制定主体不得越权制定文件。此处所称越权，主要是指具备合法的文件制定资格的税务机关如超越权限范围对某些事项作出规定，超越部分应当认为违法。[3]

三是制定主体不得再转授权其他单位制定文件。参照《立法法》禁止转授权的精神，对于具有合法的文件制定资格的税务机关，禁止其再转授权予其他税务机关或单位制定税务规范性文件，否则相关税务规范性文件不具有合法性。

(二)内容标准的类型化分析及适用对策

内容标准在学界又称为"不抵触"标准，[4]其被广泛认为是行政规范性文件审查的基本标准。对于该标准的研究，学界也进行了广泛的讨论，[5]如有学者认为，应将行政规范性文件划分为负担性的与授益性的，前者需具备法律依据，

---

〔1〕 参见王红卫、廖希飞：《行政诉讼中规范性文件附带审查制度研究》，载《行政法学研究》2015年第6期。

〔2〕 蒋盼：《论行政规范性文件的司法审查标准——基于最高人民法院公布的案例(1989—2018)》，载《公法研究》2020年第1期。

〔3〕 参见秦树泽：《行政规范性文件司法审查标准的重构》，载《黑龙江省政法管理干部学院学报》2020年第1期。

〔4〕 参见王留一：《论行政规范性文件司法审查标准体系的建构》，载《政治与法律》2017年第9期。

〔5〕 参见孙首灿：《论行政规范性文件的司法审查标准》，载《清华法学》2017年第2期。

后者则无此要求,同时,具有公益性质的负担性行政规范性文件也无须具备法律依据,以“国家标准”为内容的文件则在与地方性规章冲突时,仍认为其合法。[1]另外,还有学者认为,该标准应当为行政规范性文件司法审查的先置性标准,未经冲突审查的,即阻却其他进一步的审查[2]……上述讨论虽覆盖面广,但仍不完整、充分,应当还有更具体的标准设定。以下通过对内容标准适用的司法实践进行类型化分析以得出其具体适用方向。

1. 内容标准适用的司法实践:类型化分析

一是规范性文件系对上位法作出具体规定及细化解释。例如,在“常州某公司诉常州市国家税务局稽查局、江苏省常州市国家税务局案”中,法院认为“本案中,《福建省国家税务局关于明确出口货物劳务退(免)税审批权限有关问题的通知》(闽国税函〔2015〕154 号)系……的具体运用解释,属对税务行政相对人的权利义务进行了规范,具有普遍的约束力”;又如,在“陈某某诉上海市国家税务局车辆购置税周浦征收所、上海市国家税务局案”中,法院认为,“该条与上位法并不相抵触……诉争规范性文件第二条仅对‘房地产开发企业销售未完工开发产品收入’进行了解释,并未额外增加了纳税人义务,也未擅自扩大上位法规定的范围”;再如,在“桑某某诉北京市海淀区地方税务局等案”[3]中,审理法院认为,桑某某主张的税收优惠规定即为《12 号通知》《348 号通知》等所规定,除此并无上位法律、法规、规章规定,故《348 号通知》等对于税收优惠规定的具体适用作出详细规定并未违反法律规定。

二是规范性文件与上位法内容是否抵触。例如,在“重庆某公司诉重庆市大足区地税局棠香税务所案”中,法院认为,从内容上看,财税〔2004〕134 号《通知》……与上位法即原《契税暂行条例》《契税暂行条例细则》的规定并不相冲突;又如,在“周某某诉国家税务总局宜兴市税务局案”中,审理法院认为,“《国家税务总局批复》在内容上与《税收征收管理法》第五十二条、第六十四条第二款等上位法不抵触”;再如,在“海南某林业局诉海南省地方税务局第五稽查局

---

〔1〕 参见李杰:《其他规范性文件在司法审查中的地位及效力探析》,载《行政法学研究》2004 年第 4 期。

〔2〕 参见王红卫、廖希飞:《行政诉讼中规范性文件附带审查制度研究》,载《行政法学研究》2015 年第 6 期。

〔3〕 参见北京市第一中级人民法院行政判决书,(2015)一中行终字第 2524 号。

案”中,审理法院认为,170 号《通知》……与财政部、国家税务总局《关于职业教育等营业税若干政策问题的通知》(财税〔2013〕62 号)的规定并不冲突,经审查也未与其他法律法规相冲突;还如,在“广东某公司诉佛山市顺德区地方税务局稽查局案”中,审理法院认为,“财税〔2006〕186 号通知……与《城镇土地使用税暂行条例》第三条关于计税依据的规定,两者指向对象不同且并不冲突”。

三是规范性文件与其他领域的规范性文件是否冲突。例如,在“虞某某诉国家税务总局岱山县税务局第一税务所案”中,法院认为,“根据浙财农税字〔2008〕13 号文件内容……该规定精神与财税〔2016〕23 号文件并不冲突”;又如,在“海南某林业局诉海南省地方税务局第五稽查局案”中,法院认为,170 号《通知》……与财政部、国家税务总局《关于职业教育等营业税若干政策问题的通知》(财税〔2013〕62 号)的规定并不冲突,经审查也未与其他法律法规相冲突;再如,在“福建某公司诉福建省漳州市国家税务局案”[1]中,审理法院认为,“国家税务总局《关于印发〈全国税务机关出口退(免)税管理工作规范(1.0 版)〉的通知》、福建省国家税务局《关于明确出口货物劳务退(免)税审批权限有关问题的通知》……两者所规范的范围、内容均不同,不存在冲突的问题”。

可见,法院审查时有以下特征:其一,运用三段论的论证逻辑,以上位法及其他文件作为大前提,再以诉争文件的争议条款与之比较,最终得出结论。其二,一般采用“解释 + 结论”的方式,但也不排除实践中有部分法院仅以诉争文件“与上位法不冲突”作为结论结束审查的情形。[2] 其三,较多以具体规定进行解释,较少结合原则进行解释。此外,部分法院审查时对照的规定并非上位法,而是其他规范性文件,进而产生“规范性文件内部位阶体系”的问题,法院所把握的审查标准仍应当仅考虑将规范性文件依照《立法法》所构建的法律位阶体系予以审查对比。退一步说,即使纳税人未主张诉争文件违反上位法的规定或纳税人错误地认为诉争文件所违反的上位法便是其他规范性文件,法院也不应以其他规范性文件为判断标准来判断诉争文件的合法性。

---

〔1〕 参见福建省漳州市中级人民法院行政判决书,(2016)闽 06 行终 89 号。

〔2〕 参见安徽省合肥市中级人民法院行政判决书,(2018)皖 01 行终 480 号;湖北省武汉市江岸区人民法院行政判决书,(2017)鄂 0102 行初 131 号;福建省龙岩市中级人民法院行政判决书,(2020)闽 08 行终 76 号;等等。这些案件中法院均未对涉审文件不违反上位法的具体原因作出解释。

2. 内容标准的具体适用

有学者指出,对于内容是否抵触的审查标准应遵循其他行政法律的规定,如不创设行政处罚、许可以及强制措施;此外,内容抵触仅限于强制性规定或禁止性规定上的抵触,对于上位法的任意性规范,在具有合法授权的情况下,规范性文件可以进行规定;如难以通过规则对诉争文件的合法性作出判断,则可参考法律精神与原则。[1] 也有学者将内容标准称为"上位法瑕疵",指出包括但不限于变更、裁减、额外增加、竞争适用等在内的几种抵触判断标准,并也强调内容是否与上位法抵触,应当从宪法、法律目的、法律原则与法律精神进行综合考量。[2]

除学界的意见外,法院在把握内容审查标准时,还可参考以下方法:

首先,准确把握作为审查标准的法律规定。《行政诉讼法司法解释》第 148 条第 2 款规定:"有下列情形之一的,属于行政诉讼法第六十四条规定的'规范性文件不合法'……(二)与法律、法规、规章等上位法的规定相抵触的;(三)没有法律、法规、规章依据,违法增加公民、法人和其他组织义务或者减损公民、法人和其他组织合法权益的……"

其次,准确把握作为上位法的法律依据。法院在进行审查前,应依《立法法》的法律位阶体系,准确把握诉争税务规范性文件的制定依据。制定依据不明的,可以参考同领域或者相近领域的相关税务规范性文件的法律依据情况。同时,这里的制定依据不应当是其他规范性文件,而应当是法律、行政法规等其他《立法法》所规定的高位阶法律文件。

再次,把握与上位法的关联性。即将诉争文件的争议部分与相关联的上位法规定进行比较,同时不能局限于一对一的对比。有时诉争的税务规范性文件有可能违反多个关联的上位法的规定或违反单个上位法中的多条规定。

最后,系统运用解释方法。即在比较与考察时,法院应综合运用法律解释的方法来进行审查,如文义解释、体系解释、目的解释等。但应当注意,运用法律解释的目的并非建立在诉争规范性文件合法的假设上,而是在上位法依据合法的前提下,厘清诉争文件所规定的内容,从而进行比较。

---

〔1〕 参见王红卫、廖希飞:《行政诉讼中规范性文件附带审查制度研究》,载《行政法学研究》2015 年第 6 期。

〔2〕 蒋盼:《论行政规范性文件的司法审查标准——基于最高人民法院公布的案例(1989—2018)》,载《公法研究》2020 年第 1 期。

(三)程序标准及适用

从现实案例看,有诸多涉及税务规范性文件的程序问题。例如,在“广东某公司诉佛山市顺德区地方税务局案”中,税务机关未将实际采用的财税〔2006〕186号通知在诉争《税务处理决定书》中列为处理依据;又如,在“江门某公司诉国家税务总局江门市税务局稽查局、国家税务总局江门市税务局案”中,税务机关未将实际采用的财税〔2012〕39号文作为诉争《税务处理决定书》的法律依据;再如,在“姚某某诉辽源市国家税务局车辆购置税收管理分局、辽源市国家税务局案”中,也出现了关于程序合法性的论述。[1]

由上可见,程序问题主要为以下类型:诉争文件未明确体现为具体行政行为的依据、诉争文件未被公开、诉争文件的公开形式等。而作为回应,程序标准也可作如下分类:援引开示标准、公示标准及释明标准等。

笔者认为,法院在处理税务规范性文件的审查问题时,应当予以程序审查。具体可从诉讼法和规范性文件制定办法两个层面把握:《行政诉讼法》第64条规定的“规范性文件不合法”的情形包括“未履行法定批准程序、公开发布程序,严重违反制定程序的”。此外,《税务规范性文件制定管理办法》也设定了一套程序规则。总体而言,法院的程序审查可依照以下部分展开:其一,听证程序。向制定机关调取听证会议记录、访谈问卷等,应审查税务规范性文件是否进行过相关听证、基层调查程序。其二,签发程序。向制定机关调取文件原件,查看签章,验证所审查税务规范性文件的真实性。其三,公告程序。向制定机关调取公告记录,应审查税务规范性文件是否进行公告。其四,公布程序。查询政府公报、税务部门公报、报纸、政府网站、税务机关网站等的刊登记录,审查税务规范性文件是否进行过公开渠道的公布程序。其五,备案程序。向制定机关的上级机关调取备案记录,审查税务规范性文件是否经过合法备案。

---

〔1〕 该案中纳税人主张,“未经公布的规范性文件没有法律效力,不能成为行政行为依据”。法院认为,“因诉争通知内容涉及商业秘密,国家税务总局已在该文件上标明属于依申请公开的文件,并且车辆最低计税价格在纳税人办理申报业务时可以在税务机关窗口查询,不存在纳税人无法获取该信息的情况”。

四、税务规范性文件司法审查的实质合法性标准之问题与完善

(一)量能课税原则及适用

1. 量能课税原则的学理分析

量能课税原则系税收平等原则的体现,[1]具体而言,量能课税原则解决的是税收公平原则中如何区分负担能力的问题,而平等原则系区分后负担税收时的准则。一般而言,对于税务规范性文件的解释与适用,因其需要调整纳税人与国家财政(或称公共利益)的相互关系,所以常有纳税人主义与国库主义两种解释立场,[2]而"量能课税原则"的确立,要求二者调和折中,不得有所偏袒,有"利益均衡"之态度。[3] 同时,量能课税原则所导出的"利益均衡说"应当建立在严格遵循税收法定的基础上,在税收法律对相关问题已有明确规定的情况下,行政机关或者法院不得再以"利益均衡"等进行解释,只有在税收立法存在漏洞或立法确有违宪情形时,方可进行解释。[4]

2. 量能课税原则的司法实践与具体适用

在司法实践中,量能课税原则已为法院采纳、作为审查诉争文件的标准。如在"虞某某诉国家税务总局岱山县税务局第一税务所案"[5]中,纳税人通过购买他人按份共有房屋份额取得其家庭唯一住房,购买面积为 26.68 平方米,应按照财税〔2016〕23 号文件以 1% 的税率征收契税,但国家税务总局岱山县税务局第一税务所按照浙财农税字〔2008〕13 号文件的规定,对纳税人以房屋全部面积 160.08 平方米以 1.5% 的税率计算征收契税,而浙江省舟山市中级人民法院则以两份文件不相冲突得出审查合法的结果。在该案中,诉争焦点在于浙财农税字〔2008〕13 号文件的合法性问题,尤其是其规定的按份共有房屋份额的移转按房产证记载的面积计算缴纳契税的合法性问题。在实际情况中,许多纳税人在无能力购买全套房屋的情况下,选择购买存在按份共有情况的房产份额以保障

---

〔1〕 参见熊伟:《法治视野下清理规范税收优惠政策研究》,载《中国法学》2014 年第 6 期。

〔2〕 参见洪小东:《税收规范性文件司法审查的标准和方法》,载《大连海事大学学报(社会科学版)》2016 年第 2 期。

〔3〕 陈清秀:《现代财税法原理》,厦门大学出版社 2017 年版,第 22 页。

〔4〕 陈清秀:《现代财税法原理》,厦门大学出版社 2017 年版,第 49 页。

〔5〕 参见浙江省舟山市中级人民法院行政判决书,(2018)浙 09 行终 86 号。

自身居住问题(通常系一房以隔间的形式实现多用),其实际上也仅使用购买部分的面积,若要求纳税人以全部面积计算缴纳契税,将造成纳税人不合理的过重负担,违反税收平等与量能课税原则。此外,该规定仅局限于浙江省范围(甚至明文规定不包括宁波),对于受调整范围内的纳税人来说,地域区别问题显然违反了税收公平原则与量能课税原则的要求,但该案中法院仅对相关情况予以简单说明,并未进一步进行实质审查,笔者认为值得商榷。总结而言,在司法实践中,法院对于税收公平原则与量能课税原则的运用仍较欠缺,在大多数案件中未运用实质合法性标准进行审查,亟待改善。

(二)比例原则及适用

1. 比例原则及司法审查的三阶层理论分析

比例原则在行政法律体系中被誉为"皇冠原则",其要求行政行为不应超出必要限度而损害行政相对人合法权利。一般认为比例原则发源自1215年英国的《自由大宪章》,并为德国《警察行政法》所发展,逐渐成为各国行政法甚至是宪法的一般原则。我国宪法虽无明文规定,但学界仍认为其中部分条文[1]蕴含了该原则的精神。其他观点则认为比例原则主要用于调整裁量性的征税行为,因为在裁量性的征税行为中,税务机关具有一定的、未由法律明确的裁量范围,则必须由比例原则所调整。[2] 此外,比例原则又称为"禁止过分原则",具体到涉税领域,其要求税法或税务规范性文件不得进行过分的、不必要的规定或指令。[3]

一般而言,比例原则的司法审查分三阶层展开:第一阶层,适当性原则。其要求具体行政行为应当对所调整的对象具有实际的效用,其强调行为与对象间的关联性。[4] 就反面而言,对调整对象无效的或无意义的行政行为,均无实施必要,系违反比例原则的行政行为。第二阶层,必要性原则。其要求考量行政机关所实施的具体行政行为是否系所有可达成目的的手段中对公民合法权益损害最少的,如存在任何其他可行的具体行政行为可达成相同目的,则原具体行政行为

[1] 《宪法》第51条规定:"中华人民共和国公民在行使自由和权利的时候,不得损害国家的、社会的、集体的利益和其他公民的合法的自由和权利。"

[2] 施正文:《论税法的比例原则》,载《涉外税务》2004年第2期。

[3] 陈清秀:《税法总论》,台北,元照出版公司2014年版,第61页。

[4] 参见叶金育、顾德瑞:《税收优惠的规范审查与实施评估——以比例原则为分析工具》,载《现代法学》2013年第6期。

系不必要。第三阶层,狭义比例原则,也称“均衡原则”。[1] 其要求在前两个子原则的基础上考量手段与目的间的恰当性,即具体行政行为所造成行政相对人利益的损害程度是否低于最终所达成的目的。

2. 比例原则的司法实践与具体适用

比例原则作为法院审查税务规范性文件实质合法性的标准,其三阶层也构成审查工作的具体指引,具体而言:其一,在征税内容上,禁止税务规范性文件增设无必要的税种、税目或提高税率等。其二,在征管程序上,禁止税务规范性文件对纳税人增设在税收征管过程中不必要的义务。其三,在征管罚则上,禁止税务规范性文件对纳税人造成过分的损失,如过分的罚金、滞纳金等。这一指引,即可有针对性地回应本文第一部分中关于“权利义务增损标准”“文件制定背景、目的与精神”的实质合法性问题。

在司法实践中,法院已运用比例原则进行税务规范性文件的审查。如在“张某某诉武汉市江岸区地方税务局案”中,纳税人主张其以拍卖方式转让的房产应当适用1%的核定征收率计算缴纳个人所得税,但税务机关以国税函〔2007〕1145号文件为依据认为其应当按照规定以3%的核定征收率计算缴纳个人所得税,最终武汉市江岸区地方税务局、武汉市地方税务局“对上述两份规范性文件的制定背景、制定目的、制定依据以及制定程序等方面进行审查后认为,上述规范性文件符合法律规定,不存在违反上位法的情形”。该案中焦点问题就在于国税发〔2006〕108号文件对于相关应税行为设定1% ~3%的征税幅度,具体税率“由省级地方税务局或者省级地方税务局授权的地市级地方税务局”等规定。笔者认为,即使暂不考虑案涉规范性文件授权合法性问题,也应当就该案中国税函〔2007〕1145号文件直接规定3%的从高税率的实质合法性问题进行讨论,然而,该案中人民法院却未在审查过程中予以指出。故笔者认为本案的审查结果有待商榷,因为即使认为该规定合法,也必然需要有相关实质合法性的解释与论证。

又如,在“武汉某公司诉武汉市国家税务局第四稽查局案”中,纳税人另主张审查国税函〔2006〕969号文件,其原因在于该文件无上位法依据。对此,湖北省武汉市中级人民法院围绕诉争文件的实质合法性问题进行了如下较完善的审查:

---

〔1〕 参见熊伟:《法治视野下清理规范税收优惠政策研究》,载《中国法学》2014年第6期。

首先,对诉争文件的制定背景进行了审查。武汉市中级人民法院在判决书中描述:"《国税函969号文》发布的背景是2006年国家税务总局下发《国家税务总局关于发布已失效或废止的税收规范性文件目录的通知》(国税发〔2006〕62号)将《国家税务总局关于金税工程发现的涉嫌违规增值税专用发票处理问题的通知》第一条、第二条废止。各地税务行政机关反映《国税函730号文》的有关内容废止后,对金税工程发现的涉嫌违规增值税专用发票的处理缺乏依据,为解决增值税征收过程中遇到的涉嫌违规发票的依法依规处理的现实问题,国家税务总局经过研究后以国税函的规范性文件形式下发了《国税函969号文》。"

其次,对诉争文件的制定目的进行了审查。武汉市中级人民法院在判决书中明确诉争的国税函〔2006〕969号文件系"解决增值税征收过程中遇到的涉嫌违规发票的依法依规处理的现实问题而制定的"。

最后,对诉争文件的制定需求情况进行了审查。武汉市中级人民法院为审查国税函〔2006〕969号文件的效用问题,特地走访了武汉市的两级税务机关,判决书中描述为:"经走访调查询问武汉市市区两级国家税务行政机关,仅武汉市地区2014年就有55万余张违规作废增值税发票不能申报抵扣,证明在现行的增值税征收管理中涉嫌违规发票的依法依规处理需要由国务院税务主管部门统一作出有关规定。"

虽然上述案件中部分法院的表现值得肯定,但实践中比例原则的应用仍显欠缺,大量的案件中法院都未对涉审文件的实质合法性进行充分论证甚至未予审查,确有遗憾。

(三)纳税人权益保护原则及其适用

行政机关的征税行为直接关系纳税人的宪法基本权利,而作为抽象性税务行政行为的税务规范性文件更普遍地影响到纳税人基本权利。尤其在行政权力不断扩张、规范性文件盛行的现实情况下,更需要通过司法审查,保证公权力的合法、合宪运行,从而保障纳税人的基本权利。〔1〕因此,纳税人基本权利理应构成规范性文件合法性审查的落脚点。

就实践而言,纳税人和法院都曾在诉争文件审查中强调过对于基本权利与

〔1〕参见叶金育:《税收规范性文件复议审查:理念、功能与制度调适》,载《兰州学刊》2016年第7期。

合法权益的保障问题。例如,在“海南某林业局诉海南省地方税务局第五稽查局案”中,当事人就强调“(诉争文件)给予农垦保障房免征营业税,实属自相矛盾,滥用权力”,主张诉争文件因侵犯纳税人合法权益而理应被审查违法。又如,在“韩某某诉天津市北辰区地方税务局、天津市地方税务局案”中,天津市北辰区人民法院经对诉争文件的审查后,在裁判理由中阐述道,(诉争文件)标准的制定从客观实际出发,最大限度地保护了当事人的合法权益,符合客观事实,内容合法、有效,不违反法律、行政法规的强制性规定,对其合法性本院予以确认。可见,纳税人的权利保护问题一直是实质合法性标准的重要内容。

笔者认为,规范性文件司法审查的基本功能应是保护纳税人基本权利。但我国司法机关对税务规范性文件的审查实践仍处于初期阶段,在诸多案例中体现出了审查缺失、审查标准不一的问题,也进一步导致了税务规范性文件的司法审查无法正常推进甚至陷于停滞的状态。故在税务规范性文件司法审查的理论和实践中,均应围绕如何更好保护纳税人合法权益展开。结合本文,具体可以从以下方面提出建议:其一,充分明确税务规范性文件的司法审查标准,尤其应当将可审查标准、形式合法性标准及实质合法性标准相结合,加强说理论证工作的学习和实践,全面、合法合理地完成个案中的税务规范性文件司法审查工作。其二,充分给予纳税人在申请司法审查问题上的合法便利。纳税人是税收法律关系中专业性相对弱势的一方,法院虽是居中裁判者,但也应当考虑纳税人在对相关问题认识上的局限性,对相关规定及权利的行使给予充分说明和解释,在合法范围内有条件地引导纳税人提出相关主张,不应机械地执行法律条文,苛责纳税人在申请司法审查时关于期限、关联性及内容理解上的不足,尤其应当允许纳税人就税务规范性文件的司法审查问题进行充分主张和辩论。其三,在司法审查工作中充分加强对宪法基本权利的理解和落实,不仅要对所审查的税务规范性文件本身进行考量,还需结合宪法原则、规则对税务规范性文件进行把握,从而避免单一地理解个案中的合法性问题,也更进一步加强对纳税人合法权益的保障。

(责任编辑:王婷婷　胡邵峰)

《税法解释与判例评注》稿约

《税法解释与判例评注》由熊伟教授主编,2010 年创始至今,每年出版 1 卷至 2 卷,连续滚动出版。截至 2023 年 6 月,已连续出版 15 卷。常年公开征稿,欢迎国内外专家不吝赐稿!

《税法解释与判例评注》不是纯粹的理论研究出版物,也不是纯粹的实务信息汇编,而是连接理论与实务的一座桥梁,是理论界与实务界互动的一个平台。收录稿件均从实务出发,既有总结实务中的经验,促进理论研究水平的提升,又为实务提供指导,使税法解释和判决更加科学,使税收立法更加合理。

一、来稿内容要求

《税法解释与判例评注》主要关注两个方面的素材:(1)各级法院的判决和裁定,以及各级税务机关的处理决定、复议决定;(2)财政部、国家税务总局,以及各地财税机关对税法所作解释。我国港澳台地区以及国外的典型案例,也可以作为评论对象。

在评论案例时,必须提供准确的信息来源,尽可能提供文书的文号,便于读者查询和鉴别。可以对一个案件进行评析,也可以评析多个相关案件;在评论行政解释时,既可以关注其合法性,也可以关注其合理性;既可以单独评析一个文件,也可以追本溯源,解读系列相关文件;既可以表示赞同,也可以进行批评。读者也可以评论已经发表的文章,既可以是共鸣,也可以是商榷,营造一个互动空间。

欢迎税务律师、法官、检察官等向我们提供典型税案的辩护词、代理词、公诉文书和裁判文书,欢迎税务干部向我们提供税务处理决定书、税务处罚决定书、税务复议决定书。

二、来稿形式要求

1. 每篇文章要求注释规范、文字流畅、观点明确、资料翔实、有理有据、论证有力,字数一般在 1.5 万字左右,特别优秀的稿件不受字数限制。

2. 来稿请附上作者的姓名、单位、学位、职称或职务、通信地址、邮编、电话或电子邮件信箱。

3. 稿件可选择邮寄或网络发送。来稿一律采用 Word 2000 以上版本的文档格式,A4 版面,默认页面设置。

4. 论文体裁不限,论文、译文、调研报告等均可。译文请自行解决版权。

三、来稿原创性要求

向《税法解释与判例评注》所投稿件,应属于税法解释或判例评注相关的原创作品,且未曾公开发表或主体部分未曾公开发表。特别优秀的、符合丛书定位和风格的“微信”文章,深度加工、整理后也欢迎来稿。

四、其他说明

1. 来稿一经采用,即赠送样书 2 本。在条件许可时,编辑部将组织作者见面会,商谈出版物定位、稿件质量、读者需求以及推广策略等问题。

2. 编辑部将对收录稿件的作者发放适当稿酬。在条件许可时,编辑部将针对收录的稿件进行评奖。

3. 请勿一稿多投。自来稿之日起逾 3 个月未收到采用通知的,作者可对稿件另行处理。

4. 论文一经《税法解释与判例评注》录用、发表,其数字化复制权、发行权、汇编权及信息网络传播权将转让予《税法解释与判例评注》编辑部,如不同意者请及时告知。

附:《税法解释与判例评注》规范要求

通信地址:深圳市南山区学苑大道深圳大学丽湖校区明律楼 102 室
邮政编码:518060
收 件 人:毛彦博士
投稿邮箱:taxreview@126.com
联系电话:18819472563

附：

《税法解释与判例评注》规范要求

一、标题规范

1. 主标题名称用黑体小二号字加粗且居中格式，副标题用黑体小三号且居中，标题采段前段后间距 0.5 行格式。

2. 中文标题后，附英文正副标题，字体为 Times New Roman，其余与中文标题相同。

二、作者信息规范

1. 作者名称用楷体四号字格式，居中附于标题下方，并用上标星号(*)作为介绍作者注释的标志；同时，采段前段后间距 0.5 行格式。

2. 注释中作者简介统一为：单位职称、学位，不再写作者名称。例如，武汉大学法学院教授，法学博士。

3. 作者联系方式附录于正文之后，重点列明：收信人地址、联系人、联系电话、E-mail 地址。

三、摘要与关键词规范

1. 主副标题之后，正文之前列中文摘要与关键词。

2. 摘要为文章主要观点的提炼，字数一般在 300 字以上、500 字以内；关键词一般为 3 ~ 5 个，其间用分号隔开。

3. 摘要与关键词均为五号楷体，采段前段后间距 0 行、1.5 倍行距格式。其中"摘要"与"关键词"字样加粗。

四、正文规范

1. 正文中标题级次分别为"一、""（一）""1.""（1）"，其中一级标题用宋体四号字加粗居中格式，首行缩进 2 字符，段前段后间距 0.5 行格式；二级标题用宋体小四号字加粗左对齐，首行缩进 2 字符，段前段后间距 0 行格式；三级标题用宋体五号字加粗左对齐，首行缩进 2 字符，段前段后间距 0 行格式；三级标题及以下格式与正文相同。

2. 正文标题之外的内容统一用宋体五号字，段前段后间距 0 行，1.5 倍行距格式。

3. 正文中出现法律规范的名称时,应当表述规范,原则上不在前加缀"中华人民共和国"字样。在使用简称时,应使用规范化简称,并在文中注明。例如,《中华人民共和国税收征收管理法》简称为《税收征收管理法》,不简称为《税收征管法》或《征管法》等。与此同时,法律条文的序号表述应当与法律文本一致。

4. 正文中出现图、表时,统一标注为"表1""图1",且表的标题居中置于表之上、图的标题居中置于图之下,采用楷体五号字、段前段后间距0行格式。

五、注释规范

全文采用脚注,每页用阿拉伯数字[1][2][3]……单独编码,首行缩进2个字符,宋体小五号字,单倍行距格式。英文为Times New Roman。

(1)中文文献规范

①著作

熊伟:《美国联邦破产程序》,北京大学出版社2006年版,第2~3页。

②译作

[法]孟德斯鸠:《论法的精神》(下册),张雁深译,商务印书馆1963年版,第32页。

③论文

熊伟:《财政法基本原则论纲》,载《中国法学》2004年第3期。

刘剑文、熊伟:《二十年来中国税法学研究的回顾与前瞻》,载刘剑文主编:《财税法论丛》第1卷,法律出版社2002年版。

熊伟:《法学现代化背景下领域法学之契机》,载《中国社会科学报》2017年1月4日,第5版。

④学位论文

叶金育:《税法解释中纳税人主义研究》,武汉大学2015年博士学位论文,第6页。

⑤网络资源

熊伟:《财政分税制与地方预算自主权》,载中国财税法治战略研究院官网2022年7月28日,http://taxlaw.cczu.edu.cn/2017/0526/c11510a158548/page.htm。

⑥古籍

司马迁:《史记·商君列传》,中华书局1959年版,第2229页。

姚际恒:《古今伪书考》卷三,光绪三年苏州文学山房活字本。

⑦裁判文书著录格式

四川省绵阳市中级人民法院行政判决书,(2016)川07行终35号。

⑧案例著录格式

"田某诉北京科技大学案",北京市海淀区人民法院(1998)海行初字第142号行政判决书。

(2)英文文献格式

①著作

Richard A. Posner, *The Problems of Jurisprudence*, Harvard University Press, 1990, p. 456 – 457.

②论文

Frank K. Upham, *Who Will Find the Defendant if He Stays with His Sheep? Justice in Rural China*, 114 Yale Law Journal, p. 206(2005).

Lars Anell, *Foreword*, in Daniel Gervais, eds., The TRIPS Agreement: Drafting History and Analysis, Sweet & Maxwell, 1998, p. 1.

(3)案例

Shull v. London Amusement Co., 123 F. 2d 302(6th Cir. 1941).

本规范要求自《税法解释与判例评注》(第十六卷)起执行。